Bis alles in Trümmer fällt

Kriegserinnerungen

Dokumentiert von Alfred Weißhaupt

Bibliografische Information der Deutschen Bibliothek
Die Deutsche Bibliothek verzeichnet diese Publikation
in der Deutschen Nationalbibliografie; detaillierte bibliografische Daten
sind im Internet über http://dnb.ddb.de abrufbar.

Herstellung und Verlag:
Biberacher Verlagsdruckerei GmbH & Co. KG,
88400 Biberach, Leipzigstraße 26

Titelbild:
Simon Matzenmiller
Gef. 13.8.1943 bei Achtyrka/Russland

1. Auflage · ISBN 978-3-943391-14-5

Inhalt

Vorwort

„Wen interessiert das heute noch? Wer soll das lesen?" Das waren die häufigsten Fragen an den Verfasser, wenn er seine Absicht äußerte, Zeitzeugen zu ihren Erinnerungen an die Zeit des Nationalsozialismus zu befragen. Die kritischen Kommentare hielten mich nicht davon ab, weiterzufragen, denn die unvorstellbaren Leiden, die erlebten Grausamkeiten, die oft kaum glaublichen Zufälle, die dem Einzelnen das Überleben ermöglichten, schienen es mir wert zu sein, sie niederzuschreiben und für die Nachwelt aufzubewahren. Und die Zeit drängt, nur noch wenige können von der Kriegszeit als aktive Teilnehmer berichten.

Diese Dokumentation beschreibt Geschichte von unten, keine Memoiren von Kriegshelden im Befehlshaberstatus, sondern von direkt Betroffenen, die die Wahnvorstellungen der Mächtigen umsetzen sollten.

Die meisten Interviewten kommen aus dem Landkreis Ravensburg, sind hier aufgewachsen oder zumindest hierher zugezogen. Eine Ausnahme bilden zwei ehemalige Mitglieder der „Hoch- und Deutschmeister", die 1945, gerade 17-jährig, wie viele andere aus Süddeutschland nach Wien eingezogen wurden.

Die mündlichen Erzählungen der elf Männer und zwei Frauen, die das Buch enthält, wurden weitgehend unzensiert belassen. Nur ganz grobe Verwechslungen, die dem historischen Geschehen nachdrücklich widersprechen, wurden weggelassen.

Das Buch enthält so auch Textstellen mit Erzählungen, die nicht nachprüfbar und manchmal schwer zu glauben sind. Aber Narben an den Körpern der Erzähler sind auch heute noch nicht zu übersehen und sollten alle vorschnellen Kritiker zum Nachdenken und zur Nachsicht bringen. Wo es möglich war, hat der Verfasser versucht, die Erzählungen im Anhang durch nachweisbare Passagen aus der Geschichte der betroffenen Truppeneinheiten zu belegen.

Für die Unterstützung der Arbeit möchte ich vor allem den Zeitzeugen danken, dass sie bereit waren, nochmals in ihren Erinnerungen zu graben, sich wieder mit den oft verdrängten Erlebnissen auseinanderzusetzen, oft auch bisher nie Geäußertes zu erzählen: „Des sag i jetzt bloß Dir." Mancher gestand, dass er die Nacht nach dem Interview mehr wach als schlafend verbrachte, so sehr hat die Erinnerung wieder aufgewühlt.

Danken möchte ich aber auch meiner Frau für das Verständnis und ihre Hilfe. Ebenso meinem Bruder Winfried für seinen fachlichen Rat und die Textredigierung. Mein Dank gilt auch der Raiffeisenbank Reute-Gaisbeuren, die mit der Unterstützung dieser Arbeit einmal mehr nachgewiesen hat, dass den dort Verantwortlichen die Aufarbeitung der Heimatgeschichte am Herzen liegt. *Alfred Weißhaupt*

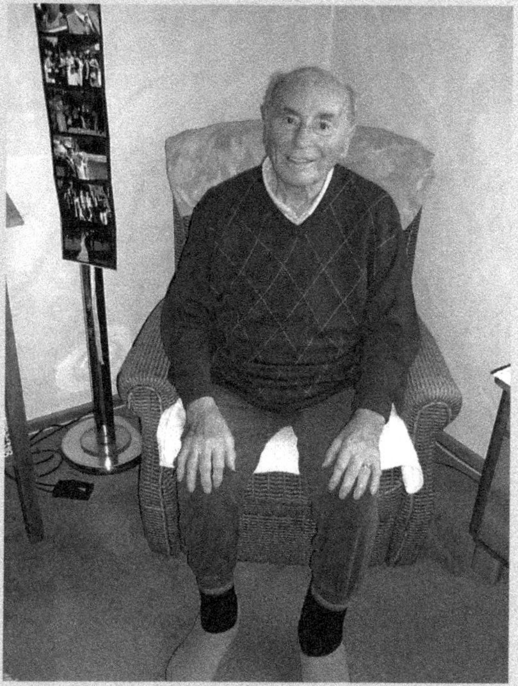

Josef Fussenegger,
Bad Waldsee-Osterhofen,
Jahrgang 1920

„Die schönsten Jahre meiner Jugendzeit verbrachte ich in Krieg und Gefangenschaft.“

Josef Fussenegger ca. 1940.

Die Zeit bis zu meiner Einberufung

Am 23. Mai 1920 wurde ich in Osterhofen, damals Gemeinde Haisterkirch, geboren. Osterhofen gehört heute zur Stadt Bad Waldsee.

Mein Vater betrieb in dem Ort eine Bäckerei und so war es ganz normal, dass ich nach der Schule, ab dem 14. Lebensjahr, das Bäckerhandwerk erlernte. Ich ging dazu bei Bäcker Miller in Ravensburg in die Lehre. Nach der Gesellenprüfung arbeitete ich dort noch ein halbes Jahr als Geselle und wechselte im Februar 1938 in die Bäckerei Wetzel, ebenfalls in Ravensburg. Dort blieb ich bis zum 1.Oktober 1939.

Flakturm bei Friedrichshafen.

Wehrdienst in Deutschland

Als 19-jähriger wurde ich im Oktober 1939 zum Wehrdienst nach Friedrichshafen zur Luftwaffe, zu einer Flugabwehreinheit (Flak) eingezogen. Nach der Grundausbildung arbeitete ich bei einer Baukompanie, die die Aufgabe hatte, Feldflugplätze einzurichten und 1940 wurde ich schließlich zu einer Reserveflakbatterie versetzt.

Wir sollten militärisch wichtige Punkte und Städte gegen Fliegerangriffe schützen. Ich war dabei eingesetzt in Friedrichshafen, in Oberndorf zum Schutz der Mauserwerke und an verschiedenen Munitionsdepots in

Süddeutschland. Luftangriffe auf Friedrichshafen erlebte ich aber nicht. Diese fanden erst statt, als ich bereits nach Afrika abkommandiert war.

Josef Fussenegger mit seiner Ziehharmonika.

Den Frankreichfeldzug erlebte ich in Sassbach am Rhein, wo unsere Einheit zum Schutz des dortigen Rheinübergangs gegen Tiefflieger eingesetzt war. Es erschienen aber keine französischen Flugzeuge am Himmel, diese wurden wohl zu Beginn des deutschen Angriffs von der Luftwaffe bereits am Boden zerstört.
Nach dem Frankreichfeldzug kam ich nach Friedrichshafen zur Flugabwehr. Zwei Tage bevor 1942 Friedrichshafen bombardiert wurde, wurde ich von dort abkommandiert zum Afrikakorps. Das bedeutete, dass wir zunächst unseren gesamten Privatbesitz, darunter auch meine Ziehharmonika, unsere Privatkleidung, sogar unsere gute Uniform, nach Hause schicken mussten. Dann wurden wir in Viehwaggons von Oberndorf aus bis nach Palermo auf Sizilien transportiert.
Dort blieben wir etwa eine Woche und flogen dann mit einer Ju 52 nach Tunesien, wo ich bei einer Flakeinheit auf einem Flugplatz eingesetzt wurde.

In Afrika
Unsere Einheit, die man mit einer Kompanie gleichsetzen kann, hatte 4 Flugabwehrgeschütze zur Verfügung. Ich war als Unteroffizier Geschützführer des 8. Geschützes. Unsere 2cm Kanone konnte ca. 2000 Meter hoch schießen, doch dies war selten nötig, denn die angreifenden Flugzeuge kamen im Tiefflug.

Die Engländer und Amerikaner waren unseren Truppen an Stärke und Bewaffnung um ein Vielfaches überlegen und wir mussten uns nach und nach immer weiter zurückziehen. Der Flugplatz von Tunis, wo ich etwa 8 Wochen lang stationiert war, wurde oft bombardiert. Einmal war der Angriff so stark, dass der gesamte Flugplatz lichterloh brannte.

8. Geschütz mit Zugführer und Batteriechef.

Eigene Verluste hatte unsere Einheit dabei aber so gut wie keine. Nur unser Koch fand den Tod. Er versteckte sich bei einem Fliegerangriff in einer Kapelle. Ausgerechnet diese wurde von einer Fliegerbombe getroffen und der Koch starb.
Im Mai 1943 kamen die Amerikaner immer näher und unsere Offiziere hielten einen weiteren Kampf für sinnlos, so dass wir schließlich kapitulieren mussten.

8. Geschütz, ganz links Geschützführer Fussenegger.

Über das Mittelmeer kam mit Schiffen kein Nachschub mehr an Waffen und Material und so hatte es keinen Sinn mehr weiterzukämpfen. Ca. 80000 Mann sind so in die Gefangenschaft marschiert.

Überfahrt nach Amerika

Wir wurden von einer Einheit der Amerikaner entwaffnet, die überwiegend aus Schwarzen bestand. Als erstes wurden uns die Ringe, die Photoapparate und die Tagebücher abgenommen. Nach

der ersten Begegnung mit den Siegern hatten wir nichts mehr an privatem Besitz. Alles hatte man uns abgenommen – ansonsten aber wurden wir weitgehend anständig behandelt.
Zu Fuß wurden wir nun von Lager zu Lager transportiert, jede Nacht wurde im Freien übernachtet und es war dabei oft sehr, sehr kalt. Während des Tages wurde es sehr heiß, doch durften wir trotzdem an keinem der Brunnen, an denen wir vorbeikamen, Wasser holen. Wer dies dennoch versuchte, dem wurde das Kochgeschirr abgenommen. So litten wir schrecklichen Durst.
Auf unserem Weg zum Hafen von Algier mussten wir durch diese Stadt durchmarschieren. In den engen Gassen standen die Frauen an den Fenstern und auf den Balkonen und bespuckten uns. Alle schrieen nur: „Ihr Nazischweine."
Als wir schließlich in Algier eingeschifft wurden, bombardierten deutsche Flugzeuge unser Schiff, ohne allerdings größeren Schaden anzurichten. Die Deutschen wussten offensichtlich nicht, dass auf dem Schiff deutsche Gefangene waren. Die deutschen Flugzeuge verfolgten unsere Schiffe bis hinaus aufs offene Meer und wenn dort dann später deutsche Flugzeuge auftauchten, mussten wir an Deck und winken, damit das Schiff nicht bombardiert werden sollte.
Von Algier aus ging es über Oran und Gibraltar nach Schottland zur Entlausung. Dies war nötig, weil wir ständig im Freien übernachtet hatten und uns wochenlang nicht waschen konnten. Einige Tage später bereits wurden wir mit dem Schiff über den Ozean nach Amerika transportiert. Wir landeten in New York, wo uns eine große Menschenmenge bestaunte, als wir ausgeschifft wurden. Die Leute erwarteten wohl wilde Deutsche.

Gefangenschaft in Amerika

Wir wurden in New York umgeladen in einen Eisenbahnwaggon, an dem die Fenster mit Brettern vernagelt waren. Sie sollten uns an der Flucht hindern; wir sollten aber auch nicht sehen, wohin man uns brachte. Über verschiedene Lager ging es ins Landesinnere bis in ein Holzfällerlager am Mississippi im Bundesstaat Illinois.
In einem riesigen sehr sumpfigen Urwald hatten wir Bäume zu fällen. Dazu mussten wir Gummistiefel tragen, die bis über die Knie reichten, weil in dem Sumpfgebiet jede Menge Klapperschlangen hausten. Später kam ich in ein Pfirsich- und Tomatenlager und zeitweise auch in eine Großwäscherei, wo ich Uniformen und andere Wäsche wa-

schen und bügeln musste. Die Wäsche kam vom Kriegsschauplatz im Pazifik und wurde auch nachher wieder dorthin gebracht.
Aus der Gefangenschaft durften wir an unsere Angehörigen schreiben. Die Briefe kamen in Deutschland an und auch Antworten aus der Heimat erreichten uns in Amerika. So erfuhr ich über meine Eltern, dass Stefan Braig aus dem Nachbarort Graben im selben Lager in Illinois war. Ich verschaffte mir deshalb die Genehmigung in einen anderen Teil des Gefangenenlagers zu gehen und traf dort Stefan beim Kartenspielen an.
Von ihm erfuhr ich, dass auch sein Bruder Karl Braig im selben Lager war.
Beide waren zuvor ebenfalls in Afrika gewesen. Beide sind auch aus der Gefangenschaft wieder in die Heimat zurückgekehrt, leben aber inzwischen nicht mehr.

In den Jahren 45 und 46 musste ich auf einer Farm in Arizona bei der Baumwollernte helfen. Es war dort unwahrscheinlich heiß auf den Baumwollfeldern. Jeder Pflücker musste am Tag 1,5 Zentner Baumwolle pflücken; anderenfalls gab es zum Abendessen nur Wasser und Brot. Die Baumwolle wuchs in langen Reihen, in denen wir zum Pflücken eingeteilt wurden. Es gab dabei Reihen mit viel Baumwolle, aber auch weniger ertragreiche Reihen. Wenn man also Pech hatte, gab es am Abend nichts zu essen, denn von jedem Einzelnen wurde täglich kontrolliert, wie viel er geerntet hatte.
Der polnische Kommandant des Lagers, für den wir Deutsche nur die „Schweine" waren, ordnete abends dann entweder „Speisesaal" oder „Wasser und Brot" an.
In Arizona wohnten wir in Baracken, die Bewachung war eigentlich nicht besonders streng, nur ein paar Soldaten mit Gewehren standen herum, doch wohin hätten wir fliehen sollen. Sogar einen geringen Lohn erhielten wir für unsere Arbeit, mit dem wir in einem kleinen Laden auf dem Lagergelände Gegenstände für den täglichen Bedarf einkaufen konnten.
Die meisten Gefangenen brauchten das Geld, um ihren Tabakbedarf zu decken. Da ich aber nicht rauchte, hatte ich sogar Geld übrig. Als besonderen Luxus gab es in dem Laden auch Schmuck zu kaufen und weil ich, wie gesagt, Geld übrig hatte, erwarb ich im Lagerladen 2 goldene Eheringe. Eine Frau für die Ringe hatte ich zwar zu diesem Zeitpunkt noch nicht, doch ich hoffte ja, einmal wieder nach Hause zu kommen und ein normales Leben beginnen zu können.

Fort Sheridan in Illinois.

Auch einige Dosen Tabak kaufte ich, obwohl ich selbst nicht rauchte. Ich dachte, dass sich diese vielleicht einmal als nützliches und wertvolles Geschenk verwenden ließen.
Als die Baumwolle abgeerntet war, wurden wir auf Tomatenfeldern zur Tomatenernte eingesetzt. Auch Pfirsiche mussten wir auf derselben Farm einbringen. Es waren riesige Felder, die ein einzelner Farmer bewirtschaftete.
Nach der Ernte wurden wir wieder zurück an den Mississippi gebracht in ein Holzfällerlager. Kniehoch stand das Wasser in diesem Wald- und Sumpfgebiet, in das man uns zu Baumfällarbeiten hineingejagt hat.

Rückfahrt nach Europa, Gefangenschaft in England
Im Jahre 1946 wurden wir von Amerika aus zurück nach England transportiert. Von der Baumwollernte weg ging es mit dem Zug nach San Franzisko, wo wir auf ein Schiff verladen wurden. Unter der Golden-Gate-Bridge hindurch führte die Reise durch den Panama-Kanal in Richtung England.

38 Tage nur Wasser und Himmel; eine sehr, sehr lange Zeit. Viele überlebten diese Fahrt nicht und erhielten ein Seemannsgrab. Der Panamakanal wurde damals gerade verbreitert. Schon während des Krieges hatten die Amerikaner damit begonnen und die Arbeiten waren 1946 noch nicht abgeschlossen.
Wir landeten in Liverpool und nach der Ankunft in England kamen die meisten Gefangenen zu englischen Bauern zur Feldarbeit. Als gelernter Bäcker wurde ich in die Lagerbäckerei verpflichtet, wo ich gut behandelt wurde. Täglich mussten wir für jeden Gefangenen 500 g Brot backen.

Rückkehr nach Osterhofen

1947 schließlich wurde ich von Huul aus mit dem Schiff nach Bremerhafen gebracht. Von dort kam ich in die Lüneburger Heide und dann weiter in ein Entlassungslager nach Bad Kreuznach in der Pfalz. Jeder Gefangene erhielt dort seine Entlassungspapiere zusammen mit einer Fahrkarte in seinen Heimatort.
Bei meinen beiden Tanten in Aulendorf übernachtete ich zum letzten Mal vor der endgültigen Heimkehr, denn die letzte Strecke bis nach Osterhofen musste ich zu Fuß zurücklegen. Den beiden Onkeln überließ ich als Willkommensgeschenk eine Dose mit dem Tabak aus der Gefangenschaft, die mit Freuden entgegengenommen wurde.
Am anderen Tag machte ich mich dann zu Fuß auf den Weg nach Hause. Meine Mutter sah mich schon, als ich die Straße von Haisterkirch her Richtung Bäckerei ging, doch die Wiedersehensfreude war getrübt, da die Eltern bereits die Nachricht vom Tode meines Bruders Anton in Russland erhalten hatten. Anton war drei Jahre jünger als ich und am 22. September 1943 in Russland gefallen. Er wurde also gerade einmal 20 Jahre alt.
Es war der Ostermontag des Jahres 1947, als ich zu Hause in Osterhofen ankam. Acht Jahre, die schönsten Jahre meiner Jugendzeit, verbrachte ich so in Krieg und Gefangenschaft. Nie wieder Krieg!

Herr Fussenegger verstarb am 13. 3. 2011.

Albert Maucher
Bad Waldsee-Atzenreute,
Jahrgang 1920

„Ich hatte in meinem Leben viel Glück."

Kindheit und Jugendjahre

Meine ersten Erinnerungen beginnen mit dem Jahr 1923, mit der großen Geldentwertung Ende dieses Jahres. Die Preise stiegen immer höher und höher und man zahlte schließlich mit Millionen, Milliarden und Billionen. Das war selbst für mich als kleinen Buben sehr beeindruckend. Im Oktober oder November erzählten uns unsere Eltern dann: „Ab heute haben wir ein neues Geld!" So begann wieder ein kleiner Aufschwung, nachdem zuvor alles kaputt war. Alles Geld, alle Ersparnisse.

Die Preise in der Landwirtschaft stiegen und man hatte ein Auskommen. Das beste Jahr war das Jahr 1928 mit den höchsten Verkaufspreisen. Mein Vater, der in Atzenreute einen Bauernhof besaß, kam 1928 einmal ganz glücklich vom Markt zurück und erzählte, dass er eine Sau verkauft hatte und vom Händler für das Pfund Lebendgewicht 85 Pfennige erhalten hatte.

Dann aber kam das Jahr 29 und es folgte die Weltwirtschaftkrise nach dem großen Börsenkrach. Mit ihm brach das große Elend über Deutschland herein. Siebeneinhalb Millionen Arbeitslose! Die Wanderarbeitsstätten, die in den größeren Orten der Gegend: Ravensburg, Waldsee und Friedrichshafen für die Handwerksburschen auf Wanderschaft eingerichtet worden waren, wurden jetzt auch von Arbeitssuchenden aufgesucht, die hier auf ihrer Suche nach Arbeit übernachteten.

Auf dem letzten Stück unseres Schulweges nach Gaisbeuren, auf dem wir die heutige B 30 benutzten, begegneten wir jetzt häufig alle 50 oder 100 Meter Menschen, die zu zweit oder in kleinen Gruppen auf der Straße von Stadt zu Stadt unterwegs waren, in der Hoffnung, eine Arbeit zu finden. Auch in die Dörfer abseits der Straße kamen immer wieder Menschen, die um ein paar Pfennige oder ein Stück Brot bettelten. Es war eine furchtbare Zeit.

Im Kloster Reute gab es für die Arbeitslosen und die Armen aus der Umgebung ein kostenloses Mittagessen. Jeden Tag bildete sich eine lange Schlange mit bis zu 100 Menschen, die vor der Essenausgabe anstanden. So groß war die Not, nicht nur bei den Arbeitern, auch in der Landwirtschaft. Die Preise brachen völlig zusammen. Für eine Kuh, für die man vorher 400 Mark erhalten hatte, sank der Preis auf 120 Mark. Ein Ei brachte noch sieben Pfennige, aber die Lebensmittel waren oft unverkäuflich, weil die Menschen ja kein Geld zum Einkauf hatten.

Auf unserer Landwirtschaft wurde die Milch auch zu Butter verarbeitet, denn es gab damals noch keine Milchgenossenschaft, die den Bauern die Milch abnahm. Ich musste diese Butterballen einmal in der Woche ins Kloster nach Reute bringen. Für das Pfund Butter erhielt ich 70 Pfennige. Für fünf Pfund, die ich normalerweise pro Woche ins Kloster brachte, also 3,50 Mark. Man kann sich gar nicht mehr vorstellen, welch große Not bei uns zu Hause herrschte. Verstärkt natürlich auch durch die Krankheit meines Vaters, die sich zunehmend verschlimmerte.
Mein Vater Josef (Jahrgang 1885) hatte im 1. Weltkrieg am Hartmannsweilerkopf in den Vogesen einen Kopfschuss erhalten. Unter dieser Verwundung litt er bis zu seinem Tode. Sie führte ab etwa 1928 zu epileptischen Anfällen. Anfangs nicht so oft, ab den dreißiger Jahren traten diese Anfälle aber immer häufiger und stärker auf. An den Folgen seiner Kriegsverletzung starb mein Vater 1937 schließlich im Alter von 52 Jahren.
Er hatte auf Grund seiner Kriegsverletzung zunehmend epileptische Anfälle zu überstehen, die immer in der Nacht auftraten. Mutter hol-

Hofstelle „Küfers" (Kiefers), Bauernhof der Familie Maucher in Atzenreute ca. 1965.

Familie Maucher ca. 1935
*Von links: Josef Maucher (1855–1944); Paul (1921–1942); Josefine (*1933); Anna (*1925); Maria, geb. Kieble (1893–1972); Maria (1923–1976); Thekla (*1927); Albert (*1920); Josef (1885–1937).*

te uns dann zu Hilfe. „Buaba kommet, dr Vater hot wieder an Anfall," rief sie meinen Bruder Paul und mich um Hilfe. Vater lag dann bewusstlos in seinem Bett, röchelte und schäumte aus dem Mund. Wir legten ihm ein feuchtes Tuch auf die Stirn und wischten ihm den Schaum vom Mund. Nach etwa einer halben Stunde schwächte sich der Anfall wieder ab, Vater beruhigte sich langsam, atmete wieder ruhiger und war wieder ansprechbar. Am Morgen hatte sich der Anfall dann zwar weitgehend gelegt, aufstehen und arbeiten konnte er aber an Tagen nach einem nächtlichen Anfall nicht.

In Behandlung war mein Vater bei Dr. Alois Härle. Das war ein Arzt aus Waldsee, der als Sanitätsoffizier selbst im 1. Weltkrieg gewesen war und die Not der Kriegsteilnehmer aus eigener Erfahrung kannte. Er konnte aber auch nicht wirklich helfen, denn Medikamente gab es für die Krankheit meines Vaters keine.
Im Jahre 1937 steigerte sich bei Vater die Häufigkeit der Anfälle. Sie traten nun alle vier Wochen auf. In der Nacht vom 19. auf den 20. Juni

morgens um halb drei rief uns Mutter wieder einmal um Hilfe wegen eines epileptischen Anfalles. Der ging vorbei und wir gingen wieder zu Bett, doch schon 5 Minuten später rief uns Mutter erneut, denn ein weiterer Anfall war eingetreten. Diesem folgten an jenem Tage weitere.
Dr. Härle kam morgens um sieben und ich hörte ein Gespräch zwischen ihm und meiner Mutter, als ich den Stall ausmistete und auf der Miste stand. „Sind Sie froh, wenn der Mann sterben kann, der ruiniert Sie und Ihre Familie!" Vater starb dann am 23. Juni 1937, nachdem er in seinen letzten Lebenstagen insgesamt noch 24 Anfälle ertragen musste.
Er hatte zuvor 90 Mark an Rente für seine 80%ige Kriegsversehrtheit erhalten. Meine Mutter bekam für sich und ihre sechs Kinder im Alter zwischen 3 und 17 Jahren nach Vaters Tode 116 Mark monatlich an Hinterbliebenenrente.

Schulzeit in Gaisbeuren

Ab 1927 ging ich nach Gaisbeuren zur Schule. Diese gab es schon seit hundert Jahren als einklassige Schule für die Kinder aus Gaisbeuren und den umliegenden kleinen Ortschaften. Mein erster Lehrer war Lehrer Grandy, im Ort wohnte auch noch sein Vorgänger, Lehrer Edelmann. Weil in der damals selbständigen Gemeinde Gaisbeuren mit ihren Teilorten immer mehr Kinder geboren wurden, wurde Ende der 20er Jahre für das bestehende Schulhaus ein Erweiterungsbau

Schüler und Lehrer in Gaisbeuren 1928 (Namen: Siehe Anhang).

geplant und an das bestehende Gebäude angebaut. Die Geburtsjahrgänge 1916 bis 1918 während des 1. Weltkrieges waren sehr schwach gewesen und im Jahre 1919 hatte es sogar überhaupt keine Geburten in Gaisbeuren gegeben. Erst mit dem Jahrgang 1920 und den folgenden Jahren stiegen die Geburtenzahlen wieder sehr stark an, so dass sogar eine Schulhauserweiterung notwendig wurde.

Während der Bauzeit war das alte Schulgebäude vorübergehend nicht benutzbar und so zog die Schule in den benachbarten Gasthof Adler um. Im dortigen Tanzsaal wurde ein provisorisches Klassenzimmer eingerichtet, in das die Schüler über eine eigens errichtete Außentreppe an der südlichen Giebelseite gelangten. Dazu wurde auch im 1. Stock in die Außenwand ein Loch geschlagen und eine Türe eingebaut. Etwa ein Jahr lang dauerte diese Übergangssituation, dann war der Neubau beziehbar. Wir hatten in dieser schweren Zeit ein neues Schulhaus bekommen, auf das wir sehr stolz waren. Mit völlig neuen Schulmöbeln, die schön lackiert waren, auf denen man zunächst aber auch jeden Kratzer und jeden Strich sehen konnte.

Die Schule in Gaisbeuren nach ihrer Fertigstellung 1932.
Im Jahre 2009 wurde die Schule, in der zwischenzeitlich auch die Gemeindeverwaltung untergebracht war, abgerissen.

In den Herbstferien des Jahres 1932 wurde der Schulhausanbau eingeweiht. Als der Neubau fertig war, war ich im 4. Schuljahr, die Schulpflicht dauerte damals sieben Jahre.
Lehrer Grandy, unterrichtete zunächst alle sieben Schulklassen, insgesamt wohl 80 Kinder, in einem einzigen Klassenzimmer. Allerdings war es meist so, dass die älteren und die jüngeren Jahrgänge getrennt voneinander unterrichtet wurden. Die ältern bis 10 Uhr und die jüngeren dann ab diesem Zeitpunkte. Auch nachmittags fand getrennter Unterricht statt. Natürlich waren wir aber manchmal auch alle beieinander.
Diese Situation dauerte nicht lange, denn auch zur damaligen Zeit erkannte man, dass 80 Kinder für einen Lehrer zu viel waren. Bald schon wurde der erste sogenannte Unterlehrer nach Gaisbeuren versetzt. Es war Herr Dempf, er kam in den Klassen 1 bis 4 im unteren Schulraum des Gebäudes zum Einsatz, während Lehrer Grandy die oberen Klassen im 1. Stock unterrichtete.
Mein Lehrer blieb Herr Grandy. Er war ein äußerst strenger, aber auch guter Lehrer. Er war nicht immer gerecht, aber gelernt haben wir viel bei ihm. Ob Mathematik oder Geschichte; ich war später noch oft in der Lage, meinen eigenen Kindern bei Schularbeiten fürs Gymnasium zu helfen. Obwohl die Schulzeit nur sieben Jahre dauerte, haben wir dennoch etwas gelernt.
Schwierigkeiten hatten manche Schüler aus Enzisreute, die 1931 von der Reutener Schule auf die Gaisbeurer Schule wechseln mussten. In Reute, man mag über Lehrer Grandy schimpfen oder nicht, er war streng, aber in Reute war zu dieser Zeit an der Schule keine Ordnung und für die Enzisreutener war die neue Situation in Gaisbeuren nach ihrem Schulwechsel deshalb recht neu und ungewohnt, so dass es auch zu Zwischenfällen kam.
Vikar Hund sollte in Gaisbeuren Religion unterrichten, doch die Enzisreuter machten nicht mit. Der Vikar packte Josef Gieger und wollte ihm Hosenspanner geben, doch der wehrte sich. Es gelang dem Vikar nicht, die Hosenspanner auszuteilen. Am Ende biss ihn Josef auch noch in den Oberschenkel. Dann gab der Geistliche auf.
Auf dem Nachhauseweg gingen wir Atzenreuter die ersten paar hundert Meter immer gemeinsam mit den Enzisreutener Schülern auf der Landstraße. Es wurde dabei oft gestritten und man ärgerte sich gegenseitig. Beim Hohlweg an der Linde trennten sich die Wege. Der Hohlweg, die damals noch gut zu sehende frühere Römerstraße, war etwa zwei Meter tief. Der Gastwirt Franz Hofmeister ist dort sogar

einmal mit seinem Traktor hineingefahren und umgestürzt. Beim Neubau der Straße wurde der Hohlweg dann aufgefüllt und so ist er heute nicht mehr sichtbar.

Politische Veränderungen

In den 30er Jahren kamen dann die Aufmärsche der Nazis. Daran beteiligten sich – wenn überhaupt – vor allem die Jüngeren. Die Älteren, die ehemaligen Kriegsteilnehmer, die etwas Betuchteren, die waren in unserer Gegend nicht bei den Nazis. Die marschierten beim „Stahlhelm". Die Jungen aber, die aus der Not heraus keine Arbeit fanden, gerieten leicht unter den Einfluss der Nationalsozialisten. Dies steigerte sich nach dem Jahre 1933, als Hindenburg Hitler an die Macht berufen hatte. Man war darüber schon unglücklich in unserer Gegend, denn bei uns war man nicht Nationalsozialist, bei uns waren nur wenige bei den Nazis, hier wurde das Zentrum gewählt. Der ehemalige Reichskanzler Brüning war der Vertreter dieser Partei.

Das Jahr 1933, die Machtergreifung Hitlers, erlebte ich noch als Schüler. Wir sahen es zwar nicht mit Begeisterung, doch die Landwirtschaft erhielt schon bald danach Zuschüsse für neue Bauten. Beispielsweise für Stallbauten, Güllegruben, Misten oder andere Modernisierungen. Dunglegen und Misten wurden deshalb vor allem vergrößert, um mit diesem hier produzierten natürlichen Dünger das Fehlen von Kunstdünger auszugleichen.

Bei allem Fortschritt in der Landwirtschaft sahen wir aber auch die politischen Veränderungen. Alle Organisationen und Vereine wurden „gleichgeschaltet", das heißt, Nationalsozialisten wurden als Vorstände gewählt und die Vereinsgremien wurden mit Nazis besetzt.

Auch das Recht auf freie Meinungsäußerung war abgeschafft. Hitler durfte nicht kritisiert werden. Wer sich – wie der Chef des Omnibus Unternehmens Müller, Franz Müller – 1933 nicht daran hielt, der wanderte ins KZ nach Dachau. Er blieb dort ein halbes Jahr, hat aber nach seiner Entlassung nie mehr ein Wort über seine Gefangenschaft oder gegen Hitler verloren.

1934 war meine Schulzeit beendet und ich arbeitete zu Hause in der Landwirtschaft. Wir bewirtschafteten 30 Morgen Land in Atzenreute. Für heutige Verhältnisse ein kleiner Hof, damals aber waren wir durchaus stolz auf unseren Besitz.

Vater arbeitete vor der Machtergreifung Hitlers gerne mit den beiden Familien Kahn in Bad Waldsee zusammen. Der „alte Kahn" und der „junge Kahn" waren jüdische Viehhändler, die ihre Tätigkeit ab 1933 aber nicht mehr ausüben konnten. Sie wurden so lange schika-

niert, bis sie aufgaben und auswanderten. Auch das jüdische Kaufhaus Wohlwert in Ravensburg wechselte in den 30iger Jahren seinen Besitzer und die Vorbesitzer verließen Deutschland. Meine Frau und ich erinnern sich auch noch ganz gut an den 9. November 1938, als in Buchau und in Laupheim die Synagogen brannten und die Juden systematisch unterdrückt wurden.
In meiner Freizeit war ich in der glücklichen Lage, dass ich Anschluss an die katholische Jugend und den katholischen Jungmännerverein in Reute fand. Um den späteren Bundestagsabgeordneten Eugen Maucher bildete sich in Reute ein Kreis, in dem wir miteinander schöne Jahre erlebten.

Von dieser Gruppe wurde zu Beginn der 30er Jahre in Reute auch das Jugendheim bei den „3 Eichen" gebaut. Es steht noch heute und wird von der katholischen Jugend benützt.
Sepp Hofmeister, Karl Schmid, Anton Schmid, Franz Arzenbacher, Robert Bachmann und Eugen Maucher als treibende Kraft waren diejenigen, die den Bau voranbrachten.

Der Katholische Jungmännerbund Reute präsentiert sich stolz vor dem neuen Heim.

Ein unvergessliches Erlebnis hatten wir in diesem Kreise am 5. Mai 1935. Wir fuhren als Jungmännerverein mit dem Klosterlastwagen zum Bischofstag nach Ravensburg. Es war der letzte Bischofstag, der abgehalten werden konnte, denn wenig später wurden die katholischen Vereine verboten. Aber 1935 versammelten sich noch einmal 5000 katholische Jungmänner in Ravensburg. Ein beeindruckendes Erlebnis! Der Gottesdienst mit Bischof Sproll fand zunächst in der Liebfrauenkirche statt, das weitere Zusammensein war um die Kirche herum im Freien. Das Treffen wurde von den Nazis letztmals geduldet, Behinderungen oder Schikanen im Zusammenhang mit dem Bischofstag erlebten wir persönlich keine und sind mir auch nicht bekannt.
In Reute war damals Vikar Betzler tätig und er war auch Präses unseres Jungmännervereines. Ihn trafen wir vor einigen Jahren zufällig wieder in Adelmannsfelden, als wir unsere Tochter besuchten, die dort als Lehrerin arbeitete. Pfarrer Betzler erkannte meine Frau und mich sofort wieder. „Hoscht dai Höfle no?“ War seine erste Frage und er erinnerte sich außerdem an eine Begebenheit in den 30iger Jahren, die ich schon fast vergessen hatte.
Es drehte sich um einen Bischofsbrief, einen katholischen Hirtenbrief. Die Verlesung von der Kanzel im Sonntagsgottesdienst war von der NSDAP verboten worden, doch Vikar Betzler besorgte im Kloster eine alte Vervielfältigungsmaschine. Im Jugendheim außerhalb des Dorfes wurde die ganze Nacht vervielfältigt und erst morgens um 5 Uhr waren wir damit fertig. Noch in der Dunkelheit schickte der Vikar die Gruppenmitglieder los, um den Hirtenbrief in den Briefkästen der Pfarrei zu verteilen.

Die katholischen Vereine, auch die Männervereine, aber gerieten zunehmend unter Druck der Nazis, auch in Reute. 1936 oder 1937 wurden sie dann schließlich verboten. Unser Freundeskreis aber blieb dennoch ein Stück weit bestehen. Wir feierten miteinander Weihnachten. Wir führten Krippenspiele auf; offiziell aber bestand der Verein nicht mehr.
Zum Übertritt in die Hitlerjugend wurden wir nicht gezwungen, wir waren ja auch schon fast zu alt dafür. Vielleicht diejenigen, die einen entsprechenden Beruf erlernen wollten. Wer in einem Betrieb arbeitete, geriet stärker unter den Druck der Nazis. Wir aus der Landwirtschaft aber wurden damit weitgehend in Ruhe gelassen, wir waren davon befreit.

Katholischer Jungmännerbund Reute. (Namen: Siehe Anhang).

Im Alter von 16 Jahren kaufte ich mir ein Fahrrad. Das Geld dafür verdiente ich durch das Rupfen und den Verkauf von Seegras. Dieses wurde für das Stopfen von Seegrasmatratzen durch die Sattler verwendet. Manche Bauern kauften das frisch gerupfte Seegras auf, trockneten es und verkauften es an die Sattler weiter.
Die späten 30er Jahre brachten für uns einen gewissen Aufschwung. Wir waren jung, wir wollten leben und kümmerten uns wenig um Politik. Als 1939 der Krieg ausbrach und die ersten Siegesmeldungen verbreitet wurden, meinte meine Mutter: „Fanget se scho wieder a! Fanget se scho wieder a wia im Krieg, von Sieg zu Sieg, bis se dr Krieg verlora hond!"
Unmittelbar betroffen waren wir zunächst nicht vom Krieg. Da wir keine Pferde auf dem Hof hatten, mussten wir auch keine an die Wehrmacht abgeben. Unser Nachbar Müller aber hatte zu Kriegsbeginn sofort zwei Pferde bei der Wehrmacht abzuliefern und auch anderen größeren Bauern erging es so.

Mitglied der Wehrmacht

Am 13. Oktober 1940, 13 Monate nach Kriegsbeginn, musste ich im Alter von knapp 20 Jahren nach Weingarten zur Wehrmacht einrü-

Albert Maucher als Soldat.

cken. Dies, obwohl ich ja den Hof einmal erben und weiter bewirtschaften sollte und obwohl mein Vater gestorben war. Meine Mutter und die beiden Schwestern Maria und Anna blieben allein zurück, nachdem 1941 auch mein Bruder Paul mit 19 Jahren zur Wehrmacht musste. Maria war Jahrgang 1923, Anna 1925 und außerdem lebten noch die jüngeren Schwestern Tekla (Jahrgang 1927) und Josefine (1933) auf dem Hof. Die Frauen trieben diesen nun alleine um. Eine schwere Arbeit zur damaligen Zeit, in der man nur weinige Maschinen in der Landwirtschaft hatte. Sie waren angewiesen auf hilfsbereite Nachbarn, auf alte Männer, die ihnen bei der Arbeit halfen, wenn dies nötig war. Man darf gar nicht daran denken!
In die Ausbildungseinheit nach Weingarten waren im Oktober 1940 überwiegend junge Männer aus der näheren und weiteren Umgebung eingezogen worden. Darunter war auch Anton Halder aus Greut, einem Dorf in der Nähe. Wir beide erhielten während der Grundausbildung mehrfach von Weingarten aus Sonntagsurlaub. Mit dem Fahrrad fuhren wir dann nach Hause und trafen uns am Sonntagabend wieder im Gasthaus Kreuz in Enzisreute, um von dort aus zusammen nach Weingarten zurückzufahren. Anton Halder überlebte den Krieg nicht. Er fiel schon im Sommer 1941 in Russland.

Ein weiterer Waldseeer, der damals mit uns nach Weingarten eingezogen wurde, war Franz Kibler, der älteste Sohn des Besitzers der Maschinenfabrik KIWA in Waldsee (Siehe: Erzählung von Gebhard Kibler ab S. 146). Er war später Regimentsmelder in unserem Regiment und fiel am 29. Oktober 1943 ebenfalls in Russland. Weitere Rekruten kamen aus Lindau, aus Ulm und der Umgebung, nicht aber aus meinem Bekanntenkreis in und um Waldsee. Ich habe nach dem Kriege nie

wieder einen der Soldaten aus dem Kreis der Rekruten von Weingarten getroffen. Die meisten haben den Krieg wohl nicht überlebt.
Die Grundausbildung in Weingarten dauerte bis zum 1. Dezember. Die Ausbildung fand in der Argonnenkaserne oder im Gelände im „Nessenreben" statt und sie war nach meiner Erinnerung nicht allzu hart. Im Dezember wurden wir nach Reims in Nordfrankreich verlegt. Wir kamen alle zusammen, das gesamte Ausbildungsbataillon aus Weingarten, zum Regiment 238, das Teil der 78. Infanteriedivision war. Nur die Stammmannschaft blieb in Weingarten zurück. Wir wurden verteilt auf die einzelnen Kompanien des Regiments.
In den folgenden Wintermonaten hatten wir in Frankreich eine sehr, sehr harte weitere Ausbildung zu überstehen. Überaus streng und hart, teilweise auch unmenschlich. Besonders hervorgetan hat sich dabei Leutnant Braun, der Zugführer unseres 1. Zuges. Nach einer Schinderei von morgens acht Uhr bis nachts um elf im Gelände jagte er uns in ein kleines Wäldchen und brüllte: „Auf die Bäume ihr Affen, zurück zur Natur!" – Und als hätten wir es ausgemacht, wir blieben stehen und verweigerten den Befehl! Es passierte uns nichts, denn der Kompaniechef war wohl ein Stück weit vernünftiger. Aber, was soll man heute darüber urteilen, keiner lebt mehr! Wir waren ja damals jung, 20 Jahre alt, allen passierte dasselbe und am Abend, wenn die Schinderei vorüber war, war man trotz allem wieder fröhlich.
In Reims war ein großer Flugplatz, von dem aus die Luftwaffe Einsätze gegen England flog. Dort gab es aber auch die große Sektkellerei Pommery, die von der deutschen Wehrmacht beschlagnahmt worden war. Für die Soldaten kostete die Flasche Pommery nur 40 Pfennige, was wir reichlich ausnützten, wenn wir am Abend wieder einmal fix und fertig von der Ausbildung waren. – Dann war alles wieder gut! Der Sekt half über manches hinweg! (Als Wehrsold erhielten wir übrigens 1 Mark am Tag.)
Im März 1941 wurde ich einmal in der Kommandantur dazu eingeteilt, alle Landkarten von England wegzuräumen. Wohl ein Zeichen dafür, dass der Plan, England zu erobern, aufgegeben worden war.
Über Ostern 1941 erhielt ich meinen ersten Heimaturlaub. Am Karfreitag (11. April) kam ich zu Hause an. Während dieses Urlaubes wurde unsere Division von Frankreich in den Osten verlegt. Ich erhielt eine Mitteilung, dass ich nicht mehr nach Reims zurückkehren solle, sondern dass ich mich in Berlin am Anhalter Bahnhof zu melden hatte. Dort wurde mir mitgeteilt, wohin es weiter hingehen sollte; nach Osten! Am Flusse Bug in Polen kam ich schließlich wieder zu

meiner alten Kompanie zurück. Wir befanden uns ganz in der Nähe von Brest, das allerdings schon jenseits der Grenze lag.
Ich war zusammen mit anderen Soldaten in einem kleinen Dorf in einem Bauernhaus untergebracht, das von der Wehrmacht zum Großteil in Beschlag genommen worden war. In dem Hause war eine kleine Landwirtschaft mit vielleicht 10 Stück Vieh und einem Pferd. Auch die Bauersleute wohnten neben uns noch in dem Haus. Auf dem Hof draußen stand dort noch ein Göppel, der von dem Pferd angetrieben wurde. Das Pferd ging im Kreise und trieb dadurch eine Transmission an, mit der Häcksel für das Vieh geschnitten wurde.
Die Menschen dort waren sehr fromm, überall hingen Heiligenbilder an der Wand. Wir lagen, 10 oder 15 Kerle, in einem Raum auf Stroh auf dem ansonsten nackten Boden, die Heiligenbilder aber hingen noch an der Wand. Die Polen waren ein tiefgläubiges Volk! Ich schäme mich heute noch für uns, obwohl ich persönlich nichts verbrochen habe. Es ist heute noch eine Schande; das polnische Volk hat wie kein anderes im 2. Weltkrieg gelitten.
Militärischer Dienst oder militärische Ausbildung fanden in der Zeit bis Juni in Polen kaum noch statt. Große Bewegungen wurden vermieden, der Überfall auf Russland wurde vorbereitet.

In Russland

Am 22. Juni morgens um halb drei flogen die ersten Stukas über uns hinweg Angriffe im Osten. Unser Regiment hatte zunächst das Glück, dass es als Divisionsreserve eingeteilt war. Die anderen Regimenter waren schon drüben, als wir als letztes Regiment der Division über den Bug übersetzten. Auch in den weiteren Tagen waren wir zunächst kaum in Kämpfe verwickelt. Es gab zwar manchmal leichte Geplänkel, aber sonst nichts.
(Bilder siehe Anhang)
Bei unserem allerersten Einsatz, als wir zum ersten Mal von russischer Artillerie beschossen wurden, hatte ich unglaubliches Glück. Zwei Meter neben mir schlug eine Granate ein, die aber nicht explodierte. Ein Bildgänger! Wahrscheinlich wäre ich sonst einer der ersten Toten unserer Einheit gewesen!
Es folgte dann die große Doppelschlacht um Bialystok und Minsk, mit der wir aber direkt nichts zu tun hatten. Wir kamen dort nur am Rande vorbei, als die Kämpfe bereits beendet waren. So viele Tote aber wie dort habe ich während des ganzen Weltkrieges nie mehr gesehen. Da hat die deutsche Luftwaffe Pressluftbomben eingesetzt.

Mit fürchterlicher Wirkung. Ganze russische Einheiten waren auf einen Schlag vernichtet, da war alles tot, dass wir fast über Tote hinweg gefahren sind. Der Russe hat auf diesen Waffeneinsatz hin mit Gas gedroht und die Pressluftbomben wurden von deutscher Seite nie mehr eingesetzt.
Es sind Dinge, die wir gesehen haben, über die wir aber nicht gerne reden. Aber man weiß es. Es ist auch bekannt, dass bei der 5. Armee in den ersten vier Wochen keine Gefangenen gemacht wurden! Das ist alles überliefert. Wir hatten damit direkt nichts zu tun. Ich sah aber, wie ein Gefangener dem Henker übergeben wurde, der ihn hinter einen Baum schob und ihm einen Genickschuss gab. Es war auch bei der Wehrmacht nicht alles sauber!
Man muss auch unterscheiden zwischen der Waffen SS und der anderen SS in den Konzentrationslagern, die die Verbrechen ausgeführt hat. Die Waffen-SS, das waren wahrscheinlich die best – ausgerüsteten Verbände, aber auch unbändig tapfer. Diese Verbände schlugen oft die großen Lücken, in welche die Infanteriedivisionen dann nachrückten, um die Stellungen zu halten. – Aber die Lücken wurden von der SS geschlagen. In unserm Bereich beim Vormarsch 1941 war dies die SS – Division „Das Reich". Außerdem auch die „Panzergruppe Guderian".

Überschreiten der Beresina.

Wir marschierten im Juli 41 immer weiter nach Osten, südlich vorbei an Bialystock und Minsk durch die Pripjet - Sümpfe und am 20. Juli, einen Monat nach Kriegsbeginn, hatten wir schon 1000 km hinter uns. Alles zu Fuß! Bei Hitze und Staub. Der erste Regentag war der 22. Juli! – Wir soffen das Wasser aus den Drecklachen!
Es ging weiter auf der Rollbahn Richtung Osten über Mogilev am Dnepr nach Roslavl südlich von Smolensk. Dort kam uns die Armee des Panzergenerals Guderian vom Einsatz entgegen. Plötzlich rief jemand von der Rollbahn herunter „Albert!" Ich konnte es erst gar nicht fassen, es war Josef Hofmeister aus Reute, der dort später als Maurermeister ein Baugeschäft betrieb, das es noch heute gibt. Er war als Soldat bei der Panzergruppe Guderian. Die Lücke, welche die zurückfahrende Panzertruppe bei Mogilew und Roslavel hinterließ, musste unsere Division füllen.
Am nächsten Morgen, wir hatten in einem Waldstück übernachtet, marschierten wir durch ein Dörflein hindurch weiter Richtung Osten. Unter der Tür eines Russenhäusleins stand einer und rief nach mir. „Albert!", – es war Anton Schmidberger aus Ankenreute, ein Schulfreund. „Jo wo bist du?" rief ich. „Jo wo bist du?", war die Antwort. Er war bei einer Erkundungseinheit. Einer berittenen Truppe! Eine Mütze hatte er keine mehr, „denk amol, dia Hund hond mir gestern d`Kappe vom Kopf g´schosse und mir hots nix dong!"
Wir bezogen anschließend Stellung an der Desna, von wo aus am 3. Oktober die große Schlacht begann. Die 78. Infanterie- und Sturm – Division kam erst hier zum ersten Mal zum Fronteinsatz. Bis dahin waren wir mehr die 2. Welle. Wir hatten zwar öfters Feindberührung, zum Großeinsatz der Division kam es aber erst hier. Ich war dann aber nicht mehr lange bei meiner Einheit, denn Ende Oktober wurde ich krank. Ich bekam die russische Gelbsucht, wurde völlig kraftlos, meine Haut verfärbte sich total gelb und ich lag fast ein halbes Jahr, von November 41 bis März 1942, in Smolensk im Lazarett. Ich hatte großes Glück, dass ich diese Krankheit überlebte, hatte auch das Glück im Lazarett von einem Berliner Arzt behandelt zu werden, der vorher in der Hauptstadt eine Privatklinik betrieben hatte und der uns viel Gutes angetan hat.
Im März 42 wurden wir in Smolensk in einen Lazarettzug verladen, der zunächst nicht vorwärts kam, dann allerdings doch bis Minsk fuhr. Wem es schlecht ging, der sollte sich dort melden und weil dies bei mir der Fall war, wurde ich in Minsk wieder aus dem Zug ausgeladen und ins dortige Lazarett gebracht.

Dort stellte man neben der Gelbsucht bei mir auch noch Diphtherie fest. Vier Wochen lag ich in Minsk, kam anschließend nach Wien in ein weiteres Lazarett, wo ich einige weitere Wochen blieb. In dieser Zeit erhielt ich den überraschenden Besuch von meiner Mutter und meiner Tante Dora. Dora hatte vor dem Krieg lang in der Schweiz gelebt, sie hatte Erfahrung im Reisen und meine Mutter davon überzeugen können, dass die beiden mich in Wien besuchen sollten. Die Überraschung für mich war groß!
Im Juni 1942 war ich gesundheitlich endlich wieder so weit hergestellt, dass ich aus dem Lazarett entlassen werden konnte. Ich erhielt drei Wochen Heimaturlaub zur Genesung. Danach wurde ich zu einem Ausbildungsbataillon ins Elsass versetzt. Ich kam also nicht mehr zurück zum alten Regiment nach Russland, ich habe auch nach dem Krieg nie wieder einen Soldaten aus dieser Einheit getroffen. Die meisten sind wohl nicht mehr aus Russland zurück gekommen.

Beim Militär im Elsass

Während meines Lazarettaufenthaltes war am 5. März 1942 mein Bruder Paul bei Charkow gefallen. Josef Eisele aus Enzisreute hatte ihn übrigens in Russland noch 14 Tage vor seinem Tod getroffen! Weil die einzig verbliebenen Söhne beim Tode eines Sohnes damals

Unteroffiziere der Ausbildungseinheit im Elsass. Stehend, Vierter von links: Albert Maucher.

noch vom weiteren Fronteinsatz zurück gehalten wurden, kam ich zunächst nicht mehr an die Front, sondern zuerst in eine Genesungskompanie nach Donaueschingen und ab Sommer 42 zu einer Ausbildungseinheit ins Elsass als Ausbilder. Im Elsass absolvierte ich im Jahre 1943 auch einen dreiwöchigen Unteroffizierslehrgang.

In der folgenden Zeit war ich an verschiedenen Standorten. Eine zeitlang in Mühlhausen, in Altkirch und in weiteren Orten im Elsass. Ich erlebte allerdings immer wieder einen gesundheitlichen Rückschlag, dass mich Leute auf meine auffällige gelbe Hautfarbe ansprachen.
Nach der Landung der Alliierten in der Normandie 1944 wurden neue Einheiten zusammen gestellt und so wurde ich zu einem Volksgrenadierregiment nach Konstanz versetzt, wo ich die Nachricht vom Attentat auf Hitler am 20. Juli 1944 erfuhr. Wir standen zu dritt oder viert beieinander, als das Scheitern bekannt wurde. „Hots den Hund it nemma kenna!", bemerkte einer dazu. Völlig verschreckt stoben wir auseinander! Hoffentlich bleibt das unter uns!
Über den Truppenübungsplatz Münsingen und über Tübingen wurden wir schließlich im August nach Nancy in Frankreich verlegt, wo wir ab dem 1. September 1944 in Einsatz kamen. In Nancy angekommen, donnerten schon die ersten amerikanischen Granaten über den Bahnhof herein. In der Nacht gingen wir im vorgesehenen Bereitschaftsraum in der Umgebung der Stadt in einen Wald. Dort entdeckten uns am anderen Morgen die amerikanischen Jagdbomber. Ob durch Dummheit, durch Unvorsichtigkeit oder warum auch immer; wir erlebten in diesem Wäldchen das erste amerikanische Bombardement. Russland war gnädig gewesen gegen diesen massierten Waffeneinsatz und die große militärische Überlegenheit der Amerikaner, die wir erleben mussten. Es war furchtbar!
Wir sollten bei Nancy südlich der Vogesen eine Front aufbauen und den Vormarsch der Amerikaner stoppen. Was wir dabei in den folgenden Wochen erlebten, war fürchterlich. Etwa 46 000 Deutsche liegen auf dem Wehrmachtsfriedhof Toul in der Nähe von Nancy begraben, den wir auf einer Fahrt in den 80iger Jahren besuchten. Es ist der zweitgrößte Soldatenfriedhof des 2. Weltkrieges. In den vier Wochen, die wir 1944 dort lagen: 46 000 Tote, sicherlich ebenso viele Verwundete und gleich viele Gefangene. Es war furchtbar, eine Armee von mindestens 100 000 Mann wurde innerhalb eines Monats vernichtet. Einen echten Einsatz als Infanteristen mit Gewehr oder Maschinengewehr hat es dort für uns gar nicht gegeben. Sobald der Amerikaner

irgendwo deutsche Truppen entdeckte, wurden diese mit massivem Luftwaffeneinsatz oder Artilleriebeschuss bekämpft. Hinzu kam die Überlegenheit im Radarbereich. Wenn von uns gefunkt wurde, musste man fluchtartig den Standort wechseln, denn innerhalb von drei Minuten beschoss der Amerikaner den Platz, von dem aus gefunkt worden war.

In einer der ersten Nächte fanden wir ein Wäldchen, in dem wir uns verstecken konnten. Am nächsten Vormittag sahen wir die Amerikaner in der Ferne vorbei fahren. Einer unserer Dackel, ich sage, wie es war, schoss auf die Amerikaner. Innerhalb von fünf Minuten brachten die ihre Artillerie in Stellung und nach einer halben Stunde waren von uns 80 Leuten 20 tot und 30 verwundet, ob welche in Gefangenschaft gerieten, weiß ich nicht, auf alle Fälle: Wer überlebte, der flüchtete.

Schon nach wenigen Tagen Einsatz im Elsass gab es dort nur noch Resttruppen auf der Flucht. Wie der Bruder meiner Frau im Juni 44 in seinem letzten Brief aus der Normandie geschrieben hatte: „Hier ist die Hölle los!" Wir haben es erlebt, als wir in Stellung lagen; der Amerikaner hat derart genau geschossen, der hat fast jeden von uns einzeln aus seinem Loch herausgeschossen. Die Waffenübermacht war so groß, die Front musste zusammenbrechen. Wir hatten das so noch nicht erlebt. Auch nicht diejenigen, die in Russland waren.

Offiziere appellierten an uns: „Leit standet doch na, hinter uns ist doch die deutsche Grenze!" , doch es war nichts zu machen. Im Oktober / November sind wir zurück durch die Vogesen über Straßburg in die Winterstellung in den Westwallbunkern im Schwarzwald.

Kriegsende

Aus diesen Bunkern wurden wir im Februar 45 herausgenommen und als Armeereserve in den Wäldern von Baden – Baden aufgestellt. Meine Frau und ich waren nach dem Krieg einmal in Baden – Baden. Man konnte die Bunker des Westwalles noch sehen und auch die Baracken, in denen wir untergebracht waren. Es war zuvor wohl ein Arbeitsdienstlager gewesen. Nachdem dann der Amerikaner bei Remagen den Rhein überquert hatte, wurden wir herausgezogen und vom Volkssturm abgelöst. Das war Mitte März 1945.

Vor dem Abzug aus Baden – Baden richtete unser Regimentskommandeur einen letzten Appell an uns: „Leute, kämpft einen ehrenvollen Kampf!" Er wollte uns damit mitteilen, dass keiner mehr sterben sollte. – So jedenfalls haben wir seine Ansprache verstanden.

Eine neue Front sollte aufgestellt werden, doch weil die Amerikaner sehr sehr schnell vorrückten, kam es dazu nicht mehr. Wir sollten nach Weinheim a. d. Bergstraße, kamen aber nicht so weit, denn wir wurden vom Amerikaner zurückgetrieben über Heilbronn, Öhringen, Künzelsau, Schwäbisch Hall nach Ellwangen a. d. Jagst. Tagsüber versteckten wir uns irgendwo, zurückziehen konnten wir uns nur nachts, denn die Amerikaner hatten die absolute Lufthoheit.
Auf diesem Rückzug waren wir in einer fürchterlichen Zwitterstellung. Einerseits sollten wir Widerstand leisten, andererseits wurde jeder Ort, den wir verteidigten von den Amerikanern in Brand geschossen und zerstört. Wir wollten doch auch erreichen, dass unseren Leuten die Heimat erhalten blieb! Immer wieder aber gab es Einheiten, die glaubten, sie müssten noch etwas anstellen.
So lagen wir tagsüber in Hohenbuch am Fuße von Waldenburg in irgendwelchen Schuppen und sahen über uns auf dem Berg das Örtchen Waldenbuch lichterloh brennen.
In Vellberg bei Schwäbisch Hall saßen wir an einem schönen Sonnentag, an dem wir uns von den Amerikanern abgesetzt hatten, in der Sonne. In einer Scheuer stand ein Funkwagen, den wir noch bei uns hatten und der versuchte, Kontakt zu anderen Truppenteilen aufzunehmen. Ein amerikanisches Flugzeug erschien am Himmel und bombardierte genau den Bauernhof, in dem der Funkwagen stand. Der Soldat fuhr noch aus der brennenden Scheuer heraus, das Flugzeug kehrte zurück, beschoss exakt und präzise dieses Fahrzeug und tötete den Soldaten darin. Die Amerikaner trafen mit einer Genauigkeit und einer Treffsicherheit, die unvorstellbar ist.
Auf dem Rückzug über Künzelsau, Öhringen, Vellberg und Schwäbisch Hall gelangten wir schließlich nach Jagstzell bei Ellwangen. In einem Hause, in dem unten ein Viehstall und oben eine Wirtschaft war, suchten und fanden wir etwas zu essen. Am Nebentisch saßen schon einige Soldaten. Wir kamen ins Gespräch: „Wo kommet ihr her?" „Wisset ihr, wo ma no nauskommt?" Als einer der Soldaten seine Jacke öffnete: „Ich bin euer General, ich weiß noch eine Lücke, durch die wir hier herauskommen!"
Es ging weiter über Ellwangen, das wir abends gegen sechs durchquerten. Ein heftiges Gewitter – ungewöhnlich für den April, begleitete uns dabei, verhinderte aber auch, dass Flugzeuge unseren Rückzug beobachten konnten. Wir ließen die Stadt Ellwangen unversehrt zurück und es ging nun weiter über die Ostalb Richtung Ulm und Richtung Donau. Es hieß schließlich, dass wir zur Verteidigung der

Festung Ulm eingesetzt würden. Das hat sich dann aber nicht bewahrheitet und wir überquerten die Donau. Ich glaube bei Günzburg, weiß das aber nicht mehr ganz genau.
Auf unserem weiteren Rückzug nach Süden kamen wir schließlich bis Bad Wörishofen, wo wir zum allerletzten Male alle beieinander waren. Unsere Gruppe bestand aus Resten unserer ursprünglichen Kompanie, besonders aber aus Teilen unseres Nachschubtrosses. Das waren fünf oder sechs Munitionswagen, die Feldküche und noch ein paar weitere Fahrzeuge. Aber keine Lastwagen oder Motorfahrzeuge. Nur Pferdegespanne hatten wir noch zur Verfügung. Insgesamt 15 oder 16 Wagen.
Abends um neun oder zehn durchquerten wir den Ort, als plötzlich der Amerikaner von den Seitenstraßen her in die Stadt herein stieß. Wir flüchteten in alle Richtungen und die Amerikaner nahmen unseren ganzen Tross auseinander. Sehr zur Freude der bayrischen Bauern, die unsere zurückgelassenen Pferde gerne in ihre Ställe führten und die dabei sicher kein schlechtes Geschäft machten.
Mein Freund Willy Häberle aus Stuttgart und ich wollten noch nicht in amerikanische Gefangenschaft geraten. Wir wussten schon, dass uns wohl nichts anderes blühen wird, aber wir flüchteten trotzdem über den Bad Wörishofener Feldflugplatz hinüber in ein Wäldchen, in dem wir in der Dunkelheit über Bomben und Granaten fielen, die dort lagerten und hinter denen wir uns eine Weile versteckten. Niemand aber wollte etwas von uns und so gingen wir schon bald Richtung Lech, den wir überqueren wollten. Gegen Morgen landeten wir schließlich in dem Dörfchen Weicht.
Am Dorfeingang fragten wir einen Bauern, ob er uns nicht etwas zu essen habe, doch der weigerte sich. Er nähme keine deutschen Soldaten mehr auf. Weiter im Dorf stand ein alter Bauer auf seiner Miste. Auch bei ihm fragten wir nach einer Tasse Kaffee oder einem Stück Brot. Dem Bauer kamen die Tränen. „Wisst ihr, was euch blüht? Ihr müsst in Gefangenschaft und ich weiß, was das bedeutet. Ich war im 1. Weltkrieg drei Jahre in England in Gefangenschaft." Er lud uns zu sich ein und wir erhielten zu essen und zu trinken.
Wir saßen keine zwei Stunden in der Stube, als amerikanische Panzer durch den Ort fuhren. Was sollten wir nun tun? Wir versteckten uns auf dem Hof, doch gegen Abend wurde bekanntgegeben, dass jeder erschossen wird, der einen deutschen Soldaten beherbergt. Wir durften die Nacht über noch auf dem Heustock bleiben, die

Leute vom Hof füllten uns den Rucksack mit Essen und morgens um sechs, als es zu tagen begann, machten wir uns wieder auf den Weg. Die Straße hinauf an der Eisenbahn entlang, niemand wollte etwas von uns. Wir entdeckten den Bahnhof von Ketterswang und gingen dort hinein. „Dies ist ein öffentliches Gebäude, hier kann man niemanden erschießen, weil er uns ein Dach über dem Kopf gibt," dachten wir, machten es uns in dem Gebäude bequem und warteten, dass etwas passiert. Eine Frau, die im Obergeschoss wohnte, brachte uns Bratkartoffeln sowie einen Buschel Stroh als Bettersatz und so saßen wir dort volle drei Tage, ohne dass irgend etwas geschah.

Am Mittag des 3. Tages fuhren zwei Motorräder vor, zwei amerikanische Soldaten stiegen ab und fuchtelten mit Pistolen vor unseren Gesichtern herum. Sie durchsuchten uns, vor allem den Rucksack und nahmen uns die beiden Taschenmesser ab. – Andere Waffen hatten wir ja keine mehr. Wir baten um Rückgabe eines Taschenmessers, um unser Essen schneiden zu können, was die beiden veranlasste, uns beide Messer wieder zurückzugeben.
Nach Ende der Untersuchung schickten die Amerikaner uns heim. „Go home!", befahlen sie uns. Wir überzeugten die beiden, dass dies ohne Papiere schwierig sei und so stellten sie uns Entlassungspapiere aus, bevor sie sich wieder aus dem Staub machten. Wir verließen den Bahnhof kurz danach ebenfalls, ausgestattet mit neuen Papieren wollten wir nun heimwärts ziehen.
Nicht weit entfernt von Ketterswang tauchte ein amerikanisches Flugzeug am Himmel auf. Eine Propellermaschine Typ „Lahme Ente", flog mehrmals im Tiefflug über uns hinweg und landete schließlich auf einer Wiese neben der Straße. Ein Soldat stieg aus dem Flugzeug und zückte seine Pistole. Wir zeigten ihm unsere eben erhaltenen Entlassungspapiere, er akzeptierte, steckte die Pistole weg, grüßte, stieg in sein Flugzeug und flog wieder davon. Ich weiß, das klingt nicht sehr glaubhaft, aber die Geschichte ist wahr, das ist wirklich so passiert, so unglaublich das heute auch klingen mag!

In Gefangenschaft
Willy und ich kamen bis kurz vor Weicht, wo uns Polen in Empfang nahmen. Sie zerrissen unsere Papiere und brachten uns nach Mindelheim zu den Kanadiern, wo schon weitere deutsche Soldaten gefangen waren. Wir wurden nochmals gefilzt und nach der Kontrolle mit einem Tritt in den Arsch zu den anderen Gefangenen befördert.

Am anderen Tag wurden wir mit dem Zug nach Memmingen gebracht, wo man uns auf einem großen Brauereihof bewachte. Es waren dort einige hundert Gefangene, darunter auch etwa 100 Offiziere, die uns gegenüber standen. Unter ihnen entdeckten wir den damals berühmten Filmschauspieler Willi Birgel. „Halts Maul, des goht dr Ami nix a", war der Standpunkt aller.
Später wurden wir auf einen amerikanischen LKW verladen und es ging mit unbekanntem Ziel Richtung Norden. Mittags um zwei landeten wir in Göppingen auf dem Flugplatz, eingesperrt in einer Flugzeughalle. Über unsere Behandlung, ob wir Essen erhielten, darüber kann ich nichts mehr sagen.
Abends um sechs Uhr wurden wir wieder aufgeladen. Durch die LKW – Planen hindurch sahen wir, dass wir durch Backnang kamen. Gerüchte gingen um, wir würden an die Russen ausgeliefert werden. Als wir in Heilbronn waren, hieß es, wir werden an die Franzosen übergeben. Schließlich stiegen wir in Heilbronn – Böckingen vom Lastwagen und wurden wieder von Kanadiern empfangen. Wir waren also nicht ausgeliefert, trafen in dem Lager übrigens auch wieder auf Soldaten aus unserer Einheit, die im Bayrischen ebenfalls in Gefangenschaft geraten waren.
Unsere Ankunft in Böckingen war am 1. oder 2. Mai 1945. Der Krieg war offiziell also zu diesem Zeitpunkt noch gar nicht beendet. Die ersten Tage in dem Lager waren bitter. Es gab nichts zu essen und nichts zu trinken, doch mit Verurteilungen müssen wir vorsichtig sein, denn die Versorgungslage in dem stark zerstörten Land war allgemein schwierig. Eine Versorgung so großer Menschenmengen war fast nicht machbar!
Nach wenigen Tagen kamen die Amerikaner mit Milchkannen voll mit Wasser. Es kam zu dramatischen Szenen und einem Gedränge vor der Wasserausgabe. Mit Schüssen auf die Gefangenen, die wieder einige Tote forderten, versuchten die Bewacher die Lage wieder zu beruhigen, was schließlich auch gelang.
In den ersten 10 Tagen der Gefangenschaft war es auch noch sehr kalt. Schnee und Regen fielen und wir buddelten Erdlöcher. Als Boden und Dach vielleicht eine Zeltplane und in diese Löcher legten sich acht bis zehn junge Kerle, ganz eng aneinander, um sich gegenseitig zu wärmen, um zu schlafen und zu überleben.
Am schlimmsten erging es den ganz jungen, teilweise unter 18-jährigen, die den Koller bekamen und den über 45-jährigen. Wir im besten Alter, ich war damals 25, wir sagten uns: „Wir haben 5 Jahre Krieg überlebt,

das wäre nochmals schöner, wenn wir jetzt noch krepieren würden!" Wir hatten schon viel Hunger, aber die Dinge besserten sich langsam.
Ende Juni wurde jeder von uns zu einem Offizier zum Verhör gebracht, denn es sollten die ersten Entlassungen erfolgen. Wie in einem Beichtstuhl saßen wir dem Vernehmungsoffizier gegenüber und mussten Auskunft geben über Herkunft, militärischen Dienstgrad und Einsatzorte in den vergangenen Jahren. „Wo wollen Sie hin? Was wollen Sie machen?" wurde ich gefragt. Zuhause wartete der Hof und die Ernte und so war ich einer der Ersten, der am 28. oder 29. Juni auf einen Eisenbahnwagen verladen wurde. Dazu erhielten wir von den Amerikanern die ersten Care – Pakete. Mit Schokolade und auch mit Zigaretten!
Wer tatsächlich einen Hof zu Hause hatte und wer auch sonst unbelastet war, der war bei den Glücklichen, die zuerst entlassen wurden. Manche haben aber ihr Glück auch herbeigelogen, haben gelogen, was das Zeug hielt, haben eine Landwirtschaft erfunden und auf diese Weise ihre Entlassung erreicht.
Quietschfidel ging es Ende Juni 45 Richtung Süden, Richtung Heimat. Doch in Ulm hielt der Zug nicht an; er fuhr durch bis München. 600 Gefangene standen am Morgen auf dem Münchner Bahnhof und wurden nicht in die Heimat geschickt, sondern zu Arbeiten aufgeteilt. 200 nach Fürstenfeldbruck, 200 nach Dachau und 200 nach Schleißheim. Bei Dachau lief es uns kalt den Buckel hinunter, denn wir wussten schon, was der Ort bedeutete und wir hatten Angst davor, was jetzt passieren würde.
Ich wurde eingeteilt nach Schleißheim, wo wir auf dem Flugplatz Aufräumarbeiten verrichten mussten. Wir arbeiteten die ersten beiden Tage und legten gleichzeitig Beschwerde ein, weil wir ja zu Erntearbeiten entlassen werden sollten.
Am ersten Abend in Schleißheim, wieder einmal mit ganz viel Hunger, suchten wir nach etwas Essbarem auf dem Gelände. Wir durchsuchten vor allem die Keller nach Lebensmitteln und fanden schließlich auch Kartoffeln, die wir in einem Eimer kochten und noch in der Nacht aßen. Für unsere Verhältnisse ein fürstliches Mahl, das wir uns zubereitet hatten.

Heimkehr

In Schleißheim gab es bald nichts mehr zu tun, wir blieben dort nur wenige Tage, wurden dann zurückgebracht nach Ulm und dort offiziell aus der Gefangenschaft entlassen. Um den 1. Juli herum standen

wir nachts auf dem völlig zerstörten Bahnhof an einem offenen Feuer. Einer fragte den anderen, wohin er nun gehe und ich erfuhr, dass ich nicht in die französische Besatzungszone konnte, weil die Franzosen die Entlassungspapiere der Amerikaner nicht anerkannten und zurückkehrende deutsche Soldaten wieder gefangen nahmen und nach Frankreich abtransportierten.
In Ulm begegnete ich auch einem Verwandten von Pfarrer Schmid, der uns eindringlich warnte. „Um Gottes Willen, bleibet do. Erst gestern hond d` Franzosa wieder ehemalige Soldaten mitgnomma!" Einer Frau aus Weingarten, die ebenfalls auf dem Bahnhof war, gab ich einen Brief an meine Mutter mit. Die Frau habe ich nie mehr gesehen, der Brief aber erreichte die Heimat und die Familie wusste dadurch, dass ich noch lebte.
Am nächsten Morgen bestiegen wir trotz aller Warnungen den Zug Richtung Biberach, doch der Schaffner warf uns aus dem Abteil. „Reicht euch eure e i n e Gefangenschaft nicht?", weigerte er sich, uns mitzunehmen und so blieben wir notgedrungen zurück. In der Agnesschule in Ulm war ein Büro des Arbeitsamtes untergebracht, das Arbeitsstellen vermittelte. Über diese Stelle gelangten wir, Willy Häberle und ich, nach Reute bei Amstetten auf der Schwäbischen Alb, wo wir Arbeit bei einem kinderlosen Ehepaar auf einem Bauernhof fanden. Wir kamen dort am Ende der Heuernte an und das frische Heu roch so gut wie frische Arznei.
Mit Willy Häberle blieb ich im übrigen auch noch nach dem Krieg in Kontakt. Er betrieb in Vaihingen an der Enz als selbständiger Bäckermeister eine Bäckerei und ich besuchte ihn in den 50er Jahren einmal dort.
Nach etwa 14 Tagen in Amstetten klopfte es an einem Abend und unter der Türe stand der alte Schmied Hertkorn aus Gaisbeuren! Er war mit dem Fahrrad aus Ulm gekommen und wollte mich mitnehmen. Als Schmied musste er auch Arbeiten für die Franzosen verrichten und so hatte er einen Passierschein bekommen, um in Ulm bei der Firma Feldwieser Ersatzteile einzukaufen.
Am anderen Morgen machte ich mich mit ihm auf den Weg nach Ulm und nachdem Hertkorn dort eingekauft hatte, stiegen wir in den Zug Richtung Süden. An der Grenze zwischen amerikanischer und französischer Besatzungszone bei Laupheim erfolgte keine Kontrolle. Auch nicht auf der weiteren Fahrt bis Aulendorf, wo wir ausstiegen und Schmied Hertkorn in einer Wirtschaft noch einige Nagelpackungen mitnehmen wollte.

Als wir den Gastraum betraten, war dieser zu unserem Schrecken voll mit französischen Soldaten. Ich stand erstarrt in der Gaststube und wartete jeden Augenblick darauf, dass einer mich bemerken und dumme Fragen stellen würde. Doch es dauerte keine zwei Minuten, als einer der Franzosen in hohem Bogen über den Tisch hinweg kotzte und alle Aufmerksamkeit auf sich zog, so dass wir ohne Probleme die Wirtschaft wieder verlassen konnten.
Ich war ausgerechnet am 14. Juli wieder zurück in die Heimat gekommen. Ausgerechnet am französischen Nationalfeiertag, und an diesem Festtage hatten die Besatzungstruppen Besseres zu tun, als Deutsche zu kontrollieren. Was für ein Glück für mich! Zusammen mit Schmied Hertkorn kam ich am gleichen Tage noch von Aulendorf über Reute nach Gaisbeuren, von wo aus ich auf dem schnellsten Wege weiter Richtung Atzenreute, Richtung Heimat ging.
Dort war die Freude groß, als ich so unerwartet auftauchte. Die Begrüßung war herzlich und man machte mir ganz schnell ein Abendbrot, an das ich mich noch sehr gut erinnern kann. Drei Spiegeleier und eine Schüssel Salat gab es zur Begrüßung. Die Wiedersehensfreude war groß, ich erfuhr die Neuigkeiten, auch manche traurige Nachricht.
Dazu gehörte sicherlich das Schicksal meiner Kusine Sophia, der Tochter meines Onkels Vinzenz in Baindt. Das Mädchen verliebte sich während des Krieges in einen polnischen Zwangsarbeiter. Sie wurde schwanger und brachte 1943 ihre Tochter Hermine zur Welt. Sophie kam ins KZ nach Ravensbrück und blieb dort verschollen. Wir wissen nichts über ihr Schicksal. Wir haben nie mehr etwas von ihr erfahren. Hermine wurde von ihrer Großmutter und ihrer älteren Stiefschwester Klara, die aus der 1. Ehe von Vinzenz`s Frau stammte, aufgezogen. Sie lebt noch, wohnt in Baienfurt und besucht uns noch heute von Zeit zu Zeit.

Die ersten Jahre nach dem Krieg

Größere Belästigungen durch die Franzosen hatte ich nach der Rückkehr in der Heimat nicht mehr zu überstehen. Ein französischer Jeep hat zwar einmal versucht, mich niederzufahren, hat mich am Straßenrand gestreift. Auch die Besatzungstruppe hat versucht, die Bauern zu drangsalieren, ich geriet aber wohl nie in Gefahr, nochmals in Gefangenschaft genommen zu werden.
Im September 45 fuhren französische Soldaten bei uns in den Hof: „Haben Sie ein Kalb?" Ja, was sollten wir antworten? Im Stall war es

ja zu sehen. „Verkaufen Sie das Kalb, ja oder nein?" – Hätten wir den Kauf verweigert, hätten es die Franzosen mit Sicherheit ohne Bezahlung mitgenommen und so überließen wir den Franzosen das Kalb für, ich glaube 150 Mark.
Vier Wochen später erhielten wir vom französischen Militärgericht eine Vorladung nach Ravensburg. Wir hätten unbefugt ein Kalb verkauft, lautete die Anklage nicht nur gegen uns, sondern auch gegen andere Bauern in der Nachbarschaft. Ich ein Kalb, der nächste eine Sau, ein weiterer irgend etwas anderes: Unerlaubter Verkauf von Schlachtvieh an das französische Militär!
In der Herrenstraße in Ravensburg, im Gebäude, in dem heute das Amtsgericht Ravensburg untergebracht ist, wurde gegen uns verhandelt. Vorsitzender war ein französischer Militärrichter und jedem von uns wurde eine Strafe von 200 Mark aufgebrummt. Dann konnten wir wieder nach Hause gehen. Hätten wir das Vieh nicht verkauft, hätte man es uns mit Sicherheit auch aus dem Stall geführt. – Ohne Bezahlung. Man war weitgehend rechtlos in jener Zeit und französischen Schikanen schutzlos ausgesetzt.
Im Herbst/Winter 45 mussten wir nach Donaueschingen zu einer französischen Militärbehörde. Dort sollte es für uns französische Entlassungspapiere geben. Das Ganze dauerte zwei Tage. Am ersten Tag fuhren wir mit dem Zug hin, übernachteten in Donaueschingen und erhielten am anderen Tag von den Franzosen die notwendigen Stempel in unsere Unterlagen. Die Mitgliedschaft in der Wehrmacht war damit für mich endgültig vorbei.
Eine besondere Episode nach dem Kriege, in den späten 40er Jahren, war die Landverschickung Berliner Kinder. 24 von ihnen kamen auch nach Gaisbeuren, blieben von Mai bis kurz vor Weihnachten in den Gastfamilien und besuchten auch die Schule hier in dieser Zeit. Ob dies erstmals 1946 oder 1947 war, weiß ich nicht mehr.
Im Mai war ihre Ankunft angekündigt, die Bauern fanden sich vor dem Rathaus zur Aufteilung ein. Auch meine Mutter war dort und sie kam mit einem kleinen, mageren Buben zurück. Mit dem Satz: „I hon dr Kleinst gnomma, den hot niemand wella", stellte sie uns den 9-Jährigen „Manfred" vor, der von meinen Schwestern regelrecht bemuttert und bestens versorgt wurde und der zunächst bis kurz vor Weihnachten bei uns bleiben sollte.
Dabei blieb es aber nicht, denn zwei Jahre später kam Manfred wieder mit der Kinderlandverschickung zu uns. Er blieb wieder einige

Monate und tauchte einige Jahre später erneut auf. Mit dem Fahrrad und per Anhalter war er von Berlin bis Freiburg gekommen und von dort aus über den Schwarzwald mit dem Rad nach Atzenreute gefahren. Manfred machte sich in der Landwirtschaft nützlich und er fühlte sich bei uns richtig zu Hause. Er war damals vielleicht 14 Jahre alt und blieb einige Wochen.

Etwa zwei Jahre später stand er morgens zum Futterholen plötzlich wieder vor der Tür, nahm nach einer kurzen Begrüßung die Heugabel in die Hand und machte sich nützlich. Wie üblich blieb er ein paar Wochen und ging dann wieder zurück nach Berlin.

In den 50ern ließ der Kontakt dann nach und es dauerte gewiss 10 Jahre, bis er sich zunächst telefonisch wieder meldete und in den 60er Jahre mit einem roten VW – Käfer wieder hier auftauchte. Manfred war 10 Jahre bei der Bundesmarine gewesen und startete danach eine erfolgreiche Karriere in der Standortverwaltung Flensburg.

Auch später besuchte er uns mit seiner Familie regelmäßig und meine Frau und ich waren einige Male auf Gegenbesuch an der Nordsee. Manfred zeigte uns Sylt, Föhr, Amrun und Kiel. Wir haben noch heute Kontakt mit ihm, er war bei allen meinen Festtagen hier und er wird uns auch in diesem Jahre wieder besuchen. Er gehört förmlich zur Familie.

Auf unserem Hof in Atzenreute lebten und arbeiteten zunächst nach dem Kriege außer mir noch meine Mutter und alle vier Schwestern. 1949 und 1950 aber traten Maria und Anna ins Kloster Reute ein. Maria starb schon vor 30 Jahren, Anna lebt 86-jährig als Ordensschwester Alma im Jordanbad bei Biberach.

Meine Schwester Tekla arbeitete zunächst in Waldsee im Huthaus Hofmann, ging dann nach Stuttgart und wurde Krankenschwester. Sie lebt heute im gleichen Seniorenwohnheim wie meine Frau und ich. Die jüngste Schwester Josefine heiratete 1971 nach Hintereschach bei Neukirch, wo sie heute noch lebt.

Heirat, Arbeit in der Landwirtschaft und auf der Bank

1955 heiratete ich Maria Kessler aus Enzisreute. Wir haben vier Töchter. Von 1955 bis 1965 bewirtschafteten wir gemeinsam den Hof in Atzenreute. Ich habe zu den eigenen Feldern immer auch einiges dazu gepachtet und eine Weile arbeitete auch noch mein Schwiegervater, der zu uns gezogen war, mit. Wir vergrößerten uns von Jahr zu Jahr und den Winter über arbeitete ich zusätzlich im Wald. Es kam dann die Zeit, in der die kleineren Höfe trotz aller Arbeit nicht mehr

rentabel waren, und irgendwann war klar, dass ich zusätzlich zum Hof noch etwas unternehmen musste.
Seit 1950 war ich Vorstandsvorsitzender der AOK Waldsee und im Aufsichtsrat der Raiffeisenbank Gaisbeuren. Später dann deren Aufsichtsratsvorsitzender. Die Bank wurde von Frau Schmidberger in ihrem Wohnzimmer geführt, ihr Mann Max Schmidberger organisierte das Warengeschäft zwischen den Landwirten und dem Lagerhaus (BAG) in Waldsee.
Nachdem die Bank sich vergrößert hatte und ein neues Bankgebäude in Bau war, kamen anfangs des Jahres 1965 Bürgermeister Stollsteiner, Matthäus Bösch, der örtliche Gastwirt, und Franz Maucher, einer der Bauern aus Gaisbeuren, auf mich zu, ob ich nicht in die Bank eintreten und diese als Geschäftsführer übernehmen möchte. Frau Schmidberger erwartete damals ein weiteres Kind und wollte die Arbeit in dem neuen Gebäude nicht mehr weiterführen.
Ich erklärte mich dazu bereit, habe mich herangearbeitet, besuchte einen dreimonatigen Lehrgang in Aulendorf und bildete mich außerdem auf der dortigen Raiffeisenbank bei Hans Frick weiter. Das Kreditgeschäft machte mir dabei weniger Arbeit. Dieses kannte ich ja schon weitgehend aus meiner Zeit als Aufsichtsratsvorsitzender. Wo ich mich einarbeiten musste, das war in erster Linie die Buchhaltung.
Auf der Bank verdiente ich jetzt 600 Mark monatlich und in den beiden Jahren, in denen wir Landwirtschaft und Bankgeschäft nebeneinander betrieben, ging es uns finanziell richtig gut. Das Gütle ernährte uns, es kam Milchgeld herein, immer wieder konnten ein Kalb oder eine Sau verkauft werden und die 600 Mark gingen praktisch aufs Sparbuch.
Morgens vor dem Geschäft und abends nach der Bankarbeit versorgte ich das Vieh im Stall und verrichtete, wenn nötig, auch Feldarbeiten. Zwar arbeitete mein Schwiegervater noch mit, auch die Töchter waren älter geworden und wurden eingebunden, doch es wurde zusehends zu viel. Wir verringerten deshalb ab 1966 die Arbeiten in der Landwirtschaft und hatten nur noch 3 Kühe im Stall. Ich gab die gepachteten Felder zurück, die eigenen Felder und die Milchwirtschaft betrieben wir aber noch bis 1978 weiter. Dann gaben wir die Milchwirtschaft endgültig auf, verpachteten die Wiesen und ich bewirtschaftete nur noch ein paar Äcker. Einen Hühnerhof mit 60 Hühnern aber betrieben wir noch einige Jahre lang weiter, solange wir noch eigene Frucht zur Fütterung hatten.

Die Jahre mit viel Arbeit hatten aber doch so viel eingebracht, dass wir beginnen konnten, unser Wohnhaus mit einem Aufwand von insgesamt ungefähr 100 000 Mark zu renovieren. Begonnen haben wir damit bereits Ende der 60er Jahre; abgeschlossen war der Umbau etwa 1974.

Auch auf der Bank gingen die Geschäfte gut. Der Zweigstellenleiter der Genossenschaftsbank Stuttgart in Ravensburg, Dr. Haehl bemängelte aber im Jahre 1971, dass eine Reihe von Bankchefs im Kreis Ravensburg ihre Arbeit ohne Prüfung ausübten. Auf seine Veranlassung hin wurde ein Kurs für diese Geschäftsführer angeboten. 24 gestandene Männer aus dem Oberschwäbischen, darunter allein vier aus der Umgebung von Waldsee, fuhren ein Jahr lang jeden Samstag nach Ravensburg, um an dem Kurs teilzunehmen. Unter der Woche wurde wie immer gearbeitet und am Samstag in der Berufsschule gelernt. Nach einem Jahr legten wir vor der IHK alle 24 erfolgreich unsere Prüfung zum Bankkaufmann ab. Das war eine gute Sache. Ich hatte zuvor Bedenken gehabt, denn ich war der älteste der Teilnehmer, war zu Kursbeginn ja schon 51 Jahre alt, doch Dr. Haehl bestimmte einfach: „Sie bleiben dabei"`, was Dr. Haehl sagte, das hat bei uns gezählt.

Nachdem mir dieser erste Abschluss gelungen war, legte ich im darauffolgenden Jahre zusätzlich noch die Ausbildereignungsprüfung ab, damit ich auch auf die Ausbildung der Banklehrlinge in unserem Hause Einfluss nehmen konnte.

Auch mein Einkommen bei der Bank stieg zwar, ich war aber wohl im Vergleich mit anderen Kassenleitern weit unterbezahlt. Noch im Jahre 1977 ging ich mit 1700 Mark netto nach Hause. Der Kassenprüfer des Raiffeisenverbandes bemerkte in jenem Jahr: „Aber das hört jetzt auf! Jetzt hond se lang gnuaug billig gschaffet!" Ich erhielt dann 2400 Mark, aber richtig gut verdient habe ich erst in den letzten Arbeitsjahren, nach dem Zusammenschluss der beiden Banken in Reute und Gaisbeuren.

Nach 20 Jahren Arbeit beendete ich meine Tätigkeit als Bankleiter am 30.12.1985, doch ich arbeitete als Lagerverwalter halbtags aushilfsweise noch weiter bis zum 30. Juni 86 bei der Bank.

Die Folgen der Gelbsucht spürte ich nach dem Kriege und auch noch in den vergangenen Jahren immer wieder. Erst vor ein paar Jahren hatte ich wieder einen Rückschlag mit extrem schlechten Leberwerten, so dass ich behandelt werden musste. Die Ursache für den plötzlichen Rückfall war völlig unklar, doch trat im Verlauf von einigen Wochen langsam wieder eine Besserung ein. Ich hatte nur das Glück, dass mein Hausarzt Dr. Eisele rasch dafür sorgte, dass ich im Krankenhaus behandelt wurde und so nach einigen Wochen wieder gesund wurde. Dass ich nach der ganzen Krankengeschichte überhaupt so alt werden würde, hätte ich ohnehin niemals gedacht!

Ich hatte in meinen Leben viel Glück, viel Verantwortung, aber auch viel Freude. Ich denke gerne zurück. Auch an Zeiten, in denen nicht immer alles ganz gut war. Ich hatte ja auch Sorgen, auch berufliche, in der Bank lief auch nicht immer alles ohne Probleme. Man kam schon manchmal mit einem dicken Kopf aus der Bank und am nächsten Morgen waren die Probleme ja nicht weg.
Ich hatte aber immer ein großes Glück, konnte immer gut schlafen. Heimkommen, ins Bett und einschlafen können. Oder früher ein paar Runden auf dem Traktor drehen. Auch das machte den Kopf wieder frei.
Meine Frau und ich wohnten nach meiner Pensionierung 1985 weiter in Atzenreute im ehemaligen Bauernhaus unserer Familie. Im Frühjahr des Jahres 2002 verkauften wir das Haus und zogen ins Seniorenwohnheim nach Bad Waldsee um, wo wir auch heute noch leben.

Josef Eisele
Bad Waldsee-Enzisreute,
Jahrgang 1920

*„Es ist fast ein Wunder,
dass ich zurückgekommen bin."*

Im Jahre 1920 wurde ich in Enzisreute, Gemeinde Gaisbeuren, geboren. Enzisreute gehört heute zur Stadt Bad Waldsee.
Im Alter von 6 Jahren wurde ich in Reute in die Volksschule eingeschult. In Klasse 1 und 2 hatte ich Frau Kuhn als Lehrerin und in Klasse 3 und 4 Herrn Stegmann. Die Schule in Reute besuchte ich bis zur 5. Klasse.
Im Jahre 1932 wurde in Gaisbeuren die neu gebaute Schule eröffnet und die Kinder aus Enzisreute besuchten nun mit den anderen Kindern der selbständigen Gemeinde Gaisbeuren diese neue Schule. Unser damaliger Lehrer, Herr Grandi, war ein recht jähzorniger Mensch. Je nach Laune gab es Prügel, vor allem für die Enzisreutener Schüler, die er überhaupt nicht mochte. Wenn seine Frau einkaufen ging, klopfte sie immer an der Klassenzimmertüre und verhandelte mit ihrem Manne, wie viel Geld sie für den Einkauf brauchte und wie viel der Gatte herausrücken musste oder wollte.
Die Schulpflicht damals dauerte sieben Jahre und nach der Schule arbeitete ich auf dem Hof meines Vaters in Enzisreute. Eine Ausbildung, auch nicht in der so genannten Winterschule beim Landwirtschaftsamt, konnte ich nicht absolvieren, denn im Herbst 1939 begann der 2. Weltkrieg und ich musste, wie man damals sagte, einrücken. Das heißt, ich musste im Herbst 1940 zur Wehrmacht.

In der Wehrmacht

Die Grundausbildung absolvierte ich in Villingen. Im Anschluss daran machte ich den LKW – Führerschein und danach wurden wir im Dezember 40 nach Radnize in der Tschechei versetzt. (Heute Radnica in der Slowakei.) Dort wurde eine Feldeinheit aufgestellt. Ich kam in die 8. Batterie des Artillerieregiments 85, das zur 101. Infanteriedivision gehörte. Ich war dort als Kraftfahrer.
Wir waren In Radnize in einer ehemaligen Schule untergebracht, die zur Wehrmachtsunterkunft umgebaut worden war. Die Feldpostnummer unserer Einheit blieb mir unvergessen, sie lautete 19768 b.
In Radnize erhielten wir neue Geschütze. Ich war ja aber Kraftfahrer und wir sollten in Paris 50 Lastwagen abholen, die die Franzosen bei Renault für die Wehrmacht angefertigt hatten. Als wir in Paris angekommen waren, stellten wir fest, dass die LKWs noch nicht alle fertig waren, so dass wir drei Tage dort bleiben und uns die Stadt anschauen konnten. Zusammen mit einem Begleiter bestieg ich auch den Eiffelturm. Wir brauchten dafür eine halbe Stunde.

Weihnachten 1940.
Ganz links: Kruler. Mit Hosenträgern: Ernst Steck aus Stuttgart. Vor dem Christbaum: Mein bester Freund, Hermann Lorch (später gefallen durch Halsschuss). Rechts neben dem Christbaum ganz hinten: ich.
Ernst Steck habe ich nach dem Krieg mehrmals wieder getroffen. Er erkannte mich in den 50er-Jahren, als er auf der B 30 durch Enzisreute fuhr. Er hat mich auch danach immer wieder besucht.

Aus Radnize erhielten wir schließlich ein Telegramm, dass wir wegen des Krieges mit Jugoslawien sofort mit den fertigen Lastwagen abfahren sollten.
Das waren etwa zehn LKWs und mit diesen fuhren wir in die Tschechei zur Firma Skoda, um Munition zu laden, mit der wir dann weiter nach Jugoslawien fuhren. Dort wartete unsere Einheit bereits auf uns. Sie stand einsatzbereit, hatte aber keine Munition für ihre Geschütze.
Als Geschütze hatten wir anfangs Pak – Geschütze mit 3,7 cm; diese hatten gar keinen Wert. Dann brachte man 5,2 cm und später 7,5 cm – Geschütze, mit denen besser getroffen werden konnte.
In Jugoslawien kamen wir bis nach Agram und Marburg, wo der Jugoslawienkrieg dann für uns zu Ende war.
Von Jugoslawien aus wurden wir an die polnisch – russische Grenze nach Przemysl verlegt. Damals bildete der Bug die Grenze zu Russland; heute ist er die Grenze zwischen Polen und der Ukraine.

Kameradschaftsfest vor dem Einmarsch in Russland.
Stehend rechts: Unser Spieß, Hauptfeldwebel Kühner; sitzend rechts im Vordergrund: Oberfeldwebel Geiger (ist neben mir gefallen). Sitzend ganz rechts: Leutnant Herrenknecht aus Weingarten.

In Przemysl hatten wir eine schöne Zeit. Wir gingen oft zum Baden und der militärische Dienst war nicht besonders streng. Auf einmal aber abends, wir waren immer in den Wäldern der Umgebung, hieß es, dass keiner mehr von seinem Fahrzeug weg dürfe. Es wurde Alarm gegeben und als es dunkel wurde, kam die Infanterie. Kolonne um Kolonne nach vorne zur Bereitstellung.
Panzerjäger fuhren in Stellung und dann hieß es: Artillerie abfahren. Wir fuhren in vorbereitete Stellungen, wo auch schon die Munition bereit lag. 5 Minuten vor 3 Uhr in der Nacht ging es los. Jedes Geschoss wog 46 Kilo und wir schossen bis morgens um 10 Uhr, was aus den Rohren herausging. Die Granaten wurden von Hand herangetragen und in die Geschütze geschoben. Ich hatte davon am ersten Tag einen dick geschwollenen Arm. Die Geschütze liefen auf Schienen, bei jedem Schuss rollten sie ein Stück zurück und dann wieder nach vorne. Von dem Dauerbeschuss wurden die Rohre glühend heiß.
Der vor uns liegende Fluss bildete die Grenze zu Russland. Die Russen saßen dort eingegraben und wir mussten in die Stellungen hineinschießen, bis alle Russen herausgeflogen waren. Dabei schossen wir mit Verzögerung; das heißt, die Granaten schlugen in die Erde ein und explodierten erst nach dem Aufschlag und nicht schon an der Oberfläche.
Nach dem Beschuss musste die Infanterie mit Sturmbooten über den Fluss und einen Brückenkopf bilden. Dabei gab es die ersten Toten auf unserer Seite.
Erst gegen 6 Uhr oder halb sieben morgens fing es an zu rauschen und schwere Artilleriegeschosse schlugen bei uns ein. Erst zu diesem Zeitpunkt schoss die russische Artillerie erstmals zurück; bis dahin war noch kein Schuss herübergekommen.

Um 10 Uhr wechselten wir die Stellung. Alle 100 Meter etwa durfte ein Fahrzeug fahren. Einmal schlugen Geschosse links von uns ein, einmal rechts, einmal auf der Straße. An einem Waldrand gingen wir in Stellung und luden die Munition ab. Auf einmal wurden wir wieder beschossen. Wir gingen unter unserem Fahrzeug in Deckung. Ein Splitter durchschlug neben mir den Reifen und drang einem anderen Soldaten in den Kopf ein.
Am 23.6.41 waren wir noch immer in der Nähe von Przemysl. Vor uns lag ein Dorf, von dem es hieß, dass jede Menge Schweine darin frei herumliefen. Als dies einer aus unserer Einheit hörte, sagte er: „Eine Sau muss her !" Er ging nach vorne zu der Ortschaft, als plötzlich russische Artillerie hereinschoss. Um nicht getroffen zu werden, musste er in volle Deckung gehen. Voll in den Schweinedreck! Als er zurückkam, war er von oben bis unten voll mit Schweinescheiße bedeckt. Wir fragten ihn, wo die Sau geblieben sei, was er mit einem „Leck mich am ..." beantwortete.
Am dritten Tag nach Kriegsbeginn mit Russland mussten wir nachts vorfahren, denn vor uns lag eine Festung. Wir gruben die ganze Nacht die Geschütze so tief ein, dass man oben nur noch die Rohre herausragen sah. Am Morgen, als es hell wurde, schossen wir auf die Bunker und zielten dabei vor allem auf die Schießscharten. Im Anschluss an den Beschuss musste das Strafbataillon 500, das uns zugeteilt war, die Bunkerstellung stürmen. Diese Soldaten kletterten auf die Bunker und richteten die Rohre von Flammenwerfern, die sie wie eine Rückenspritze bei sich trugen, durch die Schießscharten in die Bunker. So wurden die Russen vertrieben. Dabei sind von den ca. 400 bis 500 Mann des Strafbataillons mindestens 150 Mann gefallen. Die gingen einfach stur auf die Bunker los; ohne Rücksicht auf sich selbst!
In diesem Strafbataillon 500 war auch der spätere Schwiegervater unserer Tochter, den ich aber damals noch nicht kannte. - Ins Strafbataillon kamen alle, die etwas angestellt hatten, beispielsweise betrunken auf Wache erwischt wurden.
Auf dem weiteren Vormarsch durchquerten wir die Ukraine. Dort standen die Menschen teilweise am Straßenrand und winkten uns zur Begrüßung zu. Wir kamen im Sommer 41 bis nach Charkow, ein Fabrikstädtchen, wo wir auch im Winter 41/42 waren. Über Nacht hatte es plötzlich 20 Grad Kälte. Den Pferden - die leichte Artillerie war bespannt mit jeweils 8 Pferden – froren die Hufe im Schlamm fest. Wir hatten auch keine Winterbekleidung. Über Nacht wurden

wir von der Kälte überrascht und es wurde sehr kalt; bis fast 40 Grad. Wir blieben in Charkow und mussten zunächst unsere Lastwagen putzen und von Grund auf überholen. Danach wurde ich wieder eingeteilt zum Munitionstransport. Von Eisenbahn – Fernlastzügen zu den Geschützen. Das war schlecht, denn die Straßen waren nur bis zum Stadtrand mit Kopfsteinpflaster gepflastert, außerhalb der Städte bestanden sie aus purem Dreck. Schwerere Fahrzeuge blieben deshalb oft im Schlamm stecken.

Der Nachschub gelangte mit der Eisenbahn nach Russland. Ein Problem dabei waren die unterschiedlichen Spurbreiten in Russland und in Europa. Man musste die Züge „umnageln", damit sie auf dem russischen Schienenetz fahren konnten.

Die Lokomotiven schoben auf ihrer Fahrt durch Russland alle einen Wagen mit Eisenbahnschienen vor sich her. Wenn Partisanen Gleise in die Luft gesprengt hatten, konnten die Schienen auf diese Weise schnell wieder repariert werden. Die Sprengung von Schienen kam recht oft vor. Angriffe gegen Soldaten durch Partisanen waren dagegen selten. Hier hatten sie keine großen Chancen. Sabotage gegen Einrichtungen, vor allem gegen das Schienennetz, kam aber recht häufig vor.

Charkow blieb im Winter 41/42, in dem viele Soldaten an der Kälte starben, deutsch. Die Erfrorenen wurden im Frühjahr durch neue Soldaten ersetzt, die Einheiten wurden wieder aufgefrischt.

Massengrab

1942 wurden wir einmal von hinten überfallen und 18 Soldaten unserer Einheit starben an einem einzigen Tag. Ich war gerade in einem Fluss beim Baden, als die Russen auftauchten. Ich bin raus aus dem Wasser und zog zwischen einem Haus und meinem Lastwagen die Kleider an. Als ich meine Jacke anzog, schoss mir ein Russe am Kopf vorbei. Ich rannte so schnell ich konnte

davon. Einen Kilometer oder weiter, hinein in einen Roggenacker und kroch auf allen Vieren weiter. Am anderen Ende des Ackers standen unsere Geschütze.
Dort angekommen, warnte ich, dass uns die Russen überfallen hätten und unser Leutnant ließ zwei Geschütze in Richtung des Roggenackers drehen und laden. Er konnte und wollte aber nicht schießen, denn es gab kein Ziel und er vermutete zunächst verbündete rumänische Truppen hinter uns. Aus dem Roggenacker heraus schossen Russen und trafen zwei von uns. Erst jetzt befahl der Leutnant zu feuern und die Artilleriegeschosse durchpflügten den Acker. Bald schien alles, was darin war, mausetot zu sein.
Unser Spieß ließ sich nicht davon abhalten, mit sechs Freiwilligen in den Acker hineinzugehen, um nachzusehen, was genau los war. - Keiner kam mehr zurück. Sie verschwanden spurlos auf Nimmerwiedersehen. Wir mussten danach überstürzt abhauen und haben nie mehr etwas von ihnen gehört; auch keine Leichen gefunden. 18 von uns waren an einem einzigen Tage tot!
Ein anderes Mal wurde befohlen, dass wir unsere Füße zu waschen hätten. Oberfeldwebel Geiger ging ein paar Meter weg um auszutreten, als plötzlich drei Russen vor ihm standen. Er rannte zurück und schrie, er habe drei Russen gesehen. „Eisele, nimm Dein Gewehr," befahl er mir und wir rannten los. Er mit einer Pistole in der Hand und ich mit dem Gewehr im Anschlag. Ein Russe, der im Gebüsch lag, schoss Gruber durch die Hand in die Brust und er war tot. Ich schoss aus der Hüfte auf den Russen und der floh. Da sah ich auch die beiden anderen wegspringen. Ich schoss hinter ihnen her, traf sie aber nicht. Die Kugeln flogen über ihre Köpfe hinweg und sie bückten sich jedes Mal. Später stellte ich fest, dass mein Visierschieber verschoben war; deshalb zielte ich zu hoch. Ich weiß heute noch nicht, wie das zugegangen war.
Die drei Russen rannten weiter davon. Karl Schulte von einer Abteilung, die mit dem MG auf Tiefflieger schießen sollte, kam mit dem MG hinzu und gab damit ein paar Schüsse auf die Fliehenden ab, doch dann hatte er Ladehemmung. „Der isch total aus em Häusle gsai." Wachmannschaften zwischen den Fahrzeugen beschossen die drei Russen zusätzlich und diese hoben schließlich die Hände und wurden gefangen genommen.
Weitere aus unserer Einheit kamen hinzu und schlugen die Russen buchstäblich tot! - Mit dem Gewehrkolben. Einer benutzte dazu ein russisches Gewehr, das geladen war und als er mit dem Gewehrkol-

ben einem Russen auf den Kopf schlug, löste sich nach hinten ein Schuss und hätte fast noch ein paar andere getroffen. Alle drei haben sie tot geschlagen! Wir hatten genug solche Sauhunde bei uns.

Verschnaufpause am Schwarzen Meer.

v. l.: Josef Eisele, Stefan Weber, Hans Gruber (ein Landwirt aus Ulm, der später gefallen ist).

Auf dem Vormarsch 1942 kamen wir zum Schwarzen Meer und dann an diesem entlang nach Osten. Dort wurden wir zunächst Küstenbatterie. Mit einem Flakgeschütz, einem Gelump, mussten wir die einlaufenden Schiffe beschützen. Auf einmal kamen wir dann doch noch weg Richtung Kaukasus.

Im Kaukasus, im Herbst 42, machten wir an einem Abend ein Feuer, weil es kalt wurde. Ich legte mich in meinen Lastwagen um zu schlafen, andere spielten am Feuer Karten, als die Russen mit einem Geschütz von den Bergen herab schossen und alle am Feuer trafen. Sieben Mann waren tot, einem riss es das Bein weg. Nur weil ich nie Karten spielte, saß ich nicht am Feuer, sondern lag in meinem Fahrzeug.

Es passierte öfters, dass sieben, acht Mann auf einmal tot waren. Wir fuhren einmal an einem Fluss entlang in Stellung, als die Dackel aus dem Wald hinausfuhren – und über dem Fluss drüben lagen die Russen. Sie sahen uns und bis die Geschütze in Stellung waren, hatte eines schon einen Volltreffer und die gesamte Bedienung war getroffen. Fünf waren tot und fünf schwer verwundet. Ein Feldwebel hatte 38 Granatsplitter im Rücken; und wie durch ein Wunder überlebte er.

Als der Feuerüberfall begann, war ich beim Abladen von Munition in der Nähe der ersten Einschläge. Ich fuhr sofort los, in einen Strohhaufen hinein um Deckung zu bekommen. Es war ein furchtbares Schießen, bis unsere Geschütze zurückfeuerten, aber dazu mussten sie zuerst stehen.

Im Kaukasus waren mehrere Divisionen. Die 4. Division und wir mit der 101. Jägerdivision. Dazu noch eine Sondereinheit, die dazu verpflichtet war, die Fahne auf dem Elbrus zu hissen.

Unterstand in vorderster Linie. Pfiadi Gott schöne Gegend.

Auch wir waren weit im Kaukasus und zwar ziemlich lange. Es war eine sehr schlechte Zeit, wir hausten in Löchern, es gab nirgends ein Haus, keine Unterkunft, nur Wildnis und Schlamm.
Einmal nachts floss Wasser in unsere Unterstände und wir mussten unsere Löcher verlassen, Mit den Kleidern unter dem Arm stürzten wir pudelnackt ins Freie, wo es auch noch geschneit hatte.

Schließlich mussten wir uns aus dem Kaukasus absetzen und auf dem Rückzug wurde später die ganze Batterie sogar zeitweise auf Schiffe verladen und übers Schwarze Meer transportiert. Zunächst aber haben wir, wenn wir fahren mussten, immer vier oder fünf Fahrzeuge zusammengehängt, eine Zugmaschine davor gespannt und auf diese Weise die Fahrzeuge im Geleitzug durch den Dreck gezogen.
Ich war 28 Monate im Krieg, bis ich meinen ersten Urlaub erhielt. Dies war an Weihnachten 1942. Vom Kaukasus herauf fuhr ich 2 Wochen mit dem Zug, ehe ich daheim war. Die erste Strecke aber legte ich mit einem Lastwagen unserer Einheit zurück und das war mein Glück, denn aus den Zügen holte die Wehrmacht alle Urlauber wieder heraus und brachte sie nach Stalingrad.
Am 2. Weihnachtsfeiertag war ich schließlich zu Hause in Enzisreute. Der Urlaub dauerte bis zum 15. Januar und nach drei Wochen muss-

te ich wieder zurück. In dieser Zeit hat der Schweizer Radio bereits gebracht, dass Stalingrad bald am Ende sei. Der Wirt unseres Dorfes hörte schon immer den Schweizer Radio. Im deutschen Radio war ja nur von Erfolgen zu hören.
Das Abhören des Schweizer Senders war gefährlich, doch wir hörten den Schweizer Radio gerne, denn er war neutral. Wer aber erwischt wurde, der wurde verhaftet und umgebracht.
Eugen Miller aus Enzisreute ist es so ergangen. Während des Krieges arbeitete er noch lange bei der ZF in Friedrichshafen, er war „unabkömmlich" (UK) gestellt, weil er in einem kriegswichtigen Industriebetrieb beschäftigt war. Außerdem war er bereits 30 Jahre alt. An einem Abend hörte er den Schweizer Sender und wurde von einem Bekannten aus Enzisreute verraten. Er musste nach Waldsee, seinen Radio bei der Polizei abgeben und wurde einige Zeit später zur Wehrmacht eingezogen. Von seiner Mutter verabschiedete er sich mit den Worten „Pfe Gott, i komm nimme." - Drei Tage nachdem er an der Front eingesetzt war, ist er gestorben.
Nach dem Ende meines Urlaubes musste ich wieder nach Russland hinein. Zusammen mit einem Soldaten aus Nürnberg hätten wir praktisch an Stalingrad vorbei Richtung Kaukasus fahren müssen. Der Nürnberger meinte, dass das nicht mehr möglich sei und so stiegen wir in einen anderen Zug, der Richtung Süden, ans Schwarze Meer fuhr.
Auf der Höhe der Krim verließen wir den Zug und erkundigten uns auf dem Bahnhof nach der nächsten Verbindung auf die Halbinsel Krim. Mit einem Munitionszug fuhren wir, auf der Munition liegend, bereits in der folgenden Nacht bis nach Chankoj. Dort meldeten wir uns auf der Kommandantur, wo man uns sagte, dass wir nicht mehr zu unserer Einheit hinüberkämen, weil die Russen den Kaukasus praktisch abgeschnitten hätten. - Stalingrad war auch schon gefallen.
Wir kamen deshalb zu einer Schanzeinheit an den sogenannten Tartarengraben. Zwangsverpflichtete Russen mussten diesen als Panzerabwehrgraben ausheben und wir bewachten die arbeitenden Russen. Auch auf einem Stützpunkt am Schwarzen Meer mussten wir Posten stehen, ehe wir im Mai wieder zu unserer Einheit, die immer noch zwischen dem Schwarzen Meer und dem Kaspischen Meer lag, zurückkommen konnten. Dort, in Krasnodar, in Südrussland, war es sehr, sehr heiß, ich bekam die Malaria und man brachte mich 1943 erstmals für 14 Tage ins Lazarett.

Noch weitere zweimal war ich wegen der Malaria im Lazarett. 1944 lag ich im Juli deshalb in Pirna und in dieser Zeit, am 20. Juli, war das Attentat auf Hitler. Es hieß zuerst im Radio, Hitler sei im Kampf gefallen. Ein Feldwebel, ein Unteroffizier und ich, die im selben Zimmer lagen meinten, dass wir dann morgen heimfahren würden. Aber schon bald kam durch, dass Hitler überlebt hatte, worüber wir uns nicht allzu sehr freuten.
Von Pirna aus erhielt ich Genesungsurlaub in der Heimat, wo ich am 3. August 1944 den Bombenangriff auf Friedrichshafen erlebte. Das hat gerottelt und gezittert bis zu uns in Enzisreute und man hat auch die Flugzeuge am Himmel gesehen.

Einsatz im Westen und an der Ostsee

Nach dem Genesungsurlaub kam ich zu einer anderen Einheit, zum Artillerieregiment 25 in der 25. Panzer Division am Rhein, bewaffnet mit leichter Artillerie. Wir kämpften gegen Amerikaner, die mit ihren Sherman – Panzern an der Mosel entlang zum Rhein vordrangen. Die Amerikaner hatten ihre Panzerfahrzeuge teilweise mit Gummistollen gedämpft, so dass manchmal die Panzer völlig überraschend vordringen konnten. Die 10,5 cm Kanone aber war ganz gut, um damit auf Panzer zu schießen. Sehr beweglich und schnell! Wenn man damit unterhalb des Panzerturmes traf, flog der ganze Panzerturm weg.
Im Winter 44/45 wurden wir überraschend an die Oder verlegt und ich erlebte das Kriegsende dadurch in Norddeutschland. Zunächst fuhren im Oderbruch russische Panzer über das Eis der Oder in eine Stadt hinein und wir mussten uns zurückziehen. Dabei trafen wir nördlich von Berlin auf einen Gefangenentransport aus einem KZ. Die Gefangenen waren so schwach, dass immer wieder welche von ihnen zusammenbrachen und umfielen. Von den Wachmannschaften wurden diese dann durch Kopfschuss getötet!
Auch die SS hat in den letzten Kriegstagen noch viele Leute an den Bäumen aufgehängt. Sie stand überall, noch am letzten Kriegstag und suchte nach Soldaten, die sich von der Front abgesetzt hatten. Wenn die von der SS erwischt wurden, wurden sie wegen Feigheit vor dem Feind von ihnen aufgehängt.
In Seelow bei Küstrin haben sie gegen Kriegsende noch, ich weiß nicht, wie viele aufgeknüpft. Ich musste täglich dort durchfahren und jedes Mal wurde kontrolliert, ob in meinen Lastwagen nicht einer versteckt sei. Ich hatte die Erlaubnis zur Durchfahrt, denn ich hatte

den Befehl, von Berlin aus Munition nach Küstrin in die Feuerstellung hochzufahren.
Beinahe wäre ich dabei einmal in russische Gefangenschaft geraten. Bei Nacht, ohne Licht, musste ich bis zu einem Schlagbaum vorfahren und dann links abbiegen. Auf einmal leuchtete eine Taschenlampe, ein Deutscher warnte mich, ich solle abhauen, ich wäre hier an der Front.
Unter den Sitzen der Geschützzugmaschinen war eine „Eiserne Ration" an Munition untergebracht. Am 1. Mai 45, wir lagen in der Gegend von Schwerin, warfen wir diese Munition über Bord. Der Spieß tobte, doch es war aus. Am Abend schossen wir noch wie verrückt in die nächstgelegenen Ortschaften hinein, damit die Munition nicht in amerikanische Hände geriet und am Morgen wurde gesagt, dass es jetzt endgültig Schluss sei. Wir sahen die amerikanischen Panzer stehen und ein Leutnant mit einer weißen Fahne fuhr hinüber zu Übergabeverhandlungen. Als er zurückkam, mussten wir unsere Waffen wegwerfen, die Geschütze abhängen und mit den Lastwagen zu den Amerikanern hinüberfahren.

Kriegsende
Angehängt mit einem Seil an unserem LKW war ein SS - Kübelwagen, der nicht mehr fahrbereit war. Als wir nicht mehr weiterkamen, ging mein Kamerad nach hinten und schnitt das Seil durch. Ein SS - Offizier drohte ihm, ihn zu erschießen. „Du Dackel hoscht doch dai Pistol grad furtgworfa, du nixiger Lump, mach dass in dain Karra naikommst. Ihr Hund, ihr verreckte, jetzt hond`r ausdient, ihr Siacha, ihr verwahrloste", war seine Reaktion auf schwäbisch und der SS- Mann verkroch sich zitternd wieder in seinen Wagen.
Zur Kapitulation fuhren wir also in das amerikanisch besetzte Gebiet. An der Straße standen rechts und links die Amerikaner und schauten interessiert zu. Die ersten Amerikaner, die wir aus der Nähe zu Gesicht bekamen, waren zwei Neger mit großen funkelnden Augen. Es waren dies die ersten Schwarzen, die ich in meinem Leben sah.
Wir fuhren etwa 30 km weit auf eine Wiese, wo wir in Zelten übernachteten und bewacht wurden. Die Amerikaner suchten dort zuerst nach Angehörigen der SS, die sie mitnahmen, wenn sie an ihrer Tätowierung entdeckt wurden.
Auf der Wiese blieben wir etwa drei Wochen lang und erhielten in dieser Zeit keine Verpflegung. Mein Beifahrer und ich hatten zwar

noch einige Vorräte in unserem LKW, den wir ja dabei hatten; auch unsere Feldküche, die sich ebenfalls in dem Lager befand, hatte in der ersten Zeit noch etwas an Lebensmitteln, doch der Vorrat reichte nicht lange.
Nach etwa drei Wochen marschierten wir bei Schwerin auf einen Bahnhof und wurden in Viehwagen geladen, die von Amerikanern bewacht waren. Wir wussten zuerst nicht, wohin es gehen sollte, ob nach Osten oder nach Westen und es ging das Gerücht um, dass wir zu den Russen abgeschoben würden. Als wir aber nach einiger Fahrzeit mit großer Erleichterung das Schild „Lübeck" sahen, wussten wir, dass es nach Westen geht.
In Eutin, bei den Engländern, wurden wir ausgeladen und wir mussten von dort aus etwa 30 km weit marschieren. Wieder auf einer Wiese wurden Zelte aufgeschlagen und der Zeltboden mit Stroh bedeckt. Dies sollte unsere Behausung bis August 45 bleiben. Zu essen gab es täglich eine Wassersuppe und jeweils 20 Mann erhielten pro Tag einen Kipf Brot. Unsere Feldküche hatten wir immer noch bei uns und in ihr wurde täglich zweimal Kaffee gekocht. Am Morgen und am Abend.
Bei den Bauern der Umgebung versuchten wir, etwas Essbares aufzutreiben, doch wir besaßen nicht allzu viel, was wir tauschen konnten. Einer tauschte seine Uhr gegen 5 Laib Brot; ein anderer erhielt für den Ehering dieselbe Menge und so hatten wir alle Tage wenigstens ein bisschen Brot zu essen. Wir suchten auch Brennnesseln und gingen zum Fischen, denn es war nirgends ein englischer Wachsoldat und wir waren nur noch interniert. Insgesamt wohl 70 000 Gefangene.
Flucht wäre zwar jederzeit möglich gewesen, wir sahen jedoch keine Chance, über die Elbe hinüberzukommen. Wir hätten hinüberschwimmen müssen, doch die Elbe war riesenbreit.

Entlassung aus der Gefangenschaft
Am 24. August 45 mussten wir unsere Sachen packen, da wir entlassen werden sollten. Vor einem riesigen Gutshof stand unser General und hielt eine Rede. Er sagte uns, dass er nun schon zweimal seinen Beruf verloren habe, was er sehr bedauern würde und was ihm sehr leid täte. Ich habe gesagt: „Gott sei Dank !"
Vor der endgültigen Entlassung mussten wir durch ein großes Gebäude, in dem englische Offiziere saßen. Sie stellten uns unsere Papiere aus und wir erhielten die für die Entlassung notwendigen

Stempel. Danach wurden wir in einen Zug verladen; ein ganzer Zug voll entlassener Soldaten in die französische Besatzungszone nach Süddeutschland.

Die Gefangenen aus der amerikanischen Zone waren alle schon zuvor entlassen worden. Wer in den ersten Monaten nach Kriegsende aber in die französische Besatzungszone entlassen wurde, dem wurden von den Franzosen die Entlassungspapiere der anderen alliierten Staaten zerrissen und man steckte die Deutschen in französische Kriegsgefangenschaft. Die Engländer entließen uns deshalb erst, als geregelt war, dass die Franzosen die Entlassung anerkannten, so dass mir dies nicht passierte.

Wir fuhren im August 45 also mit dem Zug ein paar Tage Richtung Süden. Irgendwo auf der Strecke hielt unser Zug einmal an, wir mussten alle aussteigen und jeder von uns bekam von den Amerikanern einen Kipf Brot, eine Büchse Käse und je eine Dose mit Wurst und eine mit Butter. Das war die Verpflegung für drei Tage. Wir stiegen wieder in den Zug ein, vesperten anständig und fuhren bis Stuttgart.
Dort konnten wir nicht mehr weiterfahren, weil die Lokomotive ihren Geist aufgegeben hatte. So machten wir uns zu Fuß auf den Weg in Richtung Heimat. Bei mir waren Stefan Marko, der vor dem Krieg im Kloster Reute gearbeitet hatte und den ich im Lager getroffen hatte und auch von Ravensburg war einer dabei, der mich später einige Male noch besucht hat.
Wir gingen von Stuttgart aus bis nach Göppingen und waren total k.o. Als wir vor einem Sägewerk am Rande der Straße auf Brettern saßen und uns ausruhten, hielt ein amerikanischer Lastwagen mit zwei Schwarzen an. Sie gaben jedem von uns eine Schachtel Zigaretten und nahmen uns mit bis nach Ulm.
Weil sie Richtung München weiterfuhren, stiegen wir an der Autobahnausfahrt in Dornstadt ab und marschierten Richtung Ulmer Innenstadt den Berg hinunter. Am Bahnhof in Ulm erhielten wir in einer Bretterbude eine Suppe und dort konnten wir auch übernachten.
Die Eisenbahnstrecke nach Friedrichshafen war schon wieder in Betrieb und so setzten wir am nächsten Morgen unsere Heimfahrt mit dem Zug in Richtung Süden fort. An der Grenze der Besatzungszonen kurz nach Ulm verließen die Amerikaner den Zug und die

Franzosen stiegen zu. Während die Amerikaner nie etwas von uns hatten wissen wollen, uns nie kontrolliert hatten, hieß es nun plötzlich: „Papiere, Papiere, Papiere!"
Die Franzosen suchten nach SS – Leuten, denn die standen auf der roten Liste. Die haben es aber auch nicht anders verdient. Haben sie doch alle Gefangenen erschossen, diese Schoofseckel.
Nicht alle jedoch sind freiwillig bei der SS gewesen. Je länger der Krieg dauerte, desto mehr wurden großgewachsene Männer zum Dienst in der SS gezwungen. So erging es auch unserem Schwager. Er war groß und wurde deshalb noch 1944 gegen seinen Willen zur SS eingezogen. Trotz seiner 5 Kinder! Sein Glück aber war, dass er nicht tätowiert war und deshalb nach Kriegsende nicht entdeckt wurde.

Heimkehr

In Durlesbach stiegen Stefan Marko und ich aus und wieder hieß es „Papiere, Papiere!" Wir gingen den Berg hinauf nach Reute und durch Reute hindurch - lauter Marokkaner und Franzosen überall. Die schauten uns in unseren Uniformen nur blöd an, ließen uns aber sonst in Ruhe.
Stefan und ich trennten uns und am Ortsende von Reute ging ich zunächst auf den Friedhof um nachzuschauen, ob jemand „vom Haus" dort begraben ist. Ich fand zum Glück niemanden und so marschierte ich zufrieden Richtung Enzisreute weiter. Die Unsrigen waren rechts von der Straße, unten auf der Wiese, beim Öhmden. Ich ging nicht hin, sondern daran vorbei, um festzustellen, ob sie mich erkennen. Ein Verwandter half auf dem Feld bei der Arbeit und sagte anscheinend: „Do lauft oiner alloi, der lauft grad wia eiser Sepp," womit er nicht unrecht hatte.
Ich bin nach Hause gegangen und habe dabei den Bauernhof von der hinteren Seite her betreten um alle zu überraschen. Meine Mutter stand im Hof beim Waschen, sie sah mich nicht hereinkommen, plötzlich stand ich hinter ihr. – Die Überraschung war mehr als gelungen, die Freude war riesengroß!
Die ersten Tage zu Hause waren allerdings weniger erfreulich. Ich habe nach meiner Rückkehr natürlich viel zu viel gegessen, so dass ich zunächst einmal fürchterlichen Durchfall bekam.
Von meinen früherer Freunden waren „Wirts Wiese" (Alois Kessler) noch nicht da, und auch Fenkers Fred (Alfred Fenker) war noch in Gefangenschaft. Sieben Mann aus Enzisreute sind im Krieg ge-

fallen; viele von ihnen bereits in den ersten Tagen ihres Kriegseinsatzes. Es ist fast ein Wunder, dass ich zurückgekommen bin.
Frau Hauser hatte ein kleines Anwesen hier in Enzisreute. Mit vier Kühen und drei kleinen Kindern. Ihr Mann Franz musste auch noch in den Krieg und er ist gefallen. Sie war ganz allein mit den drei kleinen Kindern und hatte den Bauernhof noch am Hals; sie war schlimm dran.
Anton Nennig kam auch nicht mehr nach Hause. Er war zunächst in Ulm stationiert und musste seinem Hauptmann die Schweine füttern. Das wusste der Parteigenosse Gieger aus unserem Dorf. Anton Nenning kam von Ulm aus öfters am Samstag in den Urlaub nach Hause und wurde von Gieger immer wieder gehänselt mit der Frage, ob es seinen Sauen gut gehe („Grotet deine Saua?") Anton hat sich darüber so geärgert, dass er sich freiwillig zum Heer meldete und nicht mehr nach Hause kam.
Fenkers Adolf (der Bäcker), Wirts Anton (Anton Kessler), Nennings Anton, Nolds Anton, Brauchles Sepp, Millers Eugen und Franz Hauser kamen nicht mehr zurück aus dem Krieg und auch Kiefers Paule (Paul Maucher) aus Atzenreute ist 1943 bei Charkow gefallen. Ihn habe ich noch kurz vor seinem Tod in Russland getroffen.
Parteigenosse Gieger war vor und während des Krieges als Vertreter der NSDAP auf dem Rathaus in Gaisbeuren und trug dabei immer die Parteiuniform mit dem braunen Hemd. Als ich nach dem Krieg bereits zu Hause war und Giegers Sohn noch nicht, er war in französischer Gefangenschaft, sagte ich ihm immer wieder, er solle doch seine braune Kappe aufziehen. Die wäre doch noch gut genug für die Arbeiten im Stall. Dann ist er immer voller Wut zur Stalltüre hineingestürmt.

Ereignisse am Ende des Krieges

Am Kriegsende standen die Franzosen mit Panzern bereits in Reute. In Gaisbeuren wurden sie von französischen Kriegsgefangenen erwartet, die bei Bauern gearbeitet hatten. Die Franzosen fuhren nach Gaisbeuren, bewaffneten die Kriegsgefangenen mit Gewehren und kehrten nach Reute zurück. In der Nacht kam eine SS - Einheit durch Gaisbeuren und erschoss die dortigen Franzosen. Einer entkam nach Reute und alarmierte die Panzereinheit. Die Franzosen nahmen in Reute etwa 10 Geiseln, alles alte Männer, setzten diese vorne auf die Panzer und fuhren so wieder nach Gaisbeuren. Dort sperrten sie die Männer – auch mein Taufpate war unter ihnen - in den Keller des Rat-

hauses und wenn nochmals ein Franzose erschossen worden wäre in der Gegend, wären auch die Geiseln umgebracht worden. Die SS aber war schon geflohen, es ist nichts mehr passiert und die Gefangenen wurden nach einigen Tagen wieder freigelassen.
Im Hallerhof in Zollenreute versteckten sich kurz vor Kriegsende SS - Truppen in einem Stadel. Als Franzosen in den Hof einfuhren, fragten sie ein junges Mädchen, das von den SS – Truppen nichts wusste, ob sie deutsche Truppen gesehen habe. Das Mädchen verneinte. Die SS eröffnete das Feuer und tötete einige Franzosen, der Rest flüchtete. Als die Franzosen mit Panzern wiederkamen, war die SS abgezogen, die Franzosen steckten den Hof in Brand und warfen das Mädchen in die Flammen, wo es verbrannte.
Beim Einmarsch der Franzosen in Enzisreute waren mein Vater und die Zwangsarbeiter gerade auf dem Stadel, um das Dach umzudecken. Ich hatte Vater einmal geschrieben, sie sollten unbedingt in den Keller gehen und abwarten, wenn der Feind kommen würde. Sie sollten dort bleiben, bis es wieder ruhig sei. Mein Vater aber saß beim Einmarsch der Franzosen auf dem Dach! Sie stiegen vom Dach herunter und die Franzosen wollten den russischen Arbeiter auf unserem Hof mitnehmen. Der hat aber laut „Russki, Russki" geschrieen und sie haben ihn wieder laufen lassen.
Die Zwangsarbeiter von den Höfen arbeiteten nach dem Einmarsch der Franzosen selbstverständlich nicht mehr. Sie kamen in ein Lager nach Reute. Während des Krieges benahmen sich diese Arbeiter überwiegend anständig. Sie konnten aber auch kaum anders, denn wenn sich einer etwas hätte zuschulden kommen lassen, er wäre glattweg erschossen worden.
Nach dem Einmarsch war unser Haus voll mit Franzosen. Meine Eltern mussten das Haus für die Besatzer räumen und meine Schwester musste die Wäsche der französischen Offiziere waschen.
Noch nach dem Kriege haben die Franzosen, diese Dackel, am 20. Mai im Wald zwischen Reute und Enzisreute unten noch zwei Offiziere erschossen. Die beiden sind auf dem Friedhof in Reute begraben. Die Franzosen warfen die Leichen nach der Erschießung auf einen Jeep und kamen in den Ort Enzisreute hereingefahren. Meine Schwester und mein Vater sahen die Leichen auf dem Jeep liegen, als die Franzosen sie nach Reute auf den Friedhof fuhren.
Im Staatswald wurde später, damals war ich schon zuhause, eine ganze Abteilung kahlgeschlagen und das Holz wurde in die Schweiz verkauft. Wir fütterten im Hennenstall eine Sau, was nicht erlaubt

war, denn wir hielten sie „schwarz". Das Schwein war nicht registriert. Immer, wenn meine Mutter die Hennen fütterte, gab sie auch der Sau zu fressen. In unserem Haus war aber zu der Zeit ein französischer Waldarbeiter einquartiert. Er schlief oben in einer Kammer unter dem Dach. Als wir die Sau schlachten wollten, ging der Kerl ausgerechnet an diesem Tage nicht in den Wald, weil er krank war. In der Waschküche schlachteten wir die Sau und der Franzose hat in seinem Zimmer davon überhaupt nichts mitbekommen. Die Sau war übrigens mindestens 4 1/2 Zentner schwer.

Die ersten Jahre nach dem Krieg
Die Lebensverhältnisse besserten sich nach dem Abzug der Franzosen aus den Dörfern nach und nach wieder, der normale Alltag auf einem Bauernhof kehrte mit den Jahren wieder ein und 1949 habe ich geheiratet.
Meine Frau stammt aus Stocken in der Nähe von Bergatreute. Gemeinsame Bekannte haben die Verbindung vermittelt und ich fuhr zuerst einmal mit dem Fahrrad nach Stocken, um meine spätere Frau kennen zu lernen. Die Fahrt hat sich sicher gelohnt, denn im November 2009 konnten wir unsere diamantene Hochzeit feiern.

Josef Eisele verstarb am 16. April 2010.

Fritz Haag
Wolfegg,
Jahrgang 1921

„Ich habe nie wieder eine Uniform angezogen."

Kindheit und Schulzeit
Am 19.2.21 wurde ich in Saulgau in der Zeltengasse geboren. Aufgewachsen aber bin ich in Ravensburg, wo meine Eltern 1922 eine Wohnung in der Rosenstraße 12 erhielten. Meine Mutter Anna, geborene Mohr, arbeitete in der Färberei Merkle in der Bachstraße. Wir wohnten in der Rosenstraße 12 im 1. Stock; im Erdgeschoss des Hauses war ein Geschäft, das Fisch sowie Käse, Milch und Butter verkaufte. Ganz in unserer Nähe lebte auch der Messner der Jodokskirche Dingler, sein Sohn war einen Monat älter als ich, er war mein bester Freund.
1924 wurde meine Schwester geboren. An die Zeit bis zu meiner Schulzeit habe ich kaum Erinnerungen. Nur an die Sonntage, an denen wir oft in die Höll oder in den Lumperwald spazierten, wo meine Schwester und ich Limo und Brezeln erhielten. Etwa 1928 zogen wir in die Friedhofstraße neben die Kartonagenfabrik Schlegel. Mein Vater war Glasermeister, er arbeitete in der Firma Habnit und Huschle. Jedoch nicht sehr lange, dann wechselte er zur Firma Erb in der Bachstraße und wir zogen in die Untere Breite 31.

Ich besuchte in dieser Zeit bereits die Wilhelmschule, die fast neben unserer Wohnung in der Friedhofstraße lag. Die Wilhelmschule war die Schule für die katholischen Kinder. Direkt daneben war die Schule für die evangelischen Kinder. Beide Schulen waren streng voneinander getrennt; aber außerhalb der Schule gab es keinerlei Trennung; auch keine Streitigkeiten. Der kürzeste Weg zur Schule führte für mich über den Schulhof der evangelischen Kinder, den ich eigentlich nicht betreten durfte. Ich bin fast jeden Tag aufgefallen, weil ich mich nicht daran gehalten habe.
Die Schule war ein richtiges Zuchthaus. Jeden Tag gab es Schläge, doch da ich sehr ruhig war, traf es mich nicht so oft. Wenn unser Lehrer Sauter schlecht gelaunt war, ließ er uns das spüren, dann gab es Schläge auf die Fingerspitzen.
In der 5. Klasse hatten wir eine Lehrerin und danach kam ich zu Oberlehrer Hohl, der zwar ein besserer Lehrer, aber ein überzeugter Nazi war. 1933 kamen die Nazis dann an die Macht und wir freuten uns zunächst, denn alles sollte anders und besser werden. Es wurde auch anders, aber nicht, wie wir dachten.
Zuvor waren wir in der katholischen Jugend und im Sportverein organisiert gewesen. Bald nach 1933 aber hatte nur noch die Hitlerjugend etwas zu sagen und der Zwang wurde immer stärker. Das Konkordat

mit Papst Pius XI wurde gebrochen und die katholischen Jugendverbände wurden bald verboten.
Der Samstag war kein regulärer Schultag mehr, es gab an diesem Tag vormilitärische Ausbildung für die Mitglieder der nationalsozialistischen Organisationen. Wir waren nur noch ganz wenige, die in keiner Organisation der Nazis waren, und unser Lehrer Hohl, Sturmführer der SA, versuchte alles, um auch uns zum Eintritt in die Nazi – Organisationen zu bewegen.

Jugend in der Nazizeit in Ravensburg
1935 war meine Schulzeit zu Ende und weil ich weder im Jungvolk noch in der Hitler – Jugend war, hatte ich Probleme, eine Lehrstelle zu finden. Nach langem Suchen, nach Bitten und Betteln konnte ich schließlich bei der Maschinenfabrik Honer, später Maschinenfabrik Ravensburg, eine Lehre als Maschinenschlosser beginnen.
Die katholische „Sturmschar", eine Jugendorganisation der katholischen Kirche, die in Ravensburg großen Zulauf gehabt hatte, war zum damaligen Zeitpunkt bereits verboten. Wir trafen uns aber dennoch regelmäßig und versuchten, unsere Freizeit miteinander zu verbringen. Wir machten Radtouren und an Pfingsten 39 unternahmen wir einen Ausflug in die Marienschlucht am Bodensee.

Pfingsten 1939: Ravensburger Jungschar am Bodensee.
v. l.: Herbert Renner, Fritz Haag, Ludwig Dingler, Dreher, Anton Erb.

Während der Lehrzeit sollte ich auch in die HJ gehen. Ich wollte aber keine Nazi - Uniform anziehen und trat in das Rote Kreuz ein, um die HJ – Mitgliedschaft zu umgehen und nachdem ich 1938 meine Lehre abgeschlossen hatte, meldete ich mich freiwillig zu Montage – Arbeiten, um dem HJ – Dienst zu entgehen. Nach Kriegsbeginn 1939 ging ich außerdem freiwillig zur DLRG. Ich wollte den Dienst in der HJ mit allen Mitteln verhindern.

An einem Samstag wurde im DLRG die Grundscheinprüfung durchgeführt. Weil ich ja nicht in der HJ war, musste ich aber am Samstag bis um 1 Uhr mittags arbeiten und als ich mit dem Fahrrad schließlich um 3 Uhr im Flappachbad ankam, hatten alle die Prüfung bereits hinter sich. Außer mir und einem Mädchen, das ebenfalls zu spät gekommen war.

Nun sollten wir beide die Prüfung auch noch ablegen und als erster Prüfungsteil sollte ich mit dem Mädchen Wiederbelebungsmaßnahmen durchführen. Alle fingen an zu lachen. Ich hatte doch noch nie mit einem Mädchen etwas gehabt und sollte nun „Mund zu Mund – Beatmungen" vorführen. Ich kannte das Mädchen überhaupt nicht. Sie aber forderte mich einfach auf: „Fritz, ist doch egal!". Nun, wir haben den Prüfungsteil an Land abgelegt und bestanden; zu allem Übel aber rutschte mir beim Schwimmen mit Kleidern und beim Ausziehen der Kleider im Wasser auch noch die Badehose mit herunter und das allgemeine Gelächter über mein Missgeschick war groß.

Zu dem Mädchen entwickelte sich eine Freundschaft und dabei erfuhr ich, dass sie die Tochter eines Ravensburger SS – Führers war. Sie wohnte in der Seestraße in der Nähe des heutigen Hochhauses in Ravensburg. Ich glaube, dass der Vater des Mädchens schon wusste, wer ich war, und dass ich kein Anhänger der Nazis war, denn mein Vater war ein in Ravensburg bekanntes Mitglied der Zentrums – Partei und mein Onkel war ein führender Sozialdemokrat.

Kreisleiter war in Ravensburg bis zum sogenannten Röhm - Putsch Max Strehle, der vor meinem Onkel Angst hatte. Beide waren im 1. Weltkrieg gemeinsam in französischer Kriegsgefangenschaft. Als deutsche Gefangene in dem Lager einen Tunnel gruben um zu fliehen, wurden sie von Strehle verraten und der Ausbruchsversuch scheiterte. Mein Onkel von der SPD und Strehle als NS - Kreisleiter! Der beschwor meinen Onkel: „Emil, sei doch bitte ruhig. Verhalte dich bitte unauffällig, ich muss dich doch sonst fortschicken!" „Lass du mich verhaften! Ich erzähl bei den Nazis Dein Verhalten, die hängen Dich auf, ohne mit der Wimper zu zucken!"

Ich lebte in den ersten Kriegsmonaten recht unbelästigt von den Nazis. Auf Grund meiner Arbeit in der Maschinenfabrik Ravensburg war ich „UK" gestellt, das heißt „unabkömmlich" und somit nicht kriegsverwendungsfähig, denn in unserer Firma wurde Kriegszeug hergestellt. Ich hatte keinen Grundwehrdienst absolviert, war nie zu Wehrübungen eingezogen worden. In der Maschinenfabrik arbeitete ich eng mit dem Kollegen Stader zusammen, einem damaligen Ravensburger Handballstar. Der war auch kein Nazi und forderte immer wieder mich als Mitarbeiter an. Wir arbeiteten damals 11 Stunden am Tag in der Fabrik und beim Roten Kreuz oft noch nächtelang, wenn Lazarettzüge ankamen und die Verwundeten ausgeladen und in die örtlichen Lazarette gebracht werden mussten.
Zur Mithilfe an meiner Maschine erhielt ich 1940 einen belgischen Zwangsarbeiter, von dem sich bald herausstellte, dass er Ingenieur war. Der Mann war fit. Er verstand von der Technik mehr als ich. Weil die Verpflegung der Zwangsarbeiter sehr schlecht war, brachte ich ihm immer wieder Brote von zu Hause mit. Das war verboten und so wurde ich bald verraten. Es blieb aber bei einem Anschiss. Mehr passierte mir nicht, der Werkstattmeister war schwer in Ordnung.
Die Arbeit verlief so bis Januar 42, als von unserem Betrieb ein Kollege mit drei Kindern zur Wehrmacht eingezogen werden sollte. „Das könnt ihr doch nicht machen, das hat doch keinen Sinn, der Mann hat drei Kinder!!", ich meldete mich an seiner Stelle freiwillig. Aber nur deshalb, nicht weil ich einen plötzlichen Drang zum Militär bekommen hätte. Genützt hat es dem Kollegen nichts. Wenig später wurde er trotzdem eingezogen.

Grundausbildung bei der Infanterie

Am 20. Januar 1942 musste ich also nach Donaueschingen einrücken. Das war ein unvorstellbarer Sauladen! Es gab keine Klamotten, kaum was zu fressen und das wenige, das es gab, war ein unbeschreiblicher Hundefraß. Als Schuhwerk erhielt ich ein Paar Stiefel, an dem der Absatz fehlte.
Nach einer Woche ging es mit dem Zug nach Belfort. Dort wurden wir ausgeladen und in eine Unterkunft gesteckt, in der wir mit 30 Mann auf einer Bude hausen mussten. Das also war die „Bodenseedivision"! Alles aus dem Allgäu! Alte Bauern über 40 mit verschafften Händen und krummen Rücken. Keiner konnte mehr ohne Anstrengung gerade stehen! Dazwischen ich als einziger junger Kerl. Rannte ich zu schnell, hieß es: „Ihr faulen Hunde," lief ich hinterher, schrie

man: „Kannst Du au it laufa!" – Ich war halt immer der Arsch und es war traurig, wie wir schikaniert wurden.
Vier Wochen waren wir in Belfort und hatten nichts als grüßen und hin- und hermarschieren gelernt. Ich dachte mir „Oh je, das nennt ihr Rekrutenzeit, Ausbildung für den Krieg!" Nach diesen vier Wochen wurden wir nach Vannes bei Brest in Nordfrankreich versetzt. Dort ging genau dieselbe Schweinerei weiter.
Wir hatten in der 8. Kompanie aber einen Unteroffizier, der Leutnant werden wollte, sich entsprechend aufführte, der aber eigentlich in Ordnung war. Er zeigte uns, wie das beim Dienst so geht und schließlich sollten wir am Strand unsere Ausbildung vertiefen.
Dort gibt es allerdings solch gelbe Blumen, den Stechginster, der doch so gefährlich ist. Durch diese Ginsterfelder ließen sie uns durchkriechen. Ich zog die Stacheln immer gleich wieder heraus und mir passierte nichts. Doch alle anderen erwischte es bös. Alle lagen mit 40 Grad Fieber flach, außer mir. Die Kaserne wurde isoliert; ich wurde gefragt, warum ich nicht erkrankt sei und ich erklärte, dass ich alle Stacheln so schnell wie möglich wieder herausgezogen hätte. So wurde der Grund für die Epidemie erkannt und die Erkrankten erholten sich nach und nach wieder.

Bei der Verteilung von Aufgaben innerhalb der Kompanie wurden mir zwei Pferde zugeteilt. Ich als Schlosser bei den Pferden und die Bauern in die Technik und dann fragte auch der Chef noch vor versammelter Mannschaft: „Wem gefällt es nicht bei der Infanterie?" Ich hob die Hand! „Sie werde ich richten!" – doch es dauerte nur ein paar Tage, dann wurde ich in die Küche abkommandiert.
Dort erwartete mich zu meiner Überraschung mein guter Bekannter Elbs aus der Unteren Breiten Straße in Ravensburg.

Schütze Haag (vorne).

Wir beide waren oft ein Stück weit gemeinsam zur Arbeit gegangen. Ich zur Maschinenfabrik und er ein Stück weiter zur Firma Escher – Wyss. Elbs, gelernter Maschinenschlosser wie ich, war nun Küchenunteroffizier. Wenn es irgendwie ging, holte er mich zu Arbeiten in die Küche. Wenn ich wieder einmal aufgefallen war, sorgte er dafür, dass ich kurzfristig abtauchen konnte. Dennoch aber konnte ich dem militärischen Drill nur selten entkommen.
Wir erhielten irgendwann auch Seitengewehre als Teil unserer Ausrüstung. Die sollte man immer putzen, durfte sie aber nicht bräunieren, weil sie nicht weiß werden sollten. Der Rost sollte aber auch entfernt werden; „Fritz, Du bist doch Schlosser, wir haben keine Ahnung!" „Ich mach euch was, aber Gosche halten." Wir machten ein Feuer, holten mit dem Schraubenzieher die Feder heraus, erhitzten sie über dem Feuer und rieben sie mit Öl ein. Die Seitengewehre waren wieder wir früher bräuniert.
Die ganze Gruppe kam an mit scheinbar nagelneu – glänzenden Seitengewehren. Einem Feldwebel fiel dies sofort auf und er fragte nach, wie wir das gemacht hätten. Wir erklärten es und ich durfte weitere Seitengewehre bräunieren. Einmal war ich so auch angenehm aufgefallen.
Nach vier Wochen war die Ausbildung in Belfort beendet und ich kam von der 8. in die 4. Kompanie. Der Feldwebel mit den Seitengewehren war in dieser Einheit. Er sorgte für meine Versetzung, er wollte mich in seiner Kompanie haben. Die 4. Kompanie war zuvor in Saulgau aufgestellt und in Ravensburg ausgebildet worden und ich bin doch gebürtiger Saulgauer, so dass ich es nicht schlecht getroffen habe. Ich war nun im Infanterieregiment 576, das zur 305. Infanteriedivision, der sogenannten Bodenseedivision, gehörte.

In Russland

Es wurde Mai und wir wurden nach Russland gebracht. Bei Kiew überquerten wir im Zug den Dnjepr und trafen bei Krasnograd, einer Kleinstadt in der Ukraine auf die Front. Wir wurden auf- und eingeteilt; ich erhielt den Entfernungsmesser und wurde Melder und Krankenträger der Kompanie.
Am Abend bezogen wir eine sogenannte Igelstellung und gruben uns in einem Maisfeld ein. Die erste Nacht in unserem Einsatz habe ich völlig verschlafen. Die ganze Nacht war Alarm und mein Feldwebel sagte, er habe die ganze Nacht kein Auge zugemacht. Das Gelände ringsum wurde vom Iwan völlig zerschossen, doch ich habe die gan-

ze Nacht durchgeschlafen. Der aufspritzende Dreck hatte mich zugedeckt und ich hörte von dem Beschuss überhaupt nichts.
Am 2. Tag morgens gegen drei Uhr sollten wir, nachdem unsere Artillerie die russische Stellung beschossen hatte, diese stürmen. Ich hatte eine kleine Mulde ausgehoben. Der Uffz. lag neben mir und sagte, dass das nichts nützt. Die Russen schossen mit Granatwerfern und gleich neben mir explodierte eine Granate. Ein großer Splitter traf den Uffz. in den Rücken, ich sprang auf und wollte ihm helfen, drehte ihn um und das Blut spritzte aus der Wunde über mich. Ich sprach noch ein Gebet für ihn, doch da war er schon weg. Er war der erste Tote unserer Kompanie, er war auf der Stelle tot. Alle waren entsetzt, das hatten wir uns so nicht vorgestellt.
Wir sollten nun angreifen und rückten etwa 300 Meter vor. Russische Kavallerie ritt uns entgegen, die wir mit unseren Gewehren wohl absägen konnten. Aber es kamen immer mehr und auf einmal machte es einen Knall. Ich sprang auf, um Munition für das MG zu holen und erhielt einen Schuss genau von vorne in den Fuß. Ich fiel um und blieb liegen. Ich versuchte, auf den Fuß zu stehen, doch das war nicht möglich. Im Stiefel sah ich ein Loch, laufen ging nicht und so blieb ich liegen. Das ganze passierte am 12. Juni 1942.
Ein Renault – Panzer, erbeutet von den Franzosen, fuhr vorbei nach vorne, um Munition zu bringen. Der Fahrer versprach, mich auf dem Rückweg mitzunehmen und tatsächlich erschien er nach etwa einer Stunde wieder, beladen mit Verwundeten. Der Renault brachte uns zum Verbandsplatz in die Schule nach Krasnograd, wo man mir den Stiefel vom Fuß riss, die Hose auszog und eine Tetanusspritze gab. Damit war die Behandlung vorerst beendet, weil ich aber Verbandspäckchen dabei hatte, konnte ich mich selber verbinden.
Der Spieß kam und fragte, wer von der 4. Kompanie sei. Ich streckte und er erklärte, dass der Haag tot sei. „Noi, noi, der Haag ist hier!"
Gegen Abend kam ein evangelischer Priester vorbei, der sich nach meiner Verwundung erkundete und versprach, meinen Eltern nach Hause zu schreiben.
Wir sollten eigentlich ins Hilfslazarett nach Poltawa gebracht werden, doch ich kam nicht fort. Als Hilfssanitäter hatte ich Gott sei Dank aber genügend Verbandspäckchen bei mir, so dass ich mich verbinden konnte. Als erstes sollten die Verheirateten weggebracht werden und ich schloss mich diesen an. Behauptete einfach dazuzugehören, obwohl ich ja ledig war. So kam ich aus Krasnograd weg nach Lublin in Polen.

Dort lagen über hundert Verwundete in einem großen Saal und es geschah mit meiner Verwundung zunächst wieder überhaupt nichts. Die Kugel steckte aber immer noch im Ballen und die Wunde fing an zu eitern. Ich erreichte schließlich nach ein paar Tagen, dass ich operiert wurde und ich wurde anschließend nach Bunzlau in Schlesien ins Hauptlazarett verlegt. Dort erhielt ich überraschend Besuch von meinen Eltern. Meine Mutter kam aus Ravensburg angereist und mein Vater aus Berlin. Er war in der Zwischenzeit ebenfalls eingezogen worden. 50 Jahre alt und Glasermeister! Er hatte etwas gesagt, das den Herren Nazis nicht gefiel und war deshalb nun auch noch Soldat geworden.

Nach einigen Wochen ging es von Bunzlau aus weiter nach Karlsruhe, wo ich vor einem Genesungsurlaub in der Heimat nochmals untersucht werden sollte. Am Eingang zum Untersuchungsgebäude traf ich einen Unteroffizier aus meiner Einheit, der nach einer Verwundung am Bein ebenfalls Genesungsurlaub erhalten sollte. Wir besprachen unsere Lage und beschlossen schließlich, vor der Untersuchung ein paar Mal einen Hügel hinauf und hinunter zu rennen, so dass unsere verletzten Knochen anschwollen. Gemeinsam wurde die Abschlussuntersuchung bei uns beiden durchgeführt und weil unsere Füße stark angeschwollen waren, erhielten wir drei Wochen an Stelle der vorgesehenen zwei Wochen Heimaturlaub.

In Ravensburg traf ich zwei Freunde, Bruno Eberle und Ludwig Dingler, die wie ich Genesungsurlaub erhalten hatten (Bilder: Siehe Anhang). In der Bachstraße im Kaffee Rehfuss saß ein Major, den wir grüßten. Der rief meinen Namen! „Gell, Du bist der Fritz Haag!" Ich erschrak zunächst und erkannte meinen früheren Lehrer Hohl. Der nahm mich zur Seite, „immer noch derselbe!", und ich war platt. „Fritz, wenn ich das gewusst hätte, was ich jetzt weiß, nie hätte ich die braune Uniform angezogen! Krieg habe ich nie gewollt!" Er nahm mich in den Arm, wünschte mir alles Gute, „bleib , wie Du bist!" Ich traf ihn nie wieder und weiß nicht, was aus ihm geworden ist.

Nach Beendigung dieses Urlaubs am 1. August 1942 sollte ich Dienst in der Kaserne machen, was mir überhaupt nicht gefiel. Als Kleinster des dritten Zuges rannte ich oft hinterher und einmal sang ich dabei das Lied vor mich hin: „Mädel, ich rate dir, heirate nie einen Unteroffizier; denn sonst schrein die Kinder im Sommer, wie im Winter: Vater, schlag uns tot oder gib uns Brot."

Ich sang dieses Lied und kapierte nicht, dass neben mir der Chef der Kompanie war. „Das Lied, das eben der Haag gesungen hat, das singt

jetzt die gesamte Kompanie!" – Das geschah auch; zur Freude der Kameraden. Die Uffze aber hat das gefuchst.
Wir sollten nun wieder nach Russland gebracht werden und wurden in Heilbronn an einen Zug angehängt. Im selben Waggon wie ich waren aber auch einige Uffze und Wachtmeister, die reinsten Verbrecher. Als der Zug einmal bei Oppeln auf einem Güterbahnhof hielt, hängten diese unseren Waggon einfach ab. Der Zug fuhr weiter und wir blieben stehen. In Krakau geschah dasselbe nochmals. Auch dort blieb unser Waggon zurück, als der Zug weiter Richtung Osten fuhr.
Nun allerdings wurden wir verhört, doch nichts wurde verraten, so dass wir nach etwa 14 Tagen weiter Richtung Stalingrad gebracht wurden. In Stalino, einer größeren Stadt westlich von Stalingrad trank ich bei einem Aufenthalt Wasser aus einer Zisterne. Ich kam noch bis Tschirskja, etwa 30 km vor Stalingrad. Der Ort liegt dort, wo Don und Wolga sich am nächsten sind, dann hatte ich die Ruhr und ich musste am 10. Oktober 1942 ins Lazarett.
Zunächst gab man mir Rhizinusöl als Medizin, was den Durchfall ja noch verschlimmerte. Doch man war der Ansicht, dass alles aus dem Gedärme heraus musste, ehe man wieder gesund werden konnte. Am Tag darauf erhielt ich nur trockenes Brot und Schwarztee. Am dritten Tage war ich auf diese Weise fast schon wieder völlig hergestellt und ich sollte am 12. 10. sechs oder acht Verwundete auf ihrem Transport begleiten.
Das war mein Glück. Der Zug fuhr von Tschirskaja durch bis nach Lemberg. Ich als Begleitmann bei den Verwundeten. Kurz vor Lemberg versuchte einer der Verwundeten ein kleines Hindenburg – Lichtlein anzuzünden und er setzte dabei meinen Strohsack, auf dem ich lag, in Flammen. Ich konnte mich zwar retten, hatte aber Verbrennungen 2. Grades am Kopf und auf der rechten Gesichtsseite.
Letztendlich aber war das mein Glück, ich musste nicht mehr Richtung Stalingrad, sondern war nun ein Verwundeter. Wir kamen zunächst nach Liegnitz in Schlesien in die Adolf – Hitler – Schule, von dort wieder nach Karlsruhe und anschließend nach Straßburg in die Illtor - Kaserne.

Kurz vor Weihnachten 1942 erhielt ich Urlaub und konnte nach Ravensburg fahren. Von dort aus ging es über Silvester in den Bregenzer Wald. Mit dem Zug bis Bezau, dann auf Skiern zum Furkajoch. Es waren wunderschöne Tage in Frieden und Natur, doch an Neu-

jahr ging es wieder nach Hause und von dort schon bald wieder nach Straßburg zur Wehrmacht.
Immer hat es mich erwischt. Immer wieder war ich der Angeschmierte, so auch wieder einmal in Straßburg. Einer überredete mich, während der Dienstzeit in die Kneipe zu gehen und ein Bierchen zu trinken. Prompt kam so ein Kettenhund, wollte uns kontrollieren und forderte uns auf, mitzukommen.
Insgesamt waren nicht weniger als 16 Leute von unserer Kompanie in der Wirtschaft und unser Chef tobte. Er drohte, uns alle einsperren zu lassen. Weil aber so viele verurteilt werden sollten, musste der Kommandeur informiert werden.
Dieser war früher als Hauptmann in Karlsruhe gewesen, zur gleichen Zeit, wie ich. Als der erste Transport nach Russland an die Front zusammengestellt wurde, fehlten am Ende noch drei Soldaten. Man schlug vor, die drei durch Stecklein – Ziehen zu ermitteln. Empört hatte ich damals abgelehnt. „Im Leben nie werde ich Stecklein ziehen;" und hatte mich freiwillig gemeldet.
Diese Begebenheit hatte sich der damalige Hauptmann, der jetzt als Major Kommandeur in Straßburg war, offensichtlich gemerkt. Ich aber kannte ihn nicht mehr. Erinnerte mich nicht einmal mehr an seinen Namen. Als der Major erfuhr, dass alle Aufgefallenen, Soldaten von der 305. Infanterie – Division waren, erkundigte er sich nach den Namen und er forderte ganz gezielt mich an, dass ich bei ihm vorsprechen sollte.
Am Telefon meldete ich mich mit „Schütze Haag" – „Gell du bist der Steckeles – Zieher" unterbrach er mich. „Und warum wollen sie dich einsperren?" „Bloß weil wir ein Bier getrunken haben!" Der Major hatte ein Einsehen und schwächte die Strafe ab. Statt Knast sollten wir Zusatzarbeiten verrichten.
Unser Spieß verordnete mir deshalb Ordonanz – Dienst bei den Unteroffizieren. Bedienung beim Essen im Unteroffiziers – Kasino. Wir haben geklaut, dass sich die Balken bogen. Einmal sollte es Eintopf mit Würstchen geben. Wir strichen die Würstchen, es blieb beim Eintopf. Die Würstchen verspeisten meine Kumpels und ich.

Bei der Sturmgeschützbrigade 341

Es war aber klar, dass wir früher oder später mit dem nächsten Fronteinsatz rechnen mussten. Es drohte wieder Russland und ich hatte mir geschworen, nie wieder dorthin zurück zu gehen. Wie aber konnte ich mich vor Russland und Stalingrad drücken? Etwa Mitte Januar

wurde beim Antreten bekannt gegeben, dass Soldaten mit Führerschein und Schlosserausbildung gesucht würden, die Lust hätten zu einer Waffengattung zu gehen, bei der man schnell sterben konnte. – Also zu den Panzern.
Ich meldete mich und stieß meinem Kumpel neben mir, der ebenfalls Schlosser war, in die Rippen. Der zögerte zwar zuerst, doch wir beide waren schließlich die einzigen, die sich meldeten. Über Karlsruhe sollte es für uns beide nach Schlesien gehen, nach Neisse, zu einer Sturmgeschütz – Einheit.
Morgens früh um 9 Uhr fuhren wir in Karlsruhe los; wir sollten mit dem Zug bis Halle und von dort nach Breslau fahren. Es war schön in unserem Abteil, wir saßen bei netten Mädchen, die bis Berlin fuhren. Die sollten wir in Halle verlassen, was wir nicht übers Herz brachten. Wir blieben sitzen und fuhren mit ihnen durch bis Berlin.
Angekommen auf dem Anhalter Bahnhof, sollten wir uns ausweisen und wurden prompt beide verhaftet. Wir stellten uns absolut dumm und hinterwäldlerisch an. „Wo kommt ihr überhaupt her?", wurden wir gefragt. „Jo, i komm vo Saulgau! In dr Nähe vom Bodasee!" „Und i komm aus dr Nähe vo Karlsruhe," sagte mein Kumpel.
Als wir abends schließlich eine Suppe erhielten, schmatzten und schlürften wir beim Essen wie die letzten Menschen. „Wo kommt ihr nur her? Was seid ihr überhaupt für Kerle?" Die Berliner waren bedient, brachten uns am anderen Morgen ans Gleis und sorgten persönlich dafür, dass wir im richtigen Abteil Platz fanden. Zum Abschied meinte ein Feldwebel noch: „Gebt das doch zu, das habt ihr nur zum Spaß gemacht!" „Ha?, jo wah" war die Antwort. „Haut ab," das letzte, was wir von den Berlinern hörten. So war ich auch einmal in Berlin, wenn ich auch nicht viel von der Stadt gesehen habe.
Als wir in Neisse in Oberschlesien in unserer neuen Einheit in die Schreibstube kamen, brüllte uns einer an „Hinlegen!" So ging das dreimal, bis der dortige Chef auf uns aufmerksam wurde und uns zu sich befahl. Wir hatten unsere Kopfbedeckung beim Betreten der Schreibstube nicht abgenommen. Als Pazur, der Chef der Einheit, aber an unseren Auszeichnungen sah, dass wir beide schon an der Front gewesen waren, legte sich die ganze Aufregung.
In den nächsten Monaten war ich in Neisse zunächst Panzerwart, dann machte ich eine Schulung zum Panzerschlosser, erwarb den Führerschein Klasse II, belegte einen Sanitätslehrgang und den Funkerlehrgang.

In unserer Einheit war auch ein Hauptmann, der aus Weingarten stammte, Hauptmann Thumm, mit dem ich ein sehr gutes Verhältnis hatte. Man kann fast sagen, dass wir miteinander befreundet waren. Näher kennen gelernt hatten wir uns, am Telefon, als ich wieder einmal Strafdienst hatte. Beim Appell hatte ich meine Erkennungsmarke nicht dabei, hatte sie am Tag vorher beim Ausruhen an einen Ast gehängt und dort vergessen. Oberfeldwebel Hagen, der mich kontrollieren sollte und mit dem ich mich auch privat gut verstand, „übersah" die fehlende Marke. „Keine Vorkommnisse", meldete er. Ein Franzose, der in der Kaserne arbeitete, hatte die Erkennungsmarke aber gefunden und auf der Schreibstube abgegeben. „Haag, fehlt Dir etwas?", legte plötzlich unser Kompaniechef los. „Nein, Herr Hauptmann!" Ich weiß schon, dass Du und der Hagen gut mit einander auskommt, deshalb dürft ihr beide auch zusammen auf Wache."
Hagen musste zur Strafe Offizier von Dienst schieben und ich musste an den Klapperkasten, die Telefonvermittlung, die durch Umstecken von Verbindungssteckern betätigt wurde. Dabei nahm ich ein Telefongespräch entgegen, bei dem der Anrufer plötzlich fragte: „Bist an Schwob? Woher kommst?" „Aus Ravensburg", und als sich der Anrufer als Weingärtler zu erkennen gab, bemerkte ich: „An Protektoratler!" Der Anrufer legte auf und wenig später erschien ein Offizier auf der Wache um nachzusehen, wer ihn so abwertend betitelt hatte. So lernte ich Oberleutnant Thumm kennen, mit dem ich eine fast freundschaftliche Beziehung hatte. Leider hat er den Krieg nicht überlebt. Im August 1944 starb er bei einem Partisanenüberfall in Paris.
Im Sommer 43 sollte ich auf einen Lehrgang nach Friedrichshafen zur Firma ZF. Es ging um eine Schulung für Getriebe – Reparaturen. Sechs Mann waren dazu eingeteilt, es fehlte aber noch ein Unteroffizier, der uns begleiten sollte. Ich fragte Uffz. Berger, der aus Tettnang stammte, ob er nicht Lust hätte. Der hatte schon Interesse, getraute sich aber als gelernter Gärtner nicht, sich zu dem Lehrgang zu melden. Ich versprach ihm, ich wollte mir vielleicht noch etwas einfallen lassen.
Als Hauptmann Pazur am anderen Morgen beim Appell bekannt gab, dass sechs Mann nach Friedrichshafen abkommandiert würden, rief ich – entgegen jeder militärischen Ordnung: „Unteroffizier Berger, soll ich Ihrer Mutter einen Gruß ausrichten?" „Ja, Haag, das wäre nett!" Pazur erfuhr so, dass Berger aus der Nähe von Friedrichshafen stammte, und befahl, dass er mit uns mitfahren sollte. Berger kam auf diese Weise herunter vom Panzer. Er wurde in die Instandsetzung versetzt und überlebte dort den Krieg. Auf dem Sturmgeschütz

wäre er – wie fast alle anderen – wohl gestorben. Manchmal ist es doch auch von Vorteil, wenn man ein loses Mundwerk hat.
An einem Wochenende fuhren wir also Richtung Friedrichshafen los. In Ravensburg wollte ich aus dem Zug aussteigen, doch Berger ließ mich nicht gehen. Das also war der Dank! Ich war stocksauer. Wir meldeten uns in Friedrichshafen, wo man uns mitteilte, wir sollten am Montag morgen um 7 Uhr bei der Zahnradfabrik erscheinen. Zusammen mit einem Soldaten namens D. aus Schmalegg fuhr ich zurück nach Ravensburg, wo wir das restliche Wochenende verbrachten.

Links: Oberleutnant Tumm, Vorne: Hauptmann Pazur.

Bei der ZF unterrichtete uns ein Ingenieur; er wies uns ein in Getriebemontage, Getriebeeinstellung, Einbau und Wartung. 14 Tage lang, in denen ich jeden Abend um 17.30 Uhr den Zug nach Ravensburg nahm und bei meiner Mutter übernachtete. Zum Lehrgangsabschluss erhielten wir ein Diplom, unterzeichnet vom General der Panzer Guderian. Wir waren nun anerkannte Spezialisten und erhielten nach unserer Rückkehr nach Neisse 14 Tage Sonderurlaub wegen besonderer Bewährung.
Also wieder zurück nach Ravensburg, wo ich einen Bekannten traf, der Leutnant bei den Gebirgsjägern geworden war und wegen eines Absturzes beim Klettern auf Genesungsurlaub war. Der Urlaub war sehr schön, es gab genug Bier und wir hatten viel Spaß in diesen 14 Tagen.

Verlegung nach Frankreich
Wieder zurück in Neisse, wurde uns mitgeteilt, dass der Kommandeur uns mit an die Front nimmt. Es war Herbst 1943 und wir wurden zuerst nach Tours im Norden von Frankreich gebracht. Dort, auf dem Truppenübungsplatz Camp du Ruchard, wurde Gefechtsschie-

ßen geprobt; – ich aber kam in die Werkstatt, wo ich mit Leutnant Kilger einen neuen Chef erhielt. Mit ihm verstand ich mich recht gut. Nicht so hingegen mit dem neuen Spieß, der nicht mein Typ war. Aber das war nicht so schlimm. Hauptsache war, dass wir nicht in Russland gelandet waren.
Von Tours aus musste ich einmal dienstlich nach Neisse zurück. Die Offiziere, deren Frauen und Familien teilweise dort wohnten, gaben mir Geschenke aus Frankreich für ihre Angehörigen mit. Ich hatte einen Riesenkarton mit Einzelpäckchen dabei und als ich in Neisse in die Kaserne wollte, schnauzte mich einer, der so eine dumme Gosch hatte, an: „Wo kommen Sie her?" „Aus Frankreich und ich muss zu Frau Bumm!", das war die Mutter des Kommandeurs. „Das gibt's nicht, Sie können nicht zu Frau Bumm!"

Ich war ja nur Gefreiter, ich war ja nichts geworden; wollte auch nichts werden, zeigte dem Wachhabenden das Paket für die Mutter des Kommandeurs und der schickte mich in Begleitung eines Unteroffiziers zu ihr.
Frau Bumm, die mich erwartete, weil Sie von ihrem Sohn über mein Eintreffen informiert worden war, lud mich ein zu Kaffee und Kuchen. Ich wusste doch nicht, was ich mit ihr reden sollte, doch die Frau hatte eine Mordsfreude über das Päckchen.
Anschließend ging ich rüber zur Frau von unserem Spieß. Dabei begegnete ich dem Spieß der Ausbildungskompanie in Neisse, der dort

Offiziere unserer Brigade bei der Verabschiedung in Neisse
Vordere Reihe: Bumm, Pazur, Tumm.

Leutnant Kilger

geblieben war. „Ja, der Haag, was machst Du hier?" – Ich war bekannt im ganzen Standort.
In Tours blieben wir bis Mai 1944 und wurden dann nach Süd - Frankreich in die Nähe von Narbonne verlegt, wo ich als Fahrer eines Kranwagens eingeteilt war. Man rechnete damals offensichtlich noch mit einer Landung der Gegner an der Mittelmeerküste. Wir hatten ein Schloss in der Nähe von Narbonne besetzt. Der Ort hieß Puzols, wir kamen am 12. Mai 1944 an und es gefiel uns dort sehr. Morgens sahen wir die Pyrenäen am Horizont und im großen und ganzen schoben wir eine ruhige Kugel.

Der Chef unserer Stabskompanie, Leutnant Kilger, wusste schon, dass ich etwas anders war als die anderen, und er forderte mich auf, doch meine Gosch zu halten. Als ich am 20. oder 21. Juli 44 von dem Attentat auf Hitler erfuhr, habe ich mich so ähnlich ausgedrückt: „Wenn er no verreckt wär, wär dr Krieg jetzt aus!" – Ich hab den Schofseckel D. doch nicht gesehen gehabt und der hat das dem Chef gemeldet. – Der aber hat nichts gegen mich unternommen. Hat mich fast angefleht, doch vorsichtiger zu sein.

Einsatz der Sturmgeschützabteilung 341 in Nordfrankreich

Die Alliierten waren in der Zwischenzeit, am 6. Juni 1944, ja in der Normandie gelandet und wir wurden Ende Juli nach Nord – Frankreich abkommandiert. In der Nähe von Rennes wurden wir eingesetzt. Die Amerikaner kamen von Norden, von Caen her auf Rennes zu. Als amerikanische Lightnings am Himmel auftauchten, sagte ich zum Fahrer meines Kranwagens, er solle rechts in einen Wald rein fahren. Denn vor den Lightnings hatte ich Angst. Wenn die einen bemerkten, warfen sie sofort Bomben auf einen ab. Überhaupt hatten die Amerikaner eine unvorstellbare Überlegenheit in der Luft. Deutsche Flugzeuge waren fast gar nicht mehr zu sehen.

Sturmgeschütz

Der Fahrer fuhr also in das Waldstück hinein, über einen Baumstock und rums war die Steckachse abgebrochen. Unser Unteroffizier D., der heute noch in Schmalegg bei Ravensburg lebt; - als ich ihn vor Jahren einmal getroffen habe, markierte er den Todkranken: „I ka gar nimme schwätza!" D. also hätte eigentlich das Kommando gehabt, aber der hat von der Technik doch nichts verstanden. Als Gefreiter, der eigentlich nichts zu sagen hatte, entschied ich, mit dem VW – Jeep wegzufahren und Ersatz zu besorgen. „Ihr baut die Achse so lange aus!", ordnete ich an.
Als ich eine neue Achse organisiert hatte und zurückkam, waren die am Schlafen! Aber die hab ich zusammengestaucht! „Ihr könnt ja hier bleiben, dann hau ich mit dem Jeep ab!" Die haben sich vielleicht reingehängt. Wir haben die Steckachse ausgewechselt, den Kranwagen hochgebockt, ein paar Hölzer untergelegt, um über den Baumstumpf hinüber zu kommen, sind rausgefahren und wir waren noch keine viertel Stunde weg, als die Amerikaner auf der Straße waren.

Der erste Einsatz unsrer Sturmgeschütze am 31. Juli und am 1. August endete für unsere Brigade mit einer Katastrophe. Leichtsinnig, ohne Sicherung wurde der Einsatz gefahren. Zuerst wurde von Ritterkreuzträger Kirchner ein Sherman – Panzer getroffen, doch dann eröffneten die Amerikaner das Feuer und als erster wurden Kirchner und Hauptmann Pazur getroffen. Fast alle unsere Geschütze gingen anschließend verloren. Fast alle wurden von den Amerikanern abgeschossen. Ein Großteil der Soldaten und der Offiziere verloren dabei ihr Leben.
Wir erhielten neue Geschütze, doch auch diese waren bereits nach wenigen Tagen von den Amerikaners abgeschossen.
Vor der amerikanischen Übermacht mussten wir uns weiter zurückziehen, kamen durch Paris, wo wir in Versailles in einer französischen Fabrik versuchten, Sturmgeschütze für unsere Brigade zu bekommen. Dort wurde bei einem Partisanenüberfall am 10. August Oberleutnant Thumm getötet. Als unsere Fahrzeuge eine Allee durchfuhren, wurde aus dem Hinterhalt heraus mit Gewehren auf unsere

Beerdigung von Oberleutnant Tumm in Paris.

Kolonne geschossen und Oberleutnant Tumm wurde getroffen.
Im Park Rothschild setzten wir ihn bei und ich blieb am Grab, bis es geschlossen war. Leutnant Kilger und ich waren sehr traurig, denn wir hatten beide einen Freund verloren.

In Niederaussen

Über Provins und Epernay ging die Flucht weiter nach Reims und Anfang September über Lüttich in den Raum Aachen, bis nach Düren. Wir waren dann etwa ein viertel Jahr lang in Niederaussen in der Werkstatt, und wir sollten alle befördert werden. „Haag, Du kriegst das Kriegsverdienstkreuz," meinte unser Chef. Das aber wollte ich nicht, ich wollte mehr Geld und das bekam ich nur, wenn ich zum Obergefreiten befördert wurde. – Ich hatte nämlich in Niederaussen ein Mädchen kennen gelernt und brauchte deshalb das Geld.
Wir waren in dem Ort privat untergebracht, schliefen in privaten Haushalten und Familie Jüssen, bei der ich unterkam, hatte eine Tochter, die bei der Bahn als Schaffnerin arbeitete. Sie musste für mich ihr Zimmer räumen und im Schlafzimmer der Eltern schlafen.
Meta, so hieß das Mädchen, hatte einen Freund gehabt, der bei den U-Booten war und der schon seit zwei Jahren vermisst war, von dem

sie seit zwei Jahren nichts mehr gehört hatte. Ihr Bruder kam in Urlaub und meinte, der Freund käme nie mehr, das U – Boot sei im Schwarzen Meer gesunken.
Schließlich gab auch die junge Frau alle Hoffnung auf und so passierte es irgend wann zwischen uns. Als wir uns an Weihnachten 44 verlobten, sagte sie mir, dass sie schwanger sei.
Unsere Batterie rüstete Anfang Januar für den Einsatz bei der Rundstett – Offensive in der Eifel. Es ging dabei leider alles daneben, alle unsere Geschütze wurden abgeschossen und es gab viele Tote. Auch Oberfeldwebel Hagen kam nicht mehr zurück. Die Front rückte immer näher und wir setzten schließlich aufs rechte Rheinufer über.

Hochzeit im März 1945

In dieser Situation beantragte ich bei unserem Kommandeur, inzwischen war dies Hauptmann Barkley, Sonderurlaub zur Hochzeit. Statt der üblichen 8 Tage, erhielt ich hierfür 18 Tage, vom 10. bis zum 29. März und ich konnte die Reise zusammen mit meiner Braut nach Ravensburg vorbereiten.
Bis Frankfurt kamen wir am 10. März mit einem Fahrzeug unserer Division, das dort Reifen holen sollte. Vom Hauptbahnhof sollte die Reise mit der Eisenbahn weitergehen. Als wir auf dem Bahnsteig ankamen, wurde Fliegeralarm gegeben. Alle sollten in die Luftschutzbunker, doch Meta forderte mich auf, in den wartenden Zug einzusteigen. „Bei Alarm fährt der mit Sicherheit aus der Stadt hinaus!“ Wir warfen unser Gepäck in den Wagen und sprangen auf den anfahrenden Zug. Ich erwischte noch eine Plattform, aber Meta schaffte es kaum mehr. Auf den allerletzten Waggon schließlich konnte sie aufspringen und wir fuhren aus Frankfurt hinaus Richtung Süden. Sie hatte als Schaffnerin mit dem Aufspringen ja Übung. Ich glaube nicht, dass sie es sonst noch geschafft hätte.
Der Zug war fast leer, die meisten waren ja der Anweisung gefolgt und in die Luftschutzkeller gegangen. Ihr Gepäck allerdings lag noch in den Abteilen; ich glaube nicht, dass sie dieses jemals wieder bekommen haben.
Wir kamen durch das stark zerstörte Stuttgart und am Abend waren wir in Ulm. Von der Stadt war nach den Bombenangriffen kaum mehr etwas übrig geblieben. Nur noch das beschädigte Münster stand über der Ruinenlandschaft.
Ein Zug nach Friedrichshafen fuhr noch in der selben Nacht und so

kamen wir im weitgehend unbeschädigten Ravensburg an, wo ich mich wegen der Hochzeit auf dem Wehrbezirksamt melden musste. Am 17. März heirateten wir standesamtlich und am 19. März in der Jodokskirche kirchlich. Trotz der Heirat war es aber alles andere als ein Freudenfest, denn wir hatten seit Monaten keine Nachricht mehr von meinem Vater erhalten.
Vater überlebte den Krieg aber und nachdem er 1945 einige Zeit in Ulm in der amerikanischen Zone abgewartet hatte, kehrte er im Herbst nach Ravensburg zurück. Zuvor hatten die Franzosen ja Entlassungen aus englischer oder amerikanischer Gefangenschaft nicht akzeptiert und diese Soldaten nach Frankreich verschleppt.

Kriegsende
Meine Frau blieb nach der Heirat in Ravensburg und ich sollte nach der Hochzeitsfeier wieder zurück zu meiner Truppe. Ich kam bis Schweinfurt, wo uns die Waffen-SS packte. „Sie bleiben sitzen", befahl mir der Kommandierende und weil ich meinen Urlaub bereits überzogen hatte, schien es eng für mich zu werden.
Das Ganze aber löste sich schnell zum Guten auf. Auf meinem Urlaubsschein stand als Ziel der Ortsname Evingsen, wo ich meine Einheit wieder treffen sollte. Das aber war der Heimatort des SS – Offiziers und der gab mir einen Brief an seine Mutter mit, den ich ihr übergeben sollte. Zu meiner Sicherheit vor seiner eigenen Truppe gab er mir ein Schreiben mit, unterzeichnet von einem General der Waffen – SS, auf dem meine Kriegswichtigkeit vermerkt war und in dem die Truppe aufgefordert wurde, mich zu meiner Einheit zu begleiten. Mit diesem Schreiben, das mir das Leben rettete, erreichte ich schließlich Hannover. Dort wurde mir gesagt, dass meine Einheit in Holzminden sei, also machte ich mich dorthin auf den Weg.
In einer Kaserne in Holzminden sollte ich bei einer anderen Einheit einen LKW übernehmen. Den sollte ich in der Nacht zum Haus des Kompaniechefs fahren. Ein Unternehmen, das sicher illegal war und bei dem es durchaus sein konnte, dass ich dabei als Fahrer von der SS zur Rechenschaft gezogen werden konnte. Durch Zufall aber sah ich auf dem Kasernengelände einen Soldaten der 2. Batterie unserer Sturmgeschützabteilung 341. Ich machte mich vom LKW weg aus dem Staub und fand die Stabskompanie unserer Abteilung wieder. Kaum zu glauben, aber ich traf dort Leutnant Kilger wieder, der sich wie alle sehr wunderte, wie ich dies geschafft hatte, denn es ging in Deutschland ja drunter und drüber in diesen Wochen.

Kilger fragte mich übrigens, ob ich in Süddeutschland irgend etwas von den angekündigten neu – aufgestellten Einheiten mit neuen Waffen gesehen hätte. „Ja, Volkssturm! Soldaten auf der Flucht und Volkssturm, die Panzersperren aus Holz errichten. Etwas anderes habe ich nicht gesehen!"
Wir fuhren zunächst Richtung Sachsen bis nach Annaberg. Dort ging nichts mehr.
Wir sollten nun versuchen, uns Richtung Ulm abzusetzen und wir fuhren deshalb über Eger Richtung Süden. Irgendwann im April waren wir dann in Illertissen, südöstlich von Ulm, wo sich unsere Truppe auflöste. Es wurde uns freigestellt, nach Hause zu flüchten, unterzutauchen oder uns in amerikanische Kriegsgefangenschaft zu begeben. Ich erhielt unseren Werkstattwagen und zusammen mit vier anderen Soldaten fuhr ich damit Richtung Ravensburg. Dort versteckte ich mich im Hotterloch und die anderen fuhren weiter Richtung Kempten. Nach dem Einmarsch der Franzosen ging ich zu meiner Frau und meiner Mutter und war bei Kriegsende so wieder zu Hause.
Nach einigen Tagen mussten sich alle Männer in der Firma Escher – Wyss melden. Gesucht wurden die Ravensburger Nazis. Unser Kaplan Grünvogel gab mir ein Schreiben mit, auf dem er bestätigte, dass ich kein Nazi war, sondern in der katholischen Jugend organisiert gewesen sei. Ich dachte, dass ich damit wieder nach Hause kommen würde. Als Nazi – Gegner aber sollte ich für den französischen Geheimdienst die Ravensburger Nazi – Oberen benennen, die vor mir in einem Raum vorgeführt wurden.
Natürlich kannte ich die alle, doch ich war nicht bereit, sie zu verraten, obwohl man mir französische Kriegsgefangenschaft im Falle einer Verweigerung androhte. „Ich war drei Jahre Soldat, war drei Jahre weg von hier, ich kenne keinen," behauptete ich. Daraufhin kam der Franzose mir richtig blöd. „Die werden heute noch alle aufgehängt. Alle, die Sie als Nazis erkennen!" Doch da verweigerte ich erst recht die Mitarbeit. Wenn ich das Maul aufgemacht hätte, was hätte das für ein Theater gegeben! Als ich ihm noch die Aussage von Napoleon unter die Nase rieb: „Ich liebe den Verrat, aber ich hasse den Verräter!", war das für ihn zu viel.

In französischer Gefangenschaft

Für mich aber bedeutete dies französische Kriegsgefangenschaft, die bis Oktober 1948 dauerte. Also 3 Jahre und 5 Monate! – Aber ich war

doch nicht zum Lumpen geworden. Im Lager in Donaueschingen traf ich frühere HJ – Jugendführer aus Ravensburg. „Und ihr habt doch gesiegt," meinte einer. „Wir haben einen Krieg, den ihr angezettelt habt, verloren, schämt Euch! Ich hab bei der Befragung bei Escher mein Maul gehalten, sonst wärst Du nicht mehr am Leben!"
Bei Kehl ging es nach Frankreich. Über der Rheinbrücke hing ein Schild: Liberte, Egalite, Fraternite! – Freiheit, Gleichheit, Brüderlichkeit! Zur Begrüßung wurden wir in Straßburg mit Steinen beworfen, als Bosch, als deutsche Schweine beschimpft.
Zuerst kamen wir ins Lager nach Bourges. Es gab 200g Brot pro Tag, als Mittagessen Rübenblätter und Metzgereiabfall. Vor Hunger wussten wir schon nach ein paar Tagen kaum mehr, wer wir sind. Einige drehten durch, liefen zum Zaun und wurden von den Posten abgeknallt. Es war unmenschlich und nur wenige hatten das Glück, dass sie zur Arbeit zu einem Bauern kamen.
Eines Tages wurde ein Kommando zu Arbeiten bei der S.N.C.F, also bei der französischen Eisenbahn zusammengestellt. 60 Mann und ich sollte als Sani mit. Es ging nach Vierson an der Cher. Die Baracken dort waren verhältnismäßig gut, auch die Betten, als Klo stand in jeder Baracke ein Eimer. wir mussten Eisenbahnwaggons reparieren. Eine Arbeit, die erträglich war. Doch wir hungerten immer noch und es gab deshalb viele Ausfälle.
Einmal, an einem Sonntag, gab es genügend Suppe für alle. Das war aber für die, die sich nicht zurückhalten konnten, schlimm. Sie erbrachen alles wieder und als Sani wusste ich ihnen nur damit zu helfen, dass ich ihnen Holzkohle zu essen gab. Ab Juni allerdings gab es dann regelmäßig mehr zu essen.
Post bekamen wir nur sehr selten, doch einmal schrieb mir meine Tante, dass ich inzwischen Vater einer Tochter geworden war. Gisela hieß das Mädchen, das ich noch nie gesehen hatte. Ich hatte schon Heimweh und war 1946 immer noch in dem Lager. Um vielleicht einmal fliehen zu können, lernte ich französisch. Doch wenn die Franzosen Einen beim Fluchtversuch erwischten, schlugen sie ihn halbtot und so gab ich die Fluchtpläne wieder auf.
1947 wurde das Lager bei der französischen Bahn aufgelöst und ich kam in ein Sägewerk nach Henriche Monte. Die Behandlung und auch das Essen waren zwar etwas besser, Hunger aber hatten wir noch immer und die Arbeit war schwer. Manchmal wurden wir auch bei Bauern eingesetzt und dann gab es von denen meistens etwas zu essen.

Gegen Ende 1947 ging die Parole um, dass wir bald entlassen werden sollen. Doch der Papst und de Gaulle konnten sich nicht einigen, die Kommunisten waren sowieso dagegen und es wurde nichts daraus. Man bot uns vielmehr an, wir könnten Zivilarbeiter in Frankreich werden. Ich wollte nicht, doch alle in unserem Außenlager unterschrieben, denn wer sich weigerte, sollte ins Hauptlager zurück.
Als Letzter unterschrieb deshalb auch ich und so durfte auch ich danach in den Urlaub nach Deutschland. Für vier Wochen konnte ich ab 20. Januar 1948 zurück nach Deutschland. Ich blieb aber sechs Wochen bei meiner Frau und der Tochter, die in der Zwischenzeit wieder in Niederaussen wohnten. Ich wollte nicht mehr zurück nach Frankreich, wollte bei meiner Familie bleiben. Doch der Beamte in Bergheim - Erft, bei dem ich nachfragte, meinte, dass dies für mich schon möglich wäre, wenn ich nicht mehr in die französische Zone zurückginge. Doch für meine Mutter und meine Schwester in Ravensburg könnte dies Folgen haben.

Der franz. Kriegsgefangene mit der Nr. 745 997, Fritz Haag.

So beschloss ich, doch wieder nach Frankreich zu gehen. Meta war traurig darüber und wir stellten einen Antrag, dass sie mit dem Kind nach Frankreich ziehen durfte. Es gab deshalb einige Scherereien, doch schließlich konnten die beiden nach Henriche Monte kommen. Die Wohnung, die wir erhielten, war mehr ein Stall, doch wir richteten uns, so gut es ging, ein.
Eines Tages kam der Postbote und wollte, weil die Kleine bei uns war, meiner Frau Geld bringen. Meta weigerte sich, das Geld anzunehmen, sie glaubte, man wolle ihr das Kind abkaufen. Der Postbote kam zu mir, doch ich bekam das Geld nicht. „Das erhält nur die Frau persönlich." Schließlich war doch alles gere-

gelt und wir lachten, denn so konnte es gehen, wenn man die Sprache nicht beherrscht.
Als meine Entlassung aus der Gefangenschaft bevorstand, rief mich der Leiter des Sägewerks zu sich und bot mir an, mich für fünf Jahre mit nach Kanada zu nehmen. Mit zwei anderen Gefangenen und mir wollte er in Kanada einen Betrieb aufbauen und bot uns dort Führungspositionen an. Meine Frau aber wollte nicht und so wurde ich im Oktober 1948 nach Deutschland entlassen.
Als ich in Borges meinen Entlassungsschein abholte, bot man mir dort Arbeit und Wohnung in einem Flugzeugwerk an. Aber ich hatte mich für die Heimat entschieden und so stiegen wir in den Zug nach Deutschland.
Auf dem Eisenbahnklo fand meine Frau auf der Heimfahrt die Papiere und viel Geld eines französischen Offiziers, der beides dort hatte liegen lassen. Meine Frau suchte den Besitzer und der Offizier bedankte sich mit einem Karton Zigaretten, die er uns für unsere Ehrlichkeit schenkte.
An der Grenze dann eine ausführliche Kontrolle. Meta hatte etwa 50 Stück Seife dabei, sie durfte aber nur sechs Stück einführen. Es war aber kalt, das Kind schrie und Meta durfte in das Zollgebäude, um sich und die Kleine aufzuwärmen. Kontrolliert wurde sie nicht. Auch ich nicht, denn ich machte mich als Dolmetscher nützlich.
Hinter der Grenze das nächste Problem. Meine Fahrkarte galt bis nach Hause. Die von Meta nur bis zur Grenze. Deutsches Geld hatten wir selbstverständlich keines, doch die französischen Zigaretten waren unsere Rettung. Der Schaffner wollte fünf Stück und war sehr erfreut, als ich ihm 20 für die Fahrkarte gab und so kamen wir schließlich nach Niederaussen zu den Schwiegereltern, wo wir freudig empfangen wurden.

Nachkriegsjahre

Ich hatte aber keine Arbeit und das war für mich schlimm. Drei Monate später wurde mit dem Bau einer Brücke begonnen und ich konnte dort arbeiten. Für 95 Pfennige in der Stunde! – Da hatte ich in Frankreich das Doppelte gehabt! Eines Tages ging die Betonmischmaschine kaputt. Ich konnte sie reparieren und erhielt danach eine andere und besser bezahlte Arbeit.
Zu Hause aber war es eng und ich suchte nach einer eigenen Wohnung. Auch eine andere Arbeit fand ich, aber ich musste dabei mit der Schaufel arbeiten und das war nichts für mich. Schließlich bekam

ich Arbeit beim Bau der Nord – Süd Bahn. Ich lernte Planierraupen zu reparieren, machte viele Überstunden und auch der Lohn wurde besser.
Als die Arbeiten beendet waren, erhielt ich eine Stelle bei der Firma Simon als Planierraupenfahrer und bekam nun 2 DM in der Stunde. Ich lernte dazu, wurde oft gelobt und erhielt bald auch mehr Lohn. Wir bekamen eine Wohnung in der Nähe der Baustelle, Meta brachte mir das Mittagessen auf die Baustelle, sie konnte gut haushalten, es ging uns ganz gut und im März 1949 wurde unser Sohn Friedel geboren.
Im Winter 49/50 ging ich zur Firma Siemens als Betriebsschlosser und im Jahr darauf zur Firma Strabag nach Köln, wo ich ein nagelneues Gerät aus Amerika mit allen Raffinessen bedienen konnte. Doch die Baustellen waren oft weit weg von zuhause, so dass Meta zwar mit dem Verdienst, oft aber nicht mit mir zufrieden war.
Nach Ravensburg sind wir in dieser Zeit nur ganz selten gekommen. Die Veränderungen in der Stadt kamen für mich auf diese Weise nicht langsam, sondern immer nur ganz drastisch und als ich das sah, „do ischt mir dr Huat hochganga!" Die früheren Naziweiber führten jetzt in der Kirchengemeinde das große Wort. In Karsee, im Jugendheim der katholischen Kirche hatten gerade diese nun die Führung übernommen, „dia hond mer grad no gfehlt."
Doch auch im Rheinland hatte ich mit meinen Ansichten Probleme. Als beim Totengedenktag der Redner ein so deppiges Geschwätz hatte, sagte ich ganz laut:„Eines möchte ich euch sagen, wenn die, die draußen liegen, euer dummes Geschwätz hören würden, die würden euch zerschlagen!" Das fing ja schon wieder an, „Sie haben das Leben für ihr Vaterland gegeben!" und so. Nicht fürs Vaterland, für die Nazis sind sie gestorben, denn wir wurden nicht angegriffen, wir waren die Verbrecher, aber wenn du das sagst, kriegst du jedes Mal Streit! Ich war also auch im Rheinland bekannt, konnte eben mein Maul nicht halten. Der Wunsch zu bauen war bei uns da, das Grundstück bereits gekauft, aber die Pläne zerschlugen sich. Ich bin ganz sicher, dass es nur daran lag, dass ich kein Einheimischer war, dass ich von auswärts kam.
In der Zwischenzeit war Wolfgang geboren und danach Hubert, doch die oft sehr schlechte Luft beeinträchtigte die Gesundheit unserer Kinder. Auf Drängen unserer Tochter Gisela sahen wir uns schließlich nach einem Haus in Oberschwaben um, wo keine Rauchkamine standen, wo kein Kohlenstaub in der Luft lag und so landeten wir Mitte der 60er Jahre in Bad Waldsee.

Max Schmidberger
Bad Waldsee-Gaisbeuren,
Jahrgang 1923

„Ich war heilfroh,
dieser Hölle entkommen zu sein."

Kindheit und Schulzeit
Am 30.09.1923 wurde ich auf dem Hof meiner Eltern in Ankenreute, damals Gemeinde Gaisbeuren als sechstes von sieben Kindern geboren. Meine Eltern waren der Landwirt Anton Schmidberger und seine Ehefrau Anna, geborene Lorinser.
Zur Zeit meiner Geburt war gerade Inflation, die Weltwirtschaftskrise von 1923. Mein Vater investierte deshalb in Sachwerte und ließ noch Stube und Kammer (neben der Stube liegendes Schlafzimmer) mit einem neuen Parkettboden belegen. Die Fußbodenbretter waren entfernt, die Konstruktion mit den Tragbalken lag frei. Wegen dieser Baumaßnahmen musste meine Mutter zur Entbindung in die Stubenkammer (ein nur über die Stube zugängliches Zimmer neben der Stube). Mein Bruder Eugen, der damals sechs Jahre alt war, weiß noch genau, wie die Hebamme über die Balken balancieren musste, um in die Stubenkammer zu gelangen. Schon zu Beginn meines Lebens gab es also Schwierigkeiten und mit Schwierigkeiten ging es auch weiter.
Mit zwei Jahren war ich ein richtiges Vaterkind und hing ständig an diesem. Als er einmal eine Sense dengelte, kletterte ich ihm auf den Rücken, stürzte kopfüber in die Sense und verletzte mich ziemlich stark am linken Ringfinger. Zum Arzt gehen war kein Thema, zumal man damals auch noch nicht in der Krankenkasse war. Die Mutter badete den Finger mit Kamillentee. Dabei musste ich immer heulen und rief: „Nicht Millentee, nicht Millentee!"
Ich ging auch gern mit dem Vater zum Pflügen. Dabei lief ich so lange hinter dem Pflug her, bis ich vor Müdigkeit umfiel. Vater hüllte mich in seinen Kittel und legte mich aufs Feld. Beim Abendessen auf dem Hof, sagte er zu meiner Mutter: „Behalte bloß den Buben daheim, sonst ackere ich den noch unter!"
Als ich drei Jahre alt war, hatten wir noch zwei Knechte auf unserem Hof. Einer von ihnen war schon ziemlich alt. Als Wochenlohn erhielt er 5 Reichsmark und ein Päckchen Tabak. Er war sehr nett zu uns Kindern. Als wir einmal zum Abendbrot Salzheringe gegessen hatten und ich deshalb sehr durstig war, ließen die Knechte mich immer wieder aus ihrem Mostkrug trinken und hatten ihre Freude daran, dass ich langsam einen Schwips bekam. Seit dieser Zeit habe ich keinen Most mehr riechen können und trinken schon gar nicht. Das hat sich bis heute gehalten.
Den Schnuller habe ich nicht lange gebraucht. Ich wollte aber auch nicht, dass meine vier Jahre ältere Schwester Josefine noch einen

benutzt und habe deshalb den ihren weggenommen und in den Wagenschopf geworfen, wo die Hennen scharrten.

Schon als Kind wollte ich gern mit Pferden fahren. Im Januar 1930, ich war also noch keine sieben Jahre alt, sollte ich Vater und meinen Brüdern das Essen in den Wald bringen. Dazu hattte meine Mutter unseren Gaul, einen großen Schwarzbraunen namens Tell eingespannt.
Das Essen wurde im Schlitten verstaut und ich fuhr los. Schon beim Nachbarn Sproll aber wollte Tell nicht mehr weiter. Ich schüttelte mit dem Leitseil und es ging wieder ein Stück voran. Am Schwendeegg hatte Tell aber die Schnauze endgültig voll. Er drehte gegen meinen Willen mit mir um und trottete heimwärts. Die Sache endete schließlich damit, dass meine 16-jährige Schwester Anna den Männern das Essen verspätet in den Wald bringen musste.
Auf dem Bauernhof gab es schon für uns Kinder viel Arbeit und zum Spielen war damals wenig Zeit. Der größte Teil des Spielzeuges, sofern überhaupt etwas vorhanden war, war aus Holz angefertigt. Sehr viel wurde mit bemalten und unbemalten Holzklötzlein gespielt. Murmeln, damals sagte man Klucker, gab es für die Mädchen, und sogenannte Hexen für die Buben. Das waren mit Holzstecken und Schnur getriebene Kreisel.
Die Jahre 1928/29 waren eine schlechte Zeit. Es gab im Land viele Arbeitslose. Diese und auch viele Bettler kamen häufig auf die Bauernhöfe. Ich kann mich noch gut erinnern, wie im Herbst 1929 an einem sonnigen Tag vier kräftige junge Männer zu uns an die Küchentür kamen. Mein Vater sagte zu meiner Mutter: „Gib den Leuten was zu essen, damit sie friedlich bleiben." Sie blieben Gott sei Dank friedlich.
Im Frühjahr 1930 kam ich in die Schule nach Gaisbeuren. Die Mutter ging am ersten Tag mit. Es gab aber damals weder Geschenke noch eine Schultüte zur Einschulung. Der Lehrer namens Grandy war sehr streng. Nach vier Wochen Schule war es Ende Mai und die Wiesen standen in schönster Blüte. Ich suchte also auf dem Schulweg die schönsten Blumen und habe mich dabei ganz vergessen. So kam ich eben eindreiviertel Stunden zu spät in die Schule. Mein Lehrer fragte mich, wo ich herkomme. Meine Antwort war: „Vom Blumen suchen!" Der Lehrer nahm den Stock, legte mich über eine Schulbank und versohlte mir den Hintern.
Besonders abgesehen hatte es Grandy auf unseren Mitschüler Sepp. Der bekam jede Woche so viele Tatzen, dass er einem richtig leid

tun konnte. Sepp war ein sehr schlechter Rechtschreiber. Für seine 14 oder 15 Fehler im Diktat erhielt Sepp immer und immer wieder Tatzen, wodurch die Rechtschreibung aber nicht besser wurde. Manche nannten Grandy wegen seiner Methoden auch einen Viehtreiber.
Einmal beim Leseunterricht schaute ich zum Fenster hinaus, als mich der Lehrer plötzlich aufrief „Weiterlesen!" Natürlich fand ich die Stelle nicht, an der es weitergehen sollte. Eine Tatze mit dem Rohrstock war fällig.
Heimatkunde und Aufsatz waren meine Stärke, da konnte ich meiner Phantasie freien Lauf lassen. In der 3. und 4. Klasse bekamen wir dann Herrn Dempf als Lehrer. Der war sehr viel weniger streng als Grandy. Er nahm die Schule viel lockerer und wir hatten bei ihm eine schönere Zeit.
Religion unterrichtete bei uns eine Zeitlang Vikar Betzler. Der verlangte von uns, dass wir immer einen Rosenkranz bei uns trugen. Eines Tages forderte er mich auf, ihm meinen Rosenkranz zu zeigen. Ich packte den gesamten Inhalt meiner Hosentasche vor ihm auf dem Tisch aus. Alles, was ein Junge so bei sich trug. Ein Stück Schnur, ein Taschenmesser, einen Nagel – aber eben keinen Rosenkranz. Der Vikar geriet beim Anblick meines Tascheninhalts so in Zorn, dass er laut zu schreien anfing und mir schließlich zwei Tatzen, auf jede Hand eine, verabreichte.
Unser Schulweg war fast 4 km lang und auf ihm hat sich manches zugetragen. Ich hatte ein Fahrrad ohne funktionierende Bremse und auch der Freilauf an dem Rad war kaputt. Deshalb nahm ich meist nicht den kürzesten Weg zur Schule, sondern die Straße über Dinnenried, weil dort keine so große Steigung ist. Eines Morgens fuhr ich also wieder einmal diesen Weg, als in Dinnenried beim Hof Marschall (damals wohnten dort Kraus und später Ruetz), zwei Männer einen Anhänger mit Mist beluden. Zu meinem Pech stand der Mistwagen mitten auf der Straße und weil ich mit ziemlich hohem Tempo angerast kam, konnte ich weder links noch rechts an dem Pferdegespann vorbeifahren. Ich fuhr also in meiner Not mit vollem Tempo zwischen den beiden Männern durch seitlich direkt auf den Mistwagen auf und landete mit voller Wucht in der Wagenladung. Die beiden Männer waren sprachlos vor Schreck und Überraschung, was ich ausnutzte, mein Fahrrad packte und schleunigst weiter fuhr. Den strengen Geruch, den ich an diesem Tage sicherlich verbreitete, nahm ich nicht so wichtig.

Manchmal aber fuhr ich auch den Ankenreuter Berg hinunter. Es gab damals noch keine Teerstraßen, aber viele größere lockere Steine und ein solcher wurde mir zum Verhängnis. Mein Fahrrad überschlug sich und ich flog an einem Baum vorbei in eine nasse Wiese. Patschnass von oben bis unten musste ich den Dreck aus den Hemdärmeln schütteln.
Ein anderes Mal radelte ich in Arisheim durch den Hof der Familie Ego. Dabei sprang mir ein junger Gockel ins Vorderrad. Die Stäbe des Schutzbleches verbog es und mein Fahrrad überschlug sich. Ich selber bin mit ein paar Schürfungen und dreckigen Hosen davongekommen, der Gockel aber sprang offensichtlich unverletzt davon. In diesem Augenblick tauchte der alte Bauer Ego auf, der nicht schlecht staunte, als er mich in seinem Hof liegen sah.
Am Sonntag war es damals selbstverständlich, dass man zur Kirche ging. Meist zu Fuß, nach Reute oder nach Waldsee, wo wir in den 30er Jahren als ältere Buben oft zur Kirche gingen, weil wir dann sonntags noch unsere Großmutter besuchen konnten, die in Waldsee wohnte. Wir erhielten von ihr dann meist ein 10-Pfennig-Stück, mit dem wir uns beim Bäcker am Stadtsee eine Pudding – Brezel kaufen konnten.
Während wir Schüler waren, mussten wir auch auf dem Hof kräftig mitarbeiten. Zur damaligen Zeit war das eine Selbstverständlichkeit. Ich hatte im äußeren Saustall fünf bis sieben von der Mutterkuh entwöhnte Kälber zu versorgen und meine Familie nannte mich deshalb den „Pudelschweizer", was so viel wie „Kälberknecht" heißt. Diese Bezeichnung gefiel mir überhaupt nicht, sie ärgerte mich, denn ich fühlte mich verspottet.

Für die Fütterung der Kälber musste ich besonders gutes Heu auf dem Heustock suchen, dieses dann mit einem Haken aus dem Heuhaufen herausziehen und in einen großen Korb legen. Den Korb trug ich von der Tenne herunter über den Hof in den neuen Stall, wo ich die Tiere damit fütterte. Zu meinen Aufgaben aber zählte nicht nur die Fütterung, sondern auch die Pflege der Kälber. Ich hatte diese auch regelmäßig zu putzen und, wenn nötig, mit Fett und Petroleum zu entlausen.
Bei der Heuernte mussten die Kleinsten bei den Pferden stehen und sie führen. Mit 10 Jahren habe ich schon die größten Heuwagen heimgeführt. Mit den Pferden hatte ich bei dieser Arbeit keine Schwierigkeiten, mit den Ochsengespannen tat ich mich aber schwer, denn es

war ziemlich mühselig, die Ochsen an einen anderen Wagen umzuspannen. Beim Rückwärtsgehen traten sie gern aus den Zugseilen heraus und die Waage, eine Art Deichsel, die verwendet wurde, war für einen Zehnjährigen einfach zu schwer.
Bei der Getreideernte konnte man damals auf einem Bauernhof alle Hände gebrauchen, auch die kleinsten. Nach dem Mähen des Getreides erfolgte zuerst das sogenannte Häufeln, welches die Erwachsenen besorgten. Dabei mussten mit einem speziellen Rechen von der Mahd weg kleine Häufchen zusammengerecht werden. Danach mussten die Kinder „Bänder schlagen". Das heißt, Strohbänder mussten ordentlich auf dem Acker ausgelegt werden. Vater band die Häufchen mit dem Strohband oder auch mit einem Garbenstrick dann zusammen, wobei ein Kind ein Ende des Strickes oder Bandes halten musste. Damit war die Garbe fertig. Vater achtete auch sehr darauf, dass niemand auf die Ähren trat; sonst bekam man das Band in den Nacken geschlagen.
Einmal hatte ich Glück im Unglück. Ich fuhr Gerstengarben heim mit einer 5-jährigen Stute namens Zusel rechts und einem 10-jährigen Wallach links, der aber sehr aufgeregt war. Ich dirigierte den vollen Garbenwagen an den Aufzug, hängte die Waage aus und spannte sie in einen leeren Wagen ein. Beim Anfahren lösten sich auf dem Wagen zwei Bretter. Der Fuchs, der kein Geklapper brauchen konnte, sprang plötzlich los und drückte die Stute nach links. Ich hatte die Pferde nur am Leitseil und konnte deshalb nichts mehr machen. Am ersten Baum gings noch vorbei, dann aber musste ich das Gespann laufen lassen und es raste voll auf den nächsten Baum zu. Das eine Pferd rannte in den Stall, das andere zurück auf den Acker, wo Vater und mein Bruder Eugen Garben luden. Pferdegeschirre und Wagen - alles war kaputt. Ich selbst bin mit dem Schrecken davongekommen.
Während meiner Schulzeit lieferten wir keine Milch an irgendeine Milchgenossenschaft. Wir fütterten damit vielmehr Sauen und Ferkel oder stellten Butter her, die wir auf dem Waldseer Markt oder an Privatpersonen und Geschäftsleute in Waldsee verkauften.
In Gaisbeuren gab es außerdem die Käserei Prestel. Käser Prestel holte die Milch mit einer Butte bei den Bauern ab. Er trug die Butte auf dem Rücken und fuhr mit dem Fahrrad zu den Bauern. Regelmäßig kam er zu drei Bauern in Ankenreute. Zu uns, zu den Bauern Brändle und Sproll (Beck). Auf dem Fahrrad mit der Butte auf dem Rücken - bis Mitte der 30er Jahre! Eine wackelige Sache, bei der auch mancher Liter Milch verschüttet wurde. Erst als Prestel altershalber

aufhörte und Käser Strahl seinen Betrieb übernahm, hatte das Fahrrad als Transportfahrzeug ausgedient. Strahl besaß ein Auto und sammelte damit die Milch bei den Bauern ein.
Immer im Frühjahr musste ich mit einem älteren Gaul namens Lisel und einer Kuh Mist hobeln, das war dann schön. Beim Misthobeln wurde hinter dem Gespann ein Balken oder ein Eisengitter über die Wiese gezogen und damit wurden die Mistbrocken zerkleinert, damit sie im Gras oder auf dem Acker besser einwachsen konnten.

Jugendzeit im Dritten Reich

Meine Schulzeit dauerte von 1930 bis 1937. Wir waren die letzte Klasse, die nur 7 Jahre in die Schule ging. Trotzdem kann ich das Einmaleins heute noch. Als ich aus der Schule kam, wurde mein ältester Bruder Anton schon zur Wehrmacht einberufen.
Politische Beeinflussung mussten wir in den 30er Jahren selbstverständlich auch über uns ergehen lassen. Ein etwas älterer Jugendlicher aus Durlesbach versuchte, eine Hitlerjugend aufzubauen, doch er hatte es mit den überwiegend von den Bauernhöfen stammenden Buben schwer. Schließlich wurden wir gerade in der Sommerzeit, wenn die HJ ihre Aktionen durchführen wollte, in der Landwirtschaft gebraucht und so hatte ich nicht einmal eine Uniform, denn mein Vater weigerte sich, dafür Geld zur Verfügung zu stellen.
Vater war den Nazis gegenüber sehr ablehnend eingestellt. Überhaupt gab es nach meinen Erinnerungen in Ankenreute keine Anhänger der Hitlerpartei. Es profitierten einige Bauern aber vom Reichserbhofgesetz, in dessen Rahmen ihnen ihre Schulden erlassen wurden. Von diesen Bauern wurde natürlich als Gegenleistung eine nationalsozialistische Gesinnung erwartet. Das waren aber nach meiner Erinnerung nicht viele, nur etwa eine Handvoll. „Dene hot d`Hand weh dong, so oft hond dia miassa d`Hand hoch dong, bis se koine Schulda meh g`hett hond!", sagte mein Vater dazu.
Auch andere Landwirte erhielten vom Staat Zuschüsse für den Bau von Misten und Güllegruben. Man sah schon, dass sich die Situation zu verbessern schien, dass auch die Zahl der Arbeitslosen zurückging. – Wenn man nicht Jude war, wie die beiden Viehhändler Moritz und Norbert Kahn aus Waldsee, mit denen mein Vater, seit ich denken konnte, Viehhandel betrieb. Meist kam Moritz Kahn, der Ältere der beiden, zu uns. Er hatte einen Viehstall auf der Hochstatt in Waldsee hinter dem früheren Hotel „Post". Vater kaufte immer wieder Jungvieh beim Viehhändler Kahn. Er meinte: „Mit Juden handle ich am

liebsten; man darf sich nur nicht über Ohr hauen lassen von ihnen." Er verstand sich aber immer gut mit Moritz Kahn.
Norbert Kahn verschwand frühzeitig, das heißt, bereits in den ersten Jahren der Nazizeit. Wohin, das weiß ich nicht. Was mit Moritz Kahn in den weiteren Jahren passierte, weiß ich auch nicht. Wir haben irgendwann nichts mehr von ihm gehört.
Nach der Schulentlassung arbeitete ich zunächst auf dem elterlichen Hof mit, ich ersetzte meinen Bruder Anton, der ja zur Wehrmacht eingezogen war. Später musste auch der zweitälteste Bruder Karl zum Militär und ich wurde zuhause weiter gebraucht. Allmählich aber wurde es für mich Zeit zu entscheiden, ob ich ein Handwerk lernen oder mich als Landwirt weiterbilden wollte. Die Zeiten schienen für ein Handwerk damals ziemlich schlecht zu sein, denn oft gingen die Handwerker im Sommer zu den Bauern als Taglöhner oder zum Teil hatten sie auch selber eine Landwirtschaft. Meine Berufswahl wurde außerdem stark durch die weiteren politischen Ereignisse beeinflusst.

Der Krieg

Denn es kam das Jahr 1939 und der Krieg begann. Mein Bruder Anton hatte zu Kriegsbeginn gerade seine zweijährige Wehrpflicht beendet und wäre eigentlich entlassen worden. Daraus wurde aber nichts, er kam genauso an die Front wie mein Bruder Karl, der seit September 38 bei der Wehrmacht war. Beide waren im übrigen bei derselben Einheit, bei der Kavallerie in Stuttgart – Bad Cannstatt.
Zu Kriegsbeginn mussten wir insgesamt drei Pferde abgeben, erhielten aber einen älteren Gaul als Ersatz für den Verlust. Dieser war von einem Bauern aus Gaisbeuren, der das Pferd nach dem Krieg unter allen Umständen wieder zurück wollte und dieses schließlich auch erreichte.
Drei Wochen nach Kriegsbeginn wurde auch mein Bruder Eugen eingezogen und so war ich mit 16 Jahren der einzig verbliebene Sohn, der auf dem Hof mitarbeiten musste. An eine Ausbildung in einem anderen Beruf oder ein Praktikum auf einem anderen Hof war unter diesen Umständen nicht zu denken.
Ein kinderloses Ehepaar suchte 1940 per Inserat im „Schwäbischen Wochenblatt für Landwirtschaft" einen Jungen als Nachfolger. Ich bewarb mich mit Lebenslauf, Berufsschulzeugnis, usw. und erhielt alsbald eine Zusage. Meine Schwestern Anna und Josefine wollten aber nicht den ganzen Hof alleine versorgen und deshalb beschlos-

sen meine Eltern, dass ich auf dem Hof bleiben müsste.
1941 wurde auch Russland angegriffen und meine beiden Brüder Anton und Karl waren von Anfang an dabei. Immer noch in derselben Kompanie. Im Oktober erhielt Anton Urlaub, er war zuhause in Ankenreute, als Karl bei Wjasma von einem Granatsplitter getroffen wurde und starb. Das einzige, was uns von unserem Bruder Karl blieb, war ein Bild seines Grabes, das Anton nach seiner Rückkehr nach Russland heimschickte.

Karl Schmidberger

Anton kam mit seiner Einheit im Dezember 41 bis kurz vor Moskau und im weiteren Verlauf des Krieges landete er bei den Kosaken als Zugführer einer Kosakenkompanie. Bis in den Kaukasus führte ihn sein Weg und wieder zurück. 1945 schließlich nach Österreich, wo die Truppe in amerikanische Kriegsgefangenschaft geriet. Die Deutschen unter den Kosaken wurden bereits nach einigen Wochen aus der Kriegsgefangenschaft entlassen. Was mit den Russen passierte? Man muss das Schlimmste vermuten.
Ich selbst besuchte im Winter 41/42 die „Landwirtschaftliche Winterschule" in Waldsee. Im Februar 1942 machte ich den Führerschein mit einem alten Opel P4, den man noch mit einer Kurbelstange starten musste. Den Führerschein brauchte ich, um mit dem Traktor fahren zu dürfen, den mein Vater zu Beginn der 40er Jahre gekauft hatte. Wir waren erst der 2. Hof im Ort, der einen Traktor besaß. Es war ein Lanz – Traktor aus der Fabrik in Aulendorf, den wir noch bis in die 50er Jahre auf unserem Hof benutzten.

Grundausbildung in Karlsruhe
Die Leute sagten damals oft zu mir, dass ich wahrscheinlich nicht mehr in den Krieg ziehen müsste - ich blieb aber nicht verschont. Im März 1941 wurde ich gemustert, dann aber ein Jahr zurückgestellt,

weil schon zwei meiner Brüder am Krieg teilnahmen und ein Bruder gefallen war. Im Mai 1942 war es aber auch für mich so weit. Ich half gerade beim Kaminbau und saß oben auf dem First unseres Hauses in Ankenreute, als der Postbote mit einem Einschreibebrief kam. Ich musste vom Dach heruntersteigen und meinen Stellungsbefehl unterschreiben.
Am 20. Mai 1942 morgens um 5 Uhr, es blitzte, donnerte und regnete in Strömen, fuhr ich mit dem Fahrrad nach Gaisbeuren und von dort mit dem Bus nach Ravensburg. Ich musste mich um 6 Uhr im „Klösterle" in Ravensburg melden. Von dort ging es nach Karlsruhe in die Mackensen - Kaserne. Gegen 4 Uhr nachmittags kamen wir dort an und wurden in der Kleiderkammer mit Uniform und Stahlhelm versehen.
In einer Ausbildungsabteilung für Panzerjäger, die der Panzerjägerabteilung 5 unterstellt war, begann in Karlsruhe eine 8-wöchige Grundausbildung an Gewehr, Maschinengewehr und 3cm Pakgeschütz. Zur Ausbildung gehörten auch Märsche über 12, 15 und 20 km. Die ersten drei Wochen waren für mich das Schlimmste, was

Im Lazarett; Mitte hinten: Max Schmidberger.

ich bis dahin erlebt hatte. Wir hatten einen Zugführer, einen Oberfeldwebel namens Röllecke, der uns ständig anschrie: „ Ihr seid der Abschaum der Menschheit, ihr Muttersöhnchen, ihr Bleichgesichter habt bisher an der Mutterbrust gehangen, ich werde Euch schleifen bis Euch..." - es ist zu widerlich, das alles niederzuschreiben. Den Namen dieses Widerlings werde ich aber nie vergessen.

Die acht Wochen Grundausbildung gingen vorbei und ich war gerade 2 Tage auf der Panzerfahrschule, als die Diphtherie in unserer Kaserne ausbrach. Ich war einer der Ersten, die es erwischt hat. So kam ich Ende Juli/Anfang August in ein Lazarett nach Karlsruhe, das in der Nähe der Königsstraße lag.

In der Nacht des 10. August gab es einen Fliegerangriff. Als die Sirenen aufheulten, wollte ich erst gar nicht aufstehen. Durchs Fenster sah ich dann aber am Himmel die vielen Christbäume (von Aufklärungsflugzeugen abgeworfene Leuchtkörper, die den Bombern zeigten, wo sie ihre unselige Last abladen sollten) und rannte raus auf den Gang, wo ein großer Schrank umfiel, stürzte, so schnell ich konnte, die Treppe hinunter und in den Luftschutzkeller. Dort lagen wir während des Angriffs auf Holzpritschen, die mit einer Wolldecke abgedeckt waren.

Der Angriff dauerte ca. eine Stunde. Die Engländer warfen zuerst Luftminen. Diese lösten einen gewaltigen Luftdruck aus, so dass der Keller bebte und die Holzbetten wie Säcke durcheinandergeworfen wurden. Dann kamen immer wieder neue Wellen von Angriffen. Es ist nicht zu beschreiben, was für ein Sturm und Getöse das war. Als Entwarnung gegeben wurde, sahen wir das Ausmaß des Infernos: Unser Lazarett war schwer beschädigt, die Königstraße war nur noch ein brennender Trümmerhaufen und auf der Straße brannte der Teer vor lauter Hitze.

Wir wurden noch am selben Tag nach Bruchsal verlegt und hatten dort eine schöne Zeit. Alle acht Tage wurde wegen der Diphtherie ein Abstrich gemacht und wir freuten uns, wenn er positiv war, wenn wir also weiter krank waren. Neben uns waren Strafgefangene der Wehrmacht untergebracht - hungrige und ausgemergelte Gestalten. Ab und zu warfen wir ihnen ein Stück Brot zu - auch wenn es verboten war.

Als mein Abstrich dann negativ war, ich also wieder gesund war, bekam ich im August 1942 acht Tage Genesungsurlaub. Zu Hause in Ankenreute, war ich herzlich willkommen, denn ich konnte bei der Weizenernte helfen.

Einsatz in Frankreich

Vom Urlaub zurück wurde mir bei meiner Einheit in der Mackensen-Kaserne mitgeteilt, ich könne jetzt meine Fahrschule für Panzer und 3-Tonnen-Zugmaschine machen. Zur selben Zeit wurde aber auch eine Einheit für die Besetzung Südfrankreichs aufgestellt, für die man sich freiwillig melden konnte. Ich stand nun vor der Wahl: Führerschein oder Frankreich. Der Panzerführerschein hätte mit ziemlicher Sicherheit den Einsatz in Russland bedeutet, was ich auf jeden Fall vermeiden wollte. Ich meldete mich deshalb bei Hauptmann Leger, dem Kompaniechef der Einheit, die für Frankreich zusammengestellt wurde. Mit dieser Einheit ging es zunächst nach Mühlhausen im Elsass, wo unsere Kompanie endgültig aufgestellt wurde.

Zwei Tage später, morgens um 5 Uhr, fuhren wir los: Voraus die Melder und einige Geländewagen, dann vier Zugmaschinen mit je einem angehängten 3,5 cm-Geschütz und hinten Werkstattwagen und Küche. Unsere Zugmaschinen hatten auf der Vorderachse Räder und hintern Raupen. „Der Tross" fuhr an diesem wunderschönen Tag Ende August Richtung Südfrankreich. Es ging das Rhonetal hinunter durch Lyon und Nimes nach Montpellier. Eines Nachts fuhren wir dort vor eine Kaserne, überrumpelten die Posten und drangen mit dem Gewehr im Anschlag ins Gebäude ein. Die Franzosen waren völlig überrascht, sie kamen in Unterhosen auf die Gänge und wurden entwaffnet. Ich musste dabei anschließend die eingesammelten Gewehre bewachen.

Noch am selben Tag ging es weiter Richtung Süden nach Beziers und Narbonne. Meist übernachteten wir in alten Gebäuden, wo ich zum ersten Mal Bekanntschaft mit Wanzen schloss. Die nächste Station war Perpignan, dann, nicht weit von dort, St. Nazaire, eine kleine Ortschaft von der Größe Gaisbeurens. Hier gab es Weinfelder, soweit das Auge reichte und hier verbrachten wir den Winter. Schnee gab es nicht, aber einen rauen Wind. Jeden Tag beschäftigten wir uns mit Exerzieren, Märschen und Übungen, um in Form zu bleiben. Weihnachten 1942 fuhren einige von uns ca. 30 bis 40 km ins Landesinnere. Dort badeten wir in einer warmen Thermalquelle.

Nach einiger Zeit fand ich eine Familie, bei der ich meine Wäsche waschen lassen konnte. Die Leute waren arme Kleinbauern. Sie besaßen ein Weinfeld, ein altes Maultier und ein Schwein, das dann mit ca. 90 kg geschlachtet wurde. Das Fleisch musste für ein Jahr reichen. Trotz ihrer Armut waren diese Menschen gastfreundlicher als Menschen in Deutschland. Ich besuchte diese Familie sehr oft. Immer wurde mir ein Glas Wein, manchmal auch ein Imbiss angeboten. Zur Familie gehörten zwei schulpflichtige Söhne und eine nette schwarzhaarige Tochter namens Jeanette. Mit dieser entwickelte sich eine kleine Liebschaft und von ihr bekam ich meinen ersten Kuss.

Max Schmidberger als Soldat 1943.

Eines Tages wurde in der Kompanie ein Bauer gesucht und ich meldete mich. Zusammen mit dem Kompaniechef, einem Oberleutnant und einem Fahrer gingen wir Ferkel einkaufen. Auf einem Bauernhof konnte ich einige Schweine aussuchen, die der Offizier dem Bauern abkaufte. Die Tiere wurden in der Nähe der Feldküche untergebracht; beim Schlachten war ich jedoch nicht mehr dabei.
Im Frühjahr wurden einige von uns ans Mittelmeer abkommandiert. Das wurde meine schönste Zeit. Unsere Aufgabe bestand darin, oben auf den Felsen Stellungen zu bauen. Als Bursche des Unteroffiziers hatte ich lediglich dessen Zimmer sauber zu halten. Wir wohnten dort auf einem schlossähnlichen Bauernhof zusammen mit einer älteren Frau. Von ihr bekam ich immer wieder ein Ei geschenkt.
Weil zuhause, auf dem Hof meiner Eltern, ja keiner der erwachsenen Söhne mehr da war, beantragte ich im Sommer 1943 Ernteurlaub und erhielt im Juli etwa 10 Tage Sonderurlaub. Der Hof wurde ja von meinen Eltern, meinen beiden Schwestern und meinem noch schulpflichtigen jüngsten Bruder umgetrieben. Einen polnischen Arbeiter auf dem Hof hatten wir damals noch nicht, den erhielten wir erst im darauffolgenden Jahr.

Für meinen Urlaub organisierte ich mir eine 15-Liter-Weinflasche als Mitbringsel, die ich im Zug glücklich bis nach Ulm brachte. Dort aber versuchten mitreisende Soldaten die Flasche auf dem Bahnhof an sich zu bringen, um sie leer zu saufen. Ich aber wollte sie unter allen Umständen ungeöffnet und voll mit nach Hause bringen, was ich mit

Mühe, Not und etwas Glück schließlich auch schaffte. Im Urlaub kam dann noch ein Brief von meiner kleinen Französin, den zum Glück niemand lesen konnte.
Für meine alte Bäuerin im Schloss nahm ich dann 15 Eier zum Brüten mit nach Frankreich. Diese waren von unseren rebhuhnfarbigen Italienerhennen, die wir in Ankenreute hatten. Nach drei Wochen kam die Frau voller Freude auf mich zu, weil ihre Bruthenne 13 Küken ausgebrütet hatte. Von da an bekam ich jeden Tag mein Ei.

In Russland

Die schönen Tage waren dann aber schnell zu Ende. Ein Wunsch nur ging mir noch in Erfüllung: Ich konnte so lange in Frankreich bleiben, bis die schönen Trauben reif waren, doch dann mussten die jüngeren Soldaten unserer Einheit nach Russland und ich musste mit. Drei Wochen dauerte die Fahrt in den Güterwaggons. Quer durch ganz Europa über Lyon, Straßburg, Berlin nach Osten bis in die Nähe von Minsk. Die Leute auf den Feldern im Osten waren bei der Kartoffelernte; sie winkten uns und gaben uns Zeichen, wir sollten besser zurückfahren, doch das konnten nicht wir entscheiden.
Nach drei Wochen war die Fahrt in den Waggons zu Ende. Wir waren nun in Russland und als Panzerjägerabteilung der 78. Sturm – Division unterstellt. Wir wurden verteilt und noch in der Nacht an die Front gefahren. Nach ca. 8 km Lastwagenfahrt erschien ein Licht am Himmel und aus einem Lautsprecher tönte ein uns allen bekanntes beliebtes Lied in die Nacht: „Hörst du mein heimliches Rufen ... tausend junge Mädchen warten auf Euch." Unser Fahrer warnte mich und sagte: „Wenn der Lautsprecher aufhört, bekommen wir Beschuss. Dann musst du blitzschnell aus dem Fahrzeug raus und den Damm runter in Deckung springen." Genau so kam es dann auch. Nach dem Beschuss konnten wir ohne Licht weiterfahren und kamen heil in einem kleinen Dorf an.
Die Gruppe, der ich zugeteilt wurde, war in einem russischen Haus untergebracht. Die Kameraden schliefen auf dem mit Stroh bedeckten Stubenboden, die russische Familie schlief auf dem Ofen. Als erstes holte ich mir dort Läuse. Ich war jetzt Mitglied einer Geschützbesatzung von acht Mann, einer 3,5 cm Pak – Kanone. Diese acht Männer mussten sich voll aufeinander verlassen können. Zum Einsatz kamen wir mit der Kanone so gut wie gar nicht. Es waren nur infanteristische Einsätze gegen Partisanen, an denen wir beteiligt waren.

An einen dieser Einsätze kann ich mich besonders erinnern, als ein Russe, der in einem Loch saß, in absolut aussichtsloser Situation nicht aufgab. Immer weiter und weiter schoss er, bis er durch einen Handgranatenwurf schließlich getötet wurde.
Nach ca. drei Wochen mussten wir uns in ein Waldgebiet in der Nähe der Pripjetsümpfe zurückziehen, wo wir Stellung bezogen und Bunker bauten. So alle zwei bis drei Wochen waren wir gezwungen, uns weiter zurückzuziehen, Stellung zu beziehen und Bunker zu bauen. Ich weiß gar nicht, wie viele Bunker ich in meiner Zeit bei der Wehrmacht in Russland gebaut habe.
Im Februar 1944 mussten die jungen Geschützsoldaten, also auch ich, in die vorderste Frontlinie vorrücken. Wir hielten uns in Schneegräben und Schneebunkern auf. Nach vier Nächten konnte ich wegen furchtbarer Rückenschmerzen nicht mehr stehen und ich musste mich an die Schneewand anlehnen. Das verschlimmerte meinen Zustand noch. Im Morgengrauen war ich vollkommen steif und bewegungsunfähig. Ich wurde weggetragen und in einem Russenhaus auf den Ofen gelegt. Es dauerte drei Tage, bis ich mich wieder einigermaßen bewegen konnte. Dann ging der Rückzug weiter.
Einmal war das Schneetreiben so stark, dass das Maschinengewehr alle paar Minuten angehoben und neu aufgestellt werden musste, weil es sonst eingeschneit worden und völlig zugedeckt gewesen wäre. Der Winter verging und nach dem Schnee und der Kälte folgte das Frühjahr und mit ihm der Schlamm, in den man ständig bis an die Knöchel einsank.
Ein gefährliches Kommando zu der Zeit bestand darin, dass ich jeden Tag zusammen mit einem Russen und einem Pferd einen Sandweg abeggen musste, der immer wieder von Partisanen vermint worden war. Solange wir diesen Weg eggten, ist nie etwas passiert. Vermutlich haben die Partisanen auf ihren Landsmann Rücksicht genommen.
Der Rückzug ging weiter, der Sommer 1944 kam. Auf diesem Rückzug wurde unvorstellbarer Schaden angerichtet. Es wurden ganze Ortschaften angezündet und zerstört. Störche, die in den Orten ihre Nester hatten, wurden beim Versuch, ihre Jungen zu retten, in die Flammen gezogen. Es geschahen unsinnige Dinge, die man sich gar nicht vorstellen kann. Einmal sah ich, wie Menschen durch eine andere Einheit zusammengetrieben und abgeführt wurden. Man sagte, dies seien Juden gewesen und man kann sich denken, was mit ihnen geschehen ist.

In der Gegend von Brest-Litowsk wurden wir von den Russen eingeschlossen. Der Ring schloss sich immer enger. Am 20. Juni 1944 überschlugen sich die Meldungen. Die Durchsage, dass die „Wiking - Waffen-SS" den Ring mit Panzern aufbrechen würde, erwies sich als leeres Versprechen und sollte nur zu unserer Beruhigung dienen. Schließlich gab es nur noch eine Fluchtmöglichkeit, einen Hohlweg, der aber auch schon unter russischem Granatwerferbeschuss lag. Es war die Hölle: Gespanne und motorisierte Fahrzeuge lagen aneinandergepfercht und zerschossen. Wir machten noch einen Gegenangriff, brüllten und schrieen wie verrückt, damit die Russen glauben sollten, wir seien in der Überzahl, doch auch das nützte nicht mehr allzu viel. Es wurde dunkel und wir zogen uns in ein Waldstück zurück.

Dort drohte mir ein junger Leutnant, dass ich standrechtlich erschossen würde, wenn ich mich jetzt weiter zurückziehen würde. Ich entgegnete ihm, dass ich Ladehemmung hätte, dass ich diese erst beheben müsste und erst dann wieder vorrücken könne. Der Leutnant gab sich damit zufrieden, ging weiter nach vorne und ich schlich weiter, von Baum zu Baum Deckung suchend, in die andere Richtung davon.

Ich traf zu meinem Glück auf einen Artillerieleutnant und einen versprengten Haufen. „Leute, wenn ihr wollt, geht mit mir, ich weiß vielleicht noch einen Fluchtweg, auf dem wir hier herauskommen," meinte der Offizier und ich schloss mich dem Haufen sofort an. Etwa zu zwölft schlichen wir die ganze Nacht durch Getreidefelder und durchquerten einen kleinen Fluss, wobei mir das Wasser bis über den Bauchnabel reichte. Die ganze Nacht waren wir so unterwegs und endlich morgens um 5 Uhr trafen wir auf deutsche Soldaten, darunter auch meinen Spieß, einen Oberfeldwebel. Dieser lobte mich für mein tapferes Verhalten beim Gegenangriff am Vortag und mir wurde auf seinen Vorschlag hin das Eiserne Kreuz verliehen.

Wieder wurde irgendwo gesammelt, wieder wurde aus all den versprengten Soldaten ein neuer Trupp, eine neue Einheit zusammengestellt und wir wurden anschließend nach Ostpreußen transportiert. 10 Tage später ging es mit der neuen Truppe zurück Richtung Russland. Wir kamen allerdings nur noch bis an den großen Weichselbogen im ehemaligen Polen. Dort lagen wir zunächst in Bereitstellung, biwakierten in Ein – Mann - Zelten oder schliefen in den Fahrzeugen. Eines Tages war wieder einmal Kompaniebelehrung. Ein Oberleutnant hielt einen Vortrag über den bevorstehenden Einsatz der Wunderwaffen und den danach kommenden Endsieg. Zum Schluss fragte er: „Wer hat den Krieg angefangen?" Ich meldete mich durch Handzeichen und antwortete: „Hitler!" Danach war Totenstille im Raum. Der Oberleutnant sprach noch ein paar kurze Sätze und die Versammlung war beendet. Die Kameraden sagten zu mir: „ Mensch, spinnst Du, was hast du gesagt! Dafür kommst du vors Kriegsgericht." Ich hatte zwar Angst, aber ich dachte mir, so schlimm wird es schon nicht werden.

So kam es dann auch. Bereits zwei Tage später fuhren wir wieder weiter, alles schien vergessen und das war es wohl auch. Der Vortragende war ein älterer Herr gewesen, der vermutlich insgeheim mit mir einer Meinung war.

Unsere neue Stellung lag in einem kleinen Waldgebiet in der Nähe der polnischen Stadt Warka am großen Weichselbogen. Wir hatten uns für den Winter eingerichtet, das Geschütz war eingegraben, das Loch für den MG-Schützen ausgehoben und auch der Mannschaftsbunker war fertig.

Als ich am 13. Oktober 1944 aus unserem Bunker herauskam, wurde vereinzelt geschossen und Gewehrkugeln flogen durch die Luft. Ich nahm mir vor, an diesem Tage besonders vorsichtig zu sein. Wir durchstreiften das Gelände in der Formation einer Schützenkette; der Abstand zwischen den einzelnen Soldaten betrug ca. 50 m. Als ich über ein Kartoffelfeld ging, gab es unter mir eine Detonation und ich flog hoch in die Luft und zurück in ein Loch, das so groß war wie das, welches ein großer ausgegrabener Wurzelstock hinterlässt.

In der ersten Schrecksekunde dachte ich: „Noch mal gut gegangen!" Dann schaute ich genauer hin und sah, dass der rechte Fuß total weg war. Ein Kamerad eilte herbei, schaute sich das Ganze an und versprach, Hilfe zu holen. Das dauerte dann etwa eine Stunde - für mich eine Ewigkeit.

Diese Zeit des Alleinseins war schrecklich, es kam Todesangst auf und die Gedanken gingen zuerst nach Hause zu Mutter und Vater. Ich hatte erlebt, was es für ein Schmerz für Mutter gewesen war, als die Nachricht kam, dass mein Bruder Karl gefallen sei. Ich flehte auch zum Himmel und zur Muttergottes, dass ich gerettet werde und es grenzt an ein Wunder, dass ich nicht verblutet bin in dieser langen Zeit, bis meine Kameraden endlich kamen.

Ich wurde notdürftig verbunden, mit einer Trage abtransportiert und dann auf einen kleinen mit Stroh ausgelegten Pferdewagen geladen. Auf diesem ging es im Trab und Galopp über einen Knüppeldamm

zum Hauptverbandsplatz. Der Fahrer des Pferdewagens fragte mich immer wieder, ob ich noch lebe, worauf ich zurück wimmerte: „Ja." Jetzt erst spürte ich wahnsinnige Schmerzen.
Auf dem Hauptverbandsplatz erst nahm ich das volle Ausmaß meiner Verwundung wahr: Das rechte Bein war ganz weg, das linke war eine große Brandwunde, im Schienbein steckte ein rostiger Nagel, beide Hände waren verletzt, die Augen brannten wie Feuer und ich war fast ausgeblutet. Deshalb erhielt ich noch am Abend desselben Tages eine Blutübertragung. Neben mich legte sich dabei ein großer, kräftiger Soldat und zwischen uns wurde ein Stuhl gestellt, auf dem die Übertragungspumpe stand. Die Pumpe wurde eingeschaltet und so wurde das Blut direkt von ihm auf mich übertragen. Es dauerte noch ein paar Minuten und ich spürte, wie mir wieder Wärme zufloss. Es fühlte sich an, als ob mir neues Leben eingehaucht wurde.

Das war das bittere Ende des Krieges für mich!

Einmal noch erhielt ich im Lazarett Besuch von einem Soldaten aus unserer zusammengewürfelten Einheit, der mir versuchte, Trost zu spenden. „Sei froh, dass Du hier bist. Es ist nichts mehr übrig von unserem Haufen, der Weichselbogen wurde so zusammengeschossen, dass so gut wie keiner überlebt hat."
Als ich dann transportfähig war, kam ich nach Dresden ins Lazarett, in einen Saal mit 12 Schwerverwundeten. Die Luft in diesem Zimmer roch widerlich nach Schweiß, Blut und Eiter und es war ein furchtbares Elend. Der eine hatte beide Füße weg, der andere hatte Hände und Füße verloren, der dritte war blind und ohne Fuß! Angesichts dieses Elends war ich mit meinem Schicksal wieder zufrieden.
Nach vier Wochen wurde ich nach Weiden in Thüringen verlegt. Dort ging es mir bald besser und ich machte die ersten Gehversuche mit Krücken. Die Kameraden dort glaubten immer noch an den Sieg; sie hofften auf die V-Waffen. Ich sagte dann nur: „Schaut aus dem Fenster und seht, was da kommt!" Lange Flüchtlingstrecks zogen draußen am Lazarett vorbei.
Ich hatte mit den Krücken trainiert und konnte schon weite Strecken zurücklegen. Noch vor Weihnachten ging ich deshalb zum Stabsarzt und bat ihn um Verlegung in ein heimatnahes Lazarett. Er sagte mir dies auch zu, hatte aber keine Begleitperson zur Verfügung. Trotzdem stieg ich am nächsten Tag in den Zug nach Ulm, denn ich wollte zurück in die Heimat.

Am Abend wurde der Zug vor Nürnberg bombardiert und hielt deshalb auf freier Strecke. Es ging nicht mehr weiter und ich lief deshalb zusammen mit anderen Passagieren am Bahndamm entlang bis nach Nürnberg auf den Bahnhof - ein beschwerlicher und langer Weg für einen Mann mit Krücken.
Im Bahnhof von Nürnberg übernachtete ich auf dem Fußboden und fuhr am nächsten Morgen mit einem Zug nach Ulm. (Gott sei dank fuhr einer.) Dort fand ich eine Bahn, die nach Friedrichshafen fuhr, und nachmittags gegen 16 Uhr war ich auf dem Bahnhof in Durlesbach, wo mein Vater mich mit dem Chaisenwagen abholte. Es war kurz vor Weihnachten 1944 und fürs erste war ich heilfroh, dieser Hölle entkommen zu sein.

Kriegsende
In der Heimat sehnten alle das Ende des Krieges herbei. Zugleich aber hatten die Menschen Angst vor der Besetzung des Landes durch die Franzosen. Ende April 1945 gab es dann in unserer Gegend noch eine letzte große Truppenbewegung der Deutschen Wehrmacht in Richtung Allgäu. Das Militär wollte sich ins Gebirge zurückziehen und einige Tage lang war die Straße voll mit deutschen Soldaten. – Geordnet und ungeordnet!
Eine dieser Einheiten, die an unserem Bauernhof vorbeizog, beschlagnahmte unseren Traktor als Zugmaschine. Mein jüngster Bruder, der damals gerade 16 Jahre alt war, fuhr mit dem Schlepper und den Soldaten mit - bis in die Gegend von Kempten, wo ihnen der Diesel ausging. Nachdem neuer Treibstoff besorgt war, lief der Motor trotzdem nicht mehr; mein Bruder hatte dafür gesorgt. Die Truppe ließ den vermeintlich defekten Traktor zurück, zog weiter und mein Bruder fuhr mit dem Schlepper in den letzten Tagen des Krieges gegen den großen Flüchtlingsstrom zurück auf unseren Hof, wo er glücklich ankam.
Vom Einmarsch der Franzosen selbst war in Ankenreute so gut wie nichts zu bemerken. Sie kamen aus Richtung Gwigg und fuhren durch den Ort hindurch weiter Richtung Waldsee. Erst einige Tage später kamen Franzosen, die in Bergatreute stationiert waren, zurück ins Dorf, um Hühner zu stehlen. Die Belästigungen hielten sich aber in Grenzen. Einquartierungen gab es im Dorf keine, der polnische Zwangsarbeiter auf unserem Hof allerdings verschwand verständlicherweise schnell Richtung Kloster Reute, wo ein Sammellager für Zwangsarbeiter eingerichtet wurde.

Von dort aus erschien er noch einmal bei Nacht auf dem Hof, um aus dem Keller Rauchfleisch und zwei Laib Brot mitzunehmen. Unser Hund kannte ihn ja und schlug deshalb nicht an. Ich denke, wir hatten Glück, dass der Pole, der auf dem Hofe Maucher gewesen war, ein sehr anständiger Mann war. Er hatte einen guten Einfluss auf die anderen polnischen Zwangsarbeiter und verhinderte Übergriffe.
Um den 14. Mai 45 herum mussten sich alle jungen Männer der Gemeinde auf dem Rathaus melden. Mein Bruder Eugen und ich fuhren mit einem Pferdewagen nach Gaisbeuren. Eugen kam sofort in französische Gefangenschaft, obwohl er einen Bauchsteckschuss hatte. Vom Fleck weg nahmen sie ihn mit ins Gefangenenlager und anschließend nach Frankreich, wo er über zwei Jahre blieb und erst 1948 wieder entlassen wurde. Ich durfte wieder nach Hause fahren und musste den Eltern die traurige Nachricht überbringen. Aber auch die Besatzungszeit überstanden wir trotz mancher Schikanen und Schwierigkeiten.

Die Jahre nach dem Krieg

Ein Problem war nach dem Kriege auch die Beschaffung von vernünftigen Prothesen. Aus Ravensburg kam der Besitzer des Sanitätshauses Feine extra nach Ankenreute, um gegen Butter seine Kunst anzubieten. Seine Leute in Ravensburg hatten nichts zu essen und auf diese Weise beschleunigte sich die Zusammenarbeit. Zur Anprobe aber musste ich immer wieder nach Ravensburg und auch die Angewöhnung am Anfang verlief für mich sehr, sehr schmerzhaft. Es dauerte lange, bis die erste Prothese richtig passte.
In dieser Zeit kam ich auch zur Einsicht, dass „Landwirt“, mein erlernter und geliebter Beruf, für mich nicht mehr geeignet war und ich mir wohl oder übel etwas anderes suchen musste.
Ich belegte deshalb in Leutkirch einen Handelsschulkurs, fand aber zunächst nichts wirklich Passendes. Im August 1954 gab es für mich dann den großen Lichtblick: Herr Strasser, der Rechner der Spar- und Darlehenskasse Gaisbeuren, wechselte zur Raiffeisen - Versicherung nach Ravensburg und seine Stelle wurde frei. Ich bewarb mich um den Posten und die Mitglieder der Bank wählten mich. Ab dem 1. September arbeitete mich Herr Strasser an meinem neuen Arbeitsplatz ein und ich führte anschließend als Rechner die kleine Bank.
Im November 1954 heiratete ich Rosa Haidorf und wir zogen nach Gaisbeuren. Innerhalb unseres Haushaltes wurden nun die Bankgeschäfte des Ortes abgewickelt und im Schuppen neben dem Haus

betrieben wir für die Bank ein kleines Lagerhaus. Für meine Arbeit erhielt ich ein Gehalt von 200 DM im Monat.
In Hohenheim absolvierte ich 1956 eine Fortbildung zum Kassenrechner und als 1965 das neue Bankgebäude mit großem Lager in Gaisbeuren gebaut und bezogen wurde, übernahm ich bis zu meiner Pensionierung im Jahre 1983 als Lagersachverwalter die dortige Lagerverwaltung.
Inzwischen 88-jährig, bewirtschafte ich zusammen mit meiner Frau immer noch einen riesigen Gemüsegarten an unserem Haus. Dieses Hobby und die Besuche bei unseren sieben Kindern haben uns bei guter Gesundheit gehalten, die uns hoffentlich noch lange erhalten bleibt.

Anton Beck
Zußdorf,
Jahrgang 1924

„Ich habe unglaubliches Glück gehabt."

Kindheit und Jugend

Am 18. April 1924 wurde ich in Wechsetsweiler geboren. Meine Eltern waren Josef Beck, der in Wechsetsweiler einen Bauernhof besaß und Kreszentia Beck, geborene Wirbel. Sie stammte aus Eggatskirch. Ich war das fünftälteste von 11 Kindern, die meine Mutter zwischen 1920 und 1934 zur Welt brachte. Von diesen Kindern überlebten vier die ersten Jahre ihres Lebens nicht.

Wechsetsweiler gehörte damals zur Gemeinde Zogenweiler, heute zu Horgenzell. Zur Schule aber mussten wir nicht nach Zogenweiler, sondern ins näher gelegene Danketsweiler. Meine Schulzeit begann im April 1930, ich war noch nicht einmal ganz 6 Jahre alt. Sie dauerte 7 Jahre und so war ich noch keine 13 Jahre alt, als die Schule für mich vorbei war. Ich arbeitete danach auf dem elterlichen Bauernhof mit. Eine harte Arbeit für einen kleinen Jungen, denn mein Vater war streng und nahm keine Rücksicht auf mein Alter.

Auch wir Kinder auf dem Land mussten Dienst in der Hitlerjugend verrichten. Zusammen mit den Jungen aus Zogenweiler und auch aus Ringgenweiler waren einige dabei. Ich erinnere mich besonders an einen Tobel dort in Ringgenweiler, wo wir Übungen durchführten. An sich harmlose Spiele, wie Schnitzeljagd und Ähnliches, die aber doch dem vormilitärischen Drill dienen sollten. Das ganze hat uns damals aber nicht besonders beeindruckt.

Kriegsbeginn

Als am 1. September 1939 der 2. Weltkrieg ausbrach, war es für mich 15-jährigen Junglandwirt noch ruhig. Aber gleich die ersten Tage mussten wir ein 3-jähriges Pferd an die Wehrmacht abgeben. Wir waren noch in der Getreideernte und hatten das junge, von uns gezogene Pferd soweit dressiert, dass es im Pferderechen als Einspänner lief, und ich freute mich über das Pferd. Umso größer das Leid, es weggeben zu müssen. Es folgte dann auch noch die Abgabe von etlichen jungen Kühen neben den sonstigen Ablieferungen von Getreide, Schweinen, Milch und anderem.

Allein im Zimmer eingeschlossen, so dass niemand es bemerken sollte, hörte mein Vater schon zu der Zeit, als ich noch nicht eingezogen war, den Schweizer Radiosender Beromünster, obwohl dies streng verboten war. Meine Mutter war strikt dagegen: „Du kommst noch irgendwann ins KZ mit Deiner Radiohörerei", doch mein Vater richtete sich nicht nach ihr.

Josef Beck, gefallen am 21.2.1942.

Gebhard Dorner aus Bettenweiler war seit 1930 auf unserem Hof als Pferdeknecht. Er musste im Winter 1939 / 40 zur Wehrmacht. Unser ältester Bruder Josef, geboren am 1.11.1921, wurde dann im September 1940 ebenfalls eingezogen.
Er kam erst nach Konstanz und anschließend zur weiteren Ausbildung nach Frankreich. Im Herbst 1941 folgte die Verlegung nach Russland. Er überlebte die furchtbare Kälte im Winter 41 / 42 nicht und fiel am 21. Februar 1942. Die Nachricht von seinem Tod erhielten wir daheim Anfang April 1942.

Mitglied der Wehrmacht
Grundausbildung in Ulm
Im März 42 hatte auch ich den Musterungsbescheid erhalten. Zusammen mit anderen aus dem Dorf. Ein gleichaltriger Bekannter kam abends zu uns in den Stall und fragte: „Anton, freust Du Dich auf die Musterung? – Ich freu` mich!" Meine Mutter, die das hörte, wurde fuchsteufelwild und schimpfte, „So ein Simpel!" Mutter hatte bereits mehr als genug vom Krieg!
Ich wurde dann am 9. Dezember 1942 nach Ulm an der Donau ins Panzer – Pionier – Bataillon 89 eingezogen. Das Bataillon gehörte zur 5. Panzer – Division. Die Ausbildung in Ulm in der Donaubastion dauerte vier Wochen, dann wurden wir verlegt nach Neu-Ulm in die Reinhardt-Kaserne. Es war ein neues Kasernengelände mit mehreren Blöcken. Nach dem Krieg waren dort amerikanische Truppen stationiert.
In unserer Ausbildungskompanie waren auch noch andere Oberschwaben. Willi Dorner aus Bettenweiler, ein weiterer Kamerad aus Hopferbach bei Bad Schussenried und einer aus Eberhardszell. Alle drei sind später in Russland gefallen. In Ulm waren auch Franz Walter aus Schönebürg bei Biberach, Anton Ermler aus Weingarten,

Alois Gaupp aus Hummertsried und Eduard Wiedemann aus Hundsweiler bei Ittendorf, die alle heute noch leben.
Wir hatten in Ulm eine schwere Ausbildung als Pioniere. An der Donau, der Friedrichsau, heute ein Erholungszentrum, wurde eine Übung mit schweren Eisenträgern und Bohlen zum Pontonbrückenbau abgehalten. Dann im Lerchental eine Schießübung (nicht meine Stärke!) durchgeführt und es folgten weitere Übungen auf dem Lerchenfeld Richtung Dornstadt.
Anfang Januar 1943 waren wir bei einem 14-tägigen Winterlehrgang auf einer Hütte, der Birkenbühlhütte bei Sonthofen. Mit der Bahn fuhren wir nach Blaichach, dann folgte der Fußmarsch zur Hütte. Das gesamte Gepäck und alles Essen und Trinken musste auf dem Rücken nach oben gebracht werden und einmal hatte ich sogar eine ganze Nähmaschine den Berg hinauf zu schleppen.
Am Samstag – Sonntag standen wir erstmals auf Skiern. Drei Gruppen Anfänger, bei denen auch ich war. Dann zwei Gruppen Fortgeschrittene und drei Gruppen gute Läufer, natürlich die Österreicher! Neben der Hütte übten wir Anfänger auf einem ebenen Platz, wobei es öfters einen Sturz in den weichen Schnee gab.
Geübt wurde auch der Bau von Iglus aus Schnee und eine Übernachtung darin. Der Verwundetentransport mit Schlitten, die wie ein kleines Boot an Rückzuggurte angehängt waren, wurde durchgeführt und an den letzten Tagen folgte ein Abfahrtslauf vom Grünten hinunter bis zur Hütte. Wir hatten den Berg zuvor ohne Lift bestiegen. Ich war selber bei der Abfahrt gar nicht schlecht, auf jeden Fall nicht bei den Letzten.
Das Essen auf der Hütte war sehr gut. Milch gab es von zwei eigenen Kühen der Hütte. Die Hütte gehörte dem Panzer-Pionier-Bataillon in Ulm und war sonst Wochenendquartier für die Offiziere. Es war ein eigener Hüttenwirt dort.
Von diesen zwei Wochen kamen wir braungebrannt nach Ulm zurück. Jetzt bekam ich den ersten Wochenendurlaub, heim bis Sonntagabend. Mutter meinte, ich sei braun, wie ein Neger.
Auf dem Lerchenfeld robbten wir an einem Samstag Anfang März über ein gepflügtes Feld bei auftauendem Schnee und Dreck. Mit dem Gewehr, das dann nur noch ein einziger Dreckklumpen war. Wir mussten alles nach der Rückkehr in die Kaserne ausziehen und das Gewehr waschen. Es war eine einzige Schinderei, doch die Ausbilder bekamen dann zum Glück einen schweren Verweis für ihre Schikanen.

Anton Beck 1942.

Einmal marschierten wir nachmittags von Ulm los nach Münsingen auf der Alb. Unterwegs hatten wir eine kurze Rast in Suppingen. Die Ankunft in Münsingen auf dem Truppenübungsplatz war um Mitternacht zum Teil mit Blasen und Wunden an den Füßen. Anderntags waren Schießübungen auf dem Gelände Die Heimfahrt nach Ulm erfolgte dann mittels LKW.

Ende April 43 war die Ausbildung abgeschlossen. Noch einmal gab es Sonntagurlaub, dann kamen wir in die Marschkompanie auf der Wilhelmsburg in Ulm. Mitte Mai 43 folgte die Verladung in den Zug. Es ging Richtung Osten, Richtung Russland. Über Nürnberg, Hof, Breslau, durch Polen bis Warschau und zur Ausladestelle in der Nähe von Minsk, Bryansk.

In Russland

Der erste Einsatz war dann am 26. Juli 43 im Raum Bryansk. An den Flüssen Shirsda und Resseta. Am 2. Tag, auf offenem, weit einsehbarem Gelände in offener Stellung schlugen die ersten Granaten zwischen uns „Helden" ein, das war für uns 19-jährige Buben die „Feuertaufe". Wir waren noch ziemlich ängstlich und hilflos. Neben mir wurde Willi Dorner aus Bettenweiler tödlich getroffen. Wir sahen dann später die Russen im Abstand von ca. 2 – 3 km in breiter Front anrücken. Da zogen wir uns zu Fuß zurück.
Plötzlich zischte ein Geschoss heran und durchbohrte meinen rechten Stiefel. Es durchzuckte mich und ich spürte den Durchschuss des rechten Knöchels am Unterschenkel. Wir mussten noch einige km zurücklaufen bis zum nächsten Verbandsplatz. Mein Fuß war schon so angeschwollen, dass man kaum den Stiefel herabbekam.
Dann kam der Abtransport nach Polen in ein Lazarett südlich von Warschau. Die kleine Stadt hieß Radom. Die Unterbringung war in

einer Schule, die zu einem deutschen Lazarett umfunktioniert war. Nach 4 bis 5 Wochen erfolgte die Entlassung nach Ulm zum Genesungsurlaub für zwei Wochen.
Mitte September 43 musste ich wieder zu meiner Truppe in Russland, welche inzwischen in den Pripjet-Sümpfen bei Lutwinowka nördlich von Tschernobyl – (Atomunfall anno 1986!) lag.
Wir hatten viel zu tun mit dem Bau von Knüppeldämmen und dem Verlegen von Minen vor der Hauptkampflinie (HKL). Einmal, beim Minenverlegen, kam ein russischer Stoßtrupp auf uns zu. Einer rief „Ruki wer," „Ergebt Euch!" Unsere Infanterie, die auf uns aufpassen sollte, hatte geschlafen. Wir durften vorne nicht schießen, so robbten wir an einem Hügel entlang, wo die Russen uns nicht mehr sehen konnten und zogen danach ab. Glück gehabt!
Weihnacht 1943 in Russland. Die Frontlage war ruhig und unsere Gedanken waren daheim. Wir waren die meiste Zeit im Sumpfgelände. Kaum hatten wir einen schönen Unterstand gebaut, hieß es wieder raus und zurück.
Ein Erlebnis aus dem Januar 44, das die Bestätigung für einen guten Schutzengel zeigt. Es kam abends vorne im Quartier ein Feldwebel vom anderen Zug und fragte: „Kann einer mit Pferden umgehen?" Ich meldete mich und ich musste mit einem Pferdegespann zusammen mit einer ganzen Kolonne die halbe Nacht durch nach hinten zum Tross. Anderntags hieß es: „Ihr könnt nicht gleich wieder zurückfahren zur Truppe, es ist der Teufel los vorne."
Statt Fronteinsatz wurde ab dem nächsten Tag ein dreitägiger Kurs für uns abgehalten: „Stuka zu Fuß". Warum das so genannt wurde, weiß ich nicht. Wir übten in einem Schützenloch, etwa 50 cm tief, 1 m Durchmesser. Die Waffe: eine Bodenplatte, ein kleiner Standfuß, ein Kanonenrohr und eine Zielvorrichtung. 3 Mann Bedienung, tragbar auf dem Rücken. Dieses Gerät sollte gegen Panzer zum Einsatz kommen. Wir machten damit Schießübungen, haben aber später niemals eine solche Waffe erhalten. Als der Kurs schließlich vorbei war und wir wieder nach vorne kamen, war dort das Schlimmste auch vorbei.
Am 22. Februar 1944 Groß-Infanterieeinsatz der Pioniere, immer dann, wenn es sehr brenzlig war! Wir - unsere Gruppe, 10 Mann - marschierten im Gänsemarsch über ein freies flaches Schneegelände in Richtung nächstes Dorf. Plötzlich fiel ein einzelner Schuss und unser Vormann mit dem Maschinengewehr auf dem Rücken fiel um. Kopfschuss, tot, unser lieber Freund und Kamerad Friedemann Bach aus Laibach in Kroatien!

Als wir dann im Dorf Ossinorwka oder Alexandrowka waren, hörten wir deutsche Kampfflieger über uns. Diese warfen Bomben auf den Ort, in dem wir lagen, zum Teil mitten unter uns hinein. Zu spät hatten unsere Führer Leuchtpatronen abgefeuert als Signal, dass wir in diesem Dorf waren und so lagen wir auf dem Boden und die Splitter flogen um uns herum. Meine Koppel auf dem Rücken und das Kochgeschirr wurden durchlöchert, doch wie durch ein Wunder blieb ich unverletzt.
Gleich darauf aber traf mich und einen österreichischen Kameraden eine russische MG-Garbe. Mein Kamerad hatte einen schweren Lungendurchschuss, er fiel über mich und stöhnte schrecklich. Ich selbst hatte einen Nackendurchschuss und so hat es mich wie leblos hingehauen. Das Geschoss hatte die Wirbelsäule gestreift und mir jede Bewegungsmöglichkeit genommen. Zum Glück lag ich da wie tot, sonst hätten die Russen sicher noch weiter auf mich geballert.
Nach ca. 20 bis 30 Minuten, der Russe war im Dorf etwas zurückgedrängt worden, spürte ich wieder langsam Leben in meinen Gliedern und ich konnte mich vorsichtig aufrichten. Mein Kamerad konnte mit der Bahre zurückgeschafft werden und ich konnte mich mit hängenden Armen auf den Verbandsplatz zurückschleppen. Die Bilanz dieses einen Tages: acht Tote in der Kompanie durch Scharfschützen und viele Verwundete.
Ich kam dann auf Umwegen ins Lazarett nach Marienbad (Eger) ins Kurhaus Gödele am Berghang. Wir waren dort gut versorgt. Einer bekam sogar Besuch von seinen Eltern aus Bremen. Nach 6 Wochen Aufenthalt folgte die Entlassung nach Ulm und ein Genesungs - Heimaturlaub von 2 bis 3 Wochen Dauer. Doch der ging sehr schnell vorbei und Ende April 44 musste ich wieder nach Ulm und von dort weiter zum teilweise neuen Haufen an die Front in Russland. Bei Borissow am Fluss Beresina.
Dort folgten noch im April Nahkampftage. Dazu wurden wir in die Nähe von Orelie gebracht und dort folgte der Einsatz. Vom 10. bis 12. August 44 wurde die ganze 5. Panzer – Division verladen und wir kamen nach Kurland (Lettland). Das Einsatzgebiet lag bei Gumbinnen, von wo aus wir uns Richtung Goldap zur Grenze von Ostpreußen zurückziehen mussten.
Am 07. November 44 abends lagen wir in einem Wald bei Goldap in Schützengräben. Es war schon dunkel und pausenlos schoss russische Pak in den Wald herein. Plötzlich ganz nah ein Einschlag und

mich hatte es erwischt. Splitter in der Hand, linker Unterarm, rechte Brustwand. Ich kam zurück und am Rückmarsch nochmals ein Treffer mit Splittern, ein kleiner Splitter am Stahlhelmband und ein Splitter im Oberschenkel.
Danach lag ich 14 Tage im Notlazarett Bischofsburg in den masurischen Sümpfen. Dazu kam hohes Fieber und zusätzlich noch eine weitere Diagnose: Scharlach! Ich lag auf dem Rücken im Bett, beide Hände eingebunden, konnte mich rechts nicht drehen mit geschwollenem Oberschenkel, links nicht bewegen wegen der geschwollenen Brust. Ich lag außerdem wegen der Scharlacherkrankung die ganze Zeit auf der Isolierabteilung. Es schien mit mir zu Ende zu gehen. Eine Rotkreuzhelferin schrieb eine Karte an meine Eltern von meiner Verwundung. Ich war selbst dazu ja nicht in der Lage.
Doch ich erholte mich langsam wieder und am 8. Januar 1945 wurde ich ins Lazarett nach Ulm entlassen, brauchte aber wegen den andauernden Fliegerangriffen drei Tage, bis ich in Ulm war. Ich war zwei Tage in Ulm, als ich im Rundfunk hörte, dass der Russe in Ostpreussen eingebrochen ist. Auch in der Gegend von Bischofsburg. Hier wäre ich nicht mehr rausgekommen!
Dann durfte ich nach Hause zum Genesungs- bzw. Heimaturlaub vom 15.1. bis 14.2.1945. Wir feierten daheim nachträglich Weihnachten mit einigen Mitbringseln. Für Vater Tabak, für Mutter und die Geschwister etwas Schokolade. Alles rare Sachen damals!
Dank des Oberfeldwebels Dreher, der mich von der Front her kannte, musste ich im Februar 45 nicht mehr zu unserem Bataillon nach Osten, sondern ich konnte in Ulm bleiben und so wurde mir viel erspart. Die 5. Panzer – Division mit dem Bataillon 89 wurde von Januar 45 bis zum Kriegsende im Raum Königsberg eingesetzt, wurde aber von den Russen in Richtung Ostsee gedrängt. Ein großer Teil fand hier noch den Tod, der andere Teil geriet in russische Gefangenschaft, nur Einzelne kamen durch und konnten sich nach Westen durchschlagen. Die Division gab es schließlich nicht mehr, sie wurde aufgelöst!

Kriegsende
In Ulm wurde ich in der Zeit von Mitte Februar bis Mitte März 1945 (als Gefreiter!) als Hilfsausbilder bei Rekruten eingesetzt. Dann kam die Verlegung als Brückenwache der Neckarbrücken in Stuttgart. Meine Gruppe war an der Neckarbrücke Wangen – Untertürkheim eingesetzt, unsere Unterkunft lag in einer Schule im Stadtteil Stutt-

gart - Wangen. Am 22. April 45 kamen die Amis von Osten her und die Brücke wurde unter Aufsicht eines fremden Offiziers, der mit der Pistole in der Hand herumsprang, gesprengt. Es war abends gegen 8 oder 9 Uhr.
Wir sollten uns danach von Stuttgart aus nach Nordwesten absetzen und wurden versprengt. Ein Kamerad aus der Gegend von Rottweil und ich bekamen von einem älteren Herrn Zivilkleider. So zogen wir uns in seinem Gartenhäuschen um und marschierten dann los in Richtung Esslingen. In einem Schafstall bei Unterbohingen verbrachten wir den Rest der Nacht.
Da wir unsere Soldbücher noch hatten, verbrannten wir diese, was uns später fast zum Verhängnis wurde. Tagsüber liefen wir los, an amerikanischen Truppen vorbei mit Hacken auf dem Rücken. So, als ob wir aufs Feld gingen. Es ging alles gut und wir wurden nicht aufgehalten, bis wir in die Reutlinger Gegend kamen. Dort aber waren keine Amerikaner mehr, sondern französische Truppen.

In französischer Kriegsgefangenschaft

In Kirchentellinsfurt in der Ortsmitte schnappte uns ein Doppelposten und wir kamen in ihr Revier. Jeder von uns wurde einzeln streng verhört. Da wir durch das Fehlen des Soldbuches nicht nachweisen konnten, dass wir reguläre Landser waren, vermuteten sie, wir seien „SS" oder Wehrwolfsaboteure. Meinen Kameraden schlugen sie, ich höre ihn jetzt noch schreien! Zuletzt glaubten sie uns doch, und so wurden wir nach Tübingen gefahren zum großen Haufen der Gefangenen.
Von dort kamen wir für einige Tage in ein Barackenlager nach Nagold. Dann einen ganzen Tag Fußmarsch bis zum Rhein; über eine Notbrücke nach Belfort. Wir waren eine lange Kolonne. In den Dörfern, durch die wir zogen, warfen uns deutsche Frauen Brot usw. zu, nur der Schnellste erwischte dabei etwas. An einem Sonntagabend wurden wir in Belfort auf dem Bahnhof in offene Kohlewagen verladen. Hier bewarfen uns die Bahnarbeiter vom Bahndamm aus mit spitzen Steinen. Mich traf ein Stein am rechten Augenlid, das Blut tropfte das Gesicht herunter. Das war die Begrüßung in Frankreich!
Wir fuhren in der Nacht los bis anderntags nach Chalon-sur-Saône. Dort auf dem Marktplatz wurden wir „verschachert". Die Kräftigen, ich auch, kamen ins Kohlebergwerk „Monte-les-Mines", in der Nähe dieses Ortes. Etliche andere kamen zu Bauern, die hatten es ja gut dort. Ich wäre auch gerne dort gewesen.

Im Bergwerk

Mitte Mai 1945 kamen wir ins Bergwerklager. Es war ein deutscher Kommandant aus Ludwigshafen am Bodensee dort und ein kath. Lagerpfarrer aus Passau. Er war ein sehr guter Seelsorger, dem ich viel Kraft verdankte. Aber er war halt auch nur ein gefangener Deutscher. Im Lager waren es große Schlafsäle, zwei Holzgestelle übereinander als Betten, keine Matratze, man schlief auf dem Wollmantel, es gab Flöhe und Läuse und in der Nacht Wanzen. Dazu das schlechte Essen und die Behandlung war ebenso miserabel.

Dann der 1. Tag im Bergwerk. Die Arbeit begann mit der Frühschicht um 6 Uhr und dauerte bis 1 Uhr oder in der Spätschicht von 2 Uhr bis abends 9. Die deutschen Gefangenen waren jeder einem „Kumpel" zugeteilt. Ich hatte das Pech, dass ich zu einem älteren Polen kam, der sich nach dem 1. Weltkrieg in Frankreich angesiedelt hatte. Ich schaffte, was ich konnte, aber er war trotzdem gehässig zu mir! Nur ab und zu bekam ich etwas Brot von ihm. Die anderen Kameraden, die bei jungen Franzosen arbeiteten, wurden von diesen gut behandelt und für ihre Arbeit mit Brot belohnt. Sogar von den Franzosen, die zuvor in deutscher Kriegsgefangenschaft gewesen waren. Fleisch aber sahen wir so gut wie nie, außer einmal Pferdefleisch, wenn eines der Arbeitspferde, die die Loren zum Hauptschacht ziehen mussten, eingegangen war,

Im Spätsommer 45 durften wir erstmals nach Hause schreiben. Es war dies die erste Nachricht an unsere Angehörigen seit dem Kriegsende. Im Herbst bekam ich dann die erste Post von daheim. Die Nachrichten waren nicht nur erfreulich, denn ich erfuhr im Spätherbst, dass mein Vater schwer erkrankt war. Bauch- und Leberkrebs.

Am 19. Dezember 1945 gegen Schichtende rief ein Kumpel um Hilfe. Man solle ihm helfen, die letzte Lore aus dem Stollen herauszuschieben. Ich ging in den fremden Stollen. Es war dunkel darin, ich kannte mich dort nicht aus und so übersah ich ein hängendes Gussrohr mit etwa einem halben Meter Durchmesser. Ich klemmte den rechten Daumen zwischen Lore und Rohr ein, der Knochen brach ab, die Sehne riss und der Daumen hing nur noch lose an der Hand.

Trotz fürchterlichen Schmerzen: Hochfahren, duschen, ca. 1 km Marsch ins Lager und dann mit dem Wachposten ins Minenhospital. Nach langem Warten schließlich: Einfach Amputieren des vorderen Daumengliedes. Ein Schnitt mit dem Messer, zugenäht, verbunden und zurück ins Lager. Das alles natürlich ohne jegliche Betäubung!

Ein menschliches Erlebnis hatte ich beim Warten im Flur des Minenhospitals. Wie ich so traurig da saß, brachte mir eine Frau aus der nahen Küche eine Schüssel mit Apfelauflauf. So hungrig wie ich war, nahm ich es gerne an und spürte, dass es auch noch gute Menschen gibt.
Nach etlichen Untersuchungen wurde ich dann Anfang Januar 46 für arbeitsunfähig erklärt und ich kam nach Auxerre ins Entlassungslager. Dort erhielt ich wenige Wochen vor meiner Entlassung einen Brief von daheim mit der Nachricht vom Tod meines Vaters. Er war am 17.3.1946 gestorben. Das war ein schwerer Schlag für mich. Vater hatte ja auch trotz Todesahnung immer gehofft, mich noch einmal zu sehen und noch einmal mit mir zu reden. Sicher wollte er mir noch Ratschläge für mein Leben mitgeben.
Die Verpflegung in Auxerre war sehr schlecht, wir stocherten in den Küchenabfällen nach Essbarem herum. Von daheim und von der Gotte in Eggatskirch bekam ich zwar etliche Päckchen, doch sie durften nur klein sein, nur etwa 1 kg wiegen. Es war nicht viel, aber es hat mich doch über Wasser gehalten.

Entlassung und Heimkehr

Am 24. Mai 1946 war es dann endlich soweit. Abfahrt in Richtung Heimat. Erst bis Tuttlingen, dort dann am 26. Mai die Entlassung und die Fahrt mit der Bahn über Radolfzell, Friedrichshafen nach Ravensburg. Bekleidet mit einer alten Uniform, zerlatschten Schuhen, völlig unterernährt und mit dicken, geschwollenen Beinen stand ich nun auf dem Bahnhof von Ravensburg. Zum Glück kannte ich in Ravensburg die Familie Schwarz in der Schützenstraße. Die suchte ich in meiner Not auf. Herr Schwarz war Verwaltungsaktuar und da mein Vater vor 1933 Gemeindepfleger gewesen war, hatte sich eine gewisse Freundschaft zwischen unseren Familien entwickelt, die sich auch darin zeigte, dass meine Eltern bei einem Stadtbesuch in Ravensburg immer bei Familie Schwarz vorbeischauten, um Eier und sonstige Lebensmittel vorbeizubringen.
Bei Familie Schwarz erhielt ich ein Fahrrad und so erreichte ich noch am gleichen Tag Wechsetsweiler. Meine Mutter musste in den folgenden Wochen reichlich kochen, denn die ersten Wochen konnte ich kaum etwas schaffen, es ging mir immer schnell die Kraft aus - und das mit 22 Jahren!
Wenn ich bei der Heuernte mithelfen wollte, war ich schon nach kurzer Zeit so erschöpft, dass ich nicht mehr konnte und aufhören muss-

te. Beim Melken war meine Kraft schon nach der ersten Kuh zu Ende und es dauerte bestimmt sechs Wochen, bis ich wieder soweit war, dass ich auf dem Hof mitarbeiten konnte.

Meine Auszeichnungen:
Eisernes Kreuz II. Klasse
Verwundetenabzeichen in Silber und Gold
Panzersturmabzeichen
Nahkampfspange in Bronze (bei 10 Nahkampftagen)

Treffen der Überlebenden
Von links: Franz Walter, Schönebürg; Anton Beck, Zußdorf; Erwin Schraygel, Gutenzell; Alois Gaupp, Hummertsried; Josef Wochner, Dottenhausen bei Balingen.

Karl Krenn
Bad Waldsee-Reute
Jahrgang 1925

„Glück hab ich gehabt."

Jugendzeit im Bayrischen Wald

Geboren bin ich am 25. Juni 1925 in Entschenreuth, Landkreis Grafenau im Bayrischen Wald als eines von sieben Kindern meiner Eltern. Entschenreuth liegt im sogenannten Drei – Burgen – Land, gemeint sind damit die Saldenburg, die Engelburg und Burg Fürstenstein.

Mein Vater war Forstwirt. Aufgewachsen bin ich in Saldenburg bei Grafenau, wo meine Eltern ein Haus gekauft hatten. Unser Vater starb bereits 1934 im Alter von nur 39 Jahren an einer Blinddarmentzündung. Die Schmerzen wurden zunächst nicht ernst genommen und als der Bilddarm geplatzt war, dauerte es zu lange, bis das Sanitätsauto unser abgelegenes Dorf erreichte. Die Einlieferung ins Krankenhaus nach Passau erfolgte zu spät und mein Vater starb, bevor eine Notoperation durchgeführt werden konnte. Er hinterließ seine Frau und sieben kleine Kinder.

Schon durch meinen Vater und nach dessen Tod auch durch unsere Mutter wurde ich streng, ja sehr streng katholisch erzogen. Im Bayrischen Wald und in meiner Familie gab es gar nichts anderes. Bis zu meinem 9. Lebensjahr ungefähr war ich auch Ministrant.

Juden gab es übrigens in unserer Gegend so gut wie keine. In meinem ganzen Leben lernte ich nur einen einzigen kennen, einen fahrenden Händler. Der zog von Dorf zu Dorf und handelte mit Stoffen. Auch meinem Vater verkaufte er einen Anzugstoff, den dieser aber nicht sogleich bezahlen konnte. Der Händler erlaubte meinem Vater, den Preis in Raten zu 5 Mark abzustottern. Immer, wenn er wieder bei uns auftauchte, war die nächste Rate fällig. Allerdings wurde der Jude in den 30er Jahren von den Nazis nach Dachau gebracht, so dass unsere Familie die Schulden nicht mehr zurückzahlen konnte. Was aus dem Mann geworden ist, weiß ich nicht, man kann es aber sicher ahnen.

Auch andere Personen aus meinem Dorf wurden von den Nazis abgeholt. Als erstes traf es den Toni Lächel, einen Kommunisten. Im Wirtshaus hielt Toni mit seiner Meinung über Hitler nicht zurück. Er schimpfte über ihn, nannte ihn einen Lumpen und bezeichnete seine Wähler als Verrückte. So dauerte es nicht lange, bis er abgeholt wurde.

Er wurde verschleppt ins Konzentrationslager nach Dachau und als er zwei Jahre später wieder ins Dorf zurückkehrte, war er ein sehr schweigsamer Mann geworden. Auch auf Nachfragen erzählte er nichts über die Erlebnisse während seiner Inhaftierung. – Kein Wort, denn er wusste, dass er sonsten wieder ins KZ zurückgebracht würde. „Wenn Du wissen willst, wie`s ist, geh selber hin", war alles, was er auf Nachfragen antwortete. So überlebte Toni die Naziherrschaft und er wurde später, nach dem Kriege, von den Amerikanern sogar eine Zeitlang als Bürgermeister des Ortes eingesetzt.

Toni Lächel war in meiner Erinnerung ein ausgesprochen netter, freundlicher Mann. Ein Trompeter, mit dem ich mich als Bub gut verstanden habe, denn er verkaufte Schwarzbeeren und Pilze aus dem Wald, von denen ich ihm immer die besten bringen konnte, denn ich kannte mich im Wald ja aus und wusste, wo die besten Plätze lagen. Bei der Suche trug ich immer alte, stark gebrauchte Lederhosen. Erst wenn man die Lederhose nach dem Ausziehen in die Ecke stellen konnte, wenn sie dort alleine stehen konnte, erst dann war es eine richtige Lederhose!
In den 30er Jahren, nach meinen Erinnerungen noch vor Ausbruch des Krieges, wurden auch sieben Behinderte aus unserem Dorf abgeholt. Sie kamen nach Mainkofen und nach der offiziellen Auskunft sind sie dort an Herzversagen oder Lungenentzündung verstorben. Namentlich erinnern kann ich mich noch an den „Kittelkaspar", der in Frauenkleidern durch die Dörfer zog, als Scherenschleifer arbeitete und Uhren reparierte. Außerdem waren das der „Praßhans", dessen Vater und der „Häuser – Sepp". Sie alle wurden nach Mainkofen gebracht und kamen nie wieder zurück ins Dorf.
Schon als Kind wurde ich zum Mitläufer des Saldenburger Försters Ring, der mich gerne in den Wald mitnahm. Ich wurde durch diesen Förster im Laufe meiner Kindheit zum überzeugten Waldmenschen. Wenn Förster Ring ein Reh geschossen hatte, war ich immer in der Nähe. Ich musste es aufbrechen und herrichten, ich wurde ein richtiger Jager.
Wenn ein hohes Vieh der bayrischen Landesregierung wieder einmal auf die Idee kam, einen Rehbock zu schießen, wenn er also auf einen Hochsitz geschleppt wurde und ihm möglichst der beste Bock des Waldes vor die Flinte getrieben wurde, dann sperrten mein Schulfreund Berti Vogel, der ein Jahr jünger ist als ich und der auch noch lebt, wir beide also sperrten die Waldwege ab, um das Ganze nicht zu gefährden.
Meist begab sich der Prominente zunächst ins Wirtshaus und stärkte sich für die kommende Jagd. Wenn er den Gasthof dann verließ und uns begrüßte, führten wir ihn zum Hochsitz und falls er zum Schuss gekommen war, erhielt jeder von uns 5 Mark. Und was 5 Mark damals

für einen Wert hatten, das kann man heute nur vermuten; es war eine Menge Geld für uns.
Während der Nazizeit passierte es uns, dass wir einen Schützen nach dem Wirtshausbesuch mit einem „Grüß Gott" begrüßten. Der stauchte uns vielleicht zusammen: „Könnt Ihr nicht Heil Hitler sagen?!, ihr Saububen, ihr elendige!" Von da an mussten sich mein Freund Berti und ich umstellen, das „Grüß Gott" war nicht mehr zeitgemäß, aber das war uns damals, ehrlich gesagt, eigentlich wurscht.
Ich war im übrigen während meiner Schulzeit im Jungvolk, und später in der Hitlerjugend und ich muss ehrlich sagen, es hat mir unheimlich Spaß gemacht. Es war ja im Bayrischen Wald sonst nichts los! – Der Fremdenverkehr zum Beispiel setzte erst viel später ein.
Eine Abwechslung in unseren Ort brachte auch der Bau der sogenannten Ostmarkstraße in den späten 30er Jahren. Österreichische Arbeiter führten die Bauarbeiten dieser Aufmarschstraße aus, die von Passau über Grafenau an die tschechische Grenze führte. Die Arbeiter waren etwa ein Jahr lang in den privaten Haushalten untergebracht, wo ihr Aufenthalt eine kleine Aufbesserung der spärlichen Verdienstmöglichkeiten brachte.
Einmal in der Woche kam ein Nazi in Uniform und mit Hakenkreuzbinde zu uns in die Schule. Er bezeichnete sich als „Jugendausbilder" und die jungen Buben mussten alle zu ihm. Wir haben mit ihm gesungen und hatten eine Gaudi, wir wurden zu richtigen Nazis erzogen. Wie wir dann älter wurden, erklärte der Nazi uns, dass wir nun in der Hitlerjugend aufgenommen seien. Wir erhielten diesen braunen Kragenknopf und eine braune Krawatte und an der Seite, an einer Armbinde, trugen wir das Hakenkreuz. In der Hitlerjugend wurde mit uns viel Sport getrieben, wir hatten eine Mordsgaudi. Man zog ins Zeltlager, spielte „Räuber und Gendarm" im Wald, verbrachte die Abende mit Nachtwanderungen, Geländespielen oder saß am Lagerfeuer und es hat wahnsinnigen Spaß gemacht. Vor allem aber durften wir mit dem Karabiner schießen, was ich am besten von allen konnte. Ich habe geschossen wie ein Räuber!
Fast der gesamte Ort war in der Nazi – Partei. Förster Ring war der Parteikassier; der Lehrer war der Vorsitzende der Ortsgruppe, der sogenannte Ortsgruppenleiter und man konnte fast sagen, dass die Dorfintelligenz die Naziführung im Ort stellte. Wer nicht mitmachte, der war Außenseiter, der wurde weggeräumt.
Wir wurden älter und die Berufswahl kam auf uns zu. Zunächst aber musste ich ein Landjahr bei einem Bauern absolvieren. Beim Hitler

war das Pflicht und deshalb verbrachte ich ein Jahr bei einem Bauern im Sudetenland, an der tschechischen Grenze, in der Nähe von Pilsen.
Ich war bei einem wunderbaren Bauern, der prachtvolle Pferde hatte. Es gab immer genug zu essen, doch zu dieser Zeit wurden bereits die Knechte zur Wehrmacht eingezogen. Hitler war zur damaligen Zeit schon in Österreich einmarschiert und hatte das Sudetenland besetzt; der Einmarsch in die Tschechei stand bevor und man hatte uns schon darauf vorbereitet, beim nächsten Telefonanruf zu unserer Sicherheit das Sudentenland zu verlassen.
Bei dem Bauern waren auch zwei Arbeiter aus der Ukraine, bei denen ich ein paar Sätze russisch lernte. Einfach so aus Spaß. Doch dies sollte mir später einmal das Leben retten. Wenn einer mit mir reden wollte, verstand ich kein Wort, doch ein paar Sätze konnte ich auf russisch dahersagen. Die habe ich mir gemerkt und ich dachte damals noch nicht daran, wie sehr sie mir einmal nützen könnten.

Berufsausbildung und vormilitärischer Drill

Nachdem das Jahr bei dem Bauern vorüber war, ging ich kurz zurück in die Heimat und anschließend nach Nürnberg zur Berufsausbildung. Nürnberg wurde in dieser Zeit und vor allem noch 1945 durch Bombenangriffe total zerstört. Die gesamte Altstadt war ein einziges Trümmerfeld.
Schon im Alter von 16 Jahren musste ich von zu Hause fort zur vormilitärischen Ausbildung in eine Kaserne nach Fürth, um schießen zu lernen. Ich hab auch geschossen; wie ein Räuber! Mit dem Kleinkaliber – Gewehr war ich der Schützenkönig, so gut hab ich getroffen!
Schließlich kam der Befehl, dass ich zusammen mit vielleicht 100 weiteren Buben im selben Alter auf Lastwagen verladen wurde und nach Herrschbruck in der Fränkischen Schweiz gefahren wurde. Wir waren damals 16 Jahre alt. Dort erhielten wir eine vormilitärische Ausbildung. Das hat natürlich auch Spaß gemacht, denn das Essen war gut, wir durften schießen und wir übernachteten in Zelten. Ich muss sagen, ich war ein echter Nazi!
Meinen Einberufungsbefehl bekam ich bald darauf nach Fürth, wo ich zum „Ofenrohrschützen" ausgebildet wurde. Das „Ofenrohrgeschütz" – heute sagt man Bazooka zu der Waffe – war eine Weiterentwicklung der bisherigen Panzerfaust mit einem etwa 1,40 m langen Rohr, in dem ein Panzerabwehrgeschoss mit elektronischem Zünder abgeschossen wurde. An jeder Waffe waren zwei Mann eingesetzt.

Ein Schütze und ein zweiter Soldat, der den Stecker mit dem Zünder aufstecken musste, um die Waffe abschussbereit zu machen. Der zweite Mann hatte auch die Aufgabe, die Geschosse mitzuschleppen. Das waren in der Regel sechs Granaten.
Im Gegensatz zur alten Panzerfaust hatte die Waffe ein Schutzschild, ein Visier durch das man hindurchschauen konnte und das so massiv war, dass es sogar Schutz vor Splittern bot. Vor allem aber verhinderte es Verbrennungen im Gesicht des Schützen, die durch die Hitzeentwicklung beim Abschuss des Geschosses sonst hätten entstehen können.
Geübt wurde das Abschießen der Rakete in einem Steinbruch. Eine Lore wurde mit Steinen gefüllt und an einem Stahlseil die Steinbruchwand heruntergelassen. Auf diese Lore feuerten wir und auch hier war ich wieder einer der besten Schützen.
Wir konnten mit der „Ofenrohrwaffe" bis zu 400 Meter weit auf Ziele schießen; aber man musste die Waffe beherrschen. Man musste damit umgehen, damit schießen können. Auch im Häuserkampf wurde diese Waffe eingesetzt, wo sie eine furchtbare Zerstörungsgewalt entwickelte.

Mit dem „Ofenrohr" habe ich später drei russische Panzer abgeschossen. Den T 34 konnte man packen, wenn man an der Seite oder von hinten den Panzerturm traf. Die Panzerwaffe bohrte sich dann durch die Panzerung und explodierte im Inneren. Die Panzerbesatzung ist dabei verbrannt.
Gefährlich war es, wenn russische Infanterie auf den Panzern saß. Fünf, sechs, ja bis zu zehn Mann, die bei Beschuss sofort absprangen und auf uns schossen. Wenn sie den Absprung aber verpassten, wurden sie durch einen Bazooka – Treffer in die Luft geschleudert und zerrissen.
Wir lagen in den Häusern drin und versuchten, den ersten Panzer zu erwischen. Der konnte dann nicht mehr umkehren. Den ersten, den mittleren oder den letzten Panzer! Als auf russischer Seite später der T 64 eingesetzt wurde, drang unsere Panzerwaffe von vorne nicht mehr durch die Panzerung durch. Man konnte nur versuchen, von der Seite oder von hinten auf das Laufwerk zu schießen, damit dieses von der Granate zerrissen wurde. Der Panzer drehte sich dann nur noch im Kreis und war ein leichtes Ziel für die PAK. Überhaupt war die PAK viel zielsicherer als wir. Sie bot aber selber auch ein viel größeres Ziel.

Die Ausbildung in Fürth dauerte nach meiner Erinnerung nur etwa vier Wochen. Danach ging ich wieder zurück nach Nürnberg und ich besuchte eine Schule zur Vorbereitung auf das Abitur. Förster Ring hatte mir dazu geraten. Er wollte, dass ich Förster werde. Die Schule dort war kostenlos, alles wurde vom Staat bezahlt. Abends aber war der Besuch der Nazi – Versammlungen Pflicht. Die Hitler – Jugend beanspruchte den größten Teil unserer Abende. Dennoch: Wir waren angesehene Burschen – wir waren Nazis! Vor dem Abitur allerdings, im Alter von 17 ½ Jahren, musste ich wieder zu einer militärischen Übung. Ich durfte noch einmal nach Nürnberg zurück, musste die Schule ohne Abitur abbrechen und man sagte uns, dass es nicht mehr lange dauern würde, bis wir eingezogen werden.

Mit Göring am Lagerfeuer

Wir waren alle Jahrgang 1925 und wir wurden nie fest in eine Division eingegliedert. Wir waren die „Ofenrohrkompanie", 109 Mann stark, unter Führung von Hauptmann Engelmann, immer zur besonderen Verfügung einsatzbereit. Unser Hauptmann hat den Einsatz auch mit dem Leben bezahlt. In tausend Stücke hat ihn ein Artilleriegeschoss zerrissen, als er zu leichtsinnig einen Graben verließ und eine Granate vor ihm einschlug.
Zunächst wurden wir von Nürnberg aus in Richtung der Masurischen Seen verlegt. In voller Ausrüstung! Jeder Soldat erhielt als Bewaffnung eine Maschinenpistole, zwei Stielhandgranaten und zwei Eierhandgranaten. Eine links und eine rechts. Wir waren dort im Winter 1943 / 44 und im darauf folgenden Frühjahr. Das war ja damals noch Deutschland und die Russen waren noch weit weg.

In dieser Zeit kam einmal Hermann Göring zu einer Treibjagd in die Gegend, um einen Elch und einen Hirsch zu schießen. Wir mussten dazu das Gebiet absperren. Alle 150 Meter wurde ein Soldat postiert, um die Jagdgesellschaft abzusichern. Die ganze Angelegenheit dauerte wohl einen Tag und eine halbe Nacht und am Abend saßen wir mit Göring zusammen und feierten dessen Jagdglück. Er mitten unter uns in seinen Lederhosen!
Es gab alles vom Besten. Essen und Trinken, was man sich nur vorstellen kann, zu rauchen gab es genug und wir deckten uns reichlich mit Zigarren ein, sehr zum Ärger der Ordonanzen, diesen blöden Hammeln, die versuchten uns einzuschüchtern. Aber bei mir hatten sie damit keinen Erfolg.

Man konnte mit Göring an diesem Abend ungeschminkt über alles reden. Wir fragten nach den Flugzeugen, denn man wusste ja von den Luftangriffen der Amerikaner auf die deutschen Städte. Göring saß mit seiner Lederhose mitten unter uns und vertraute uns an, dass neue Waffen in Kürze zum Einsatz kämen, was wir ihm gerne glaubten. „Ihr werdet noch Augen machen, ihr werdet noch staunen" versprach er – und er hatte recht. Wir machten schon bald danach tatsächlich große Augen und staunten – aber anders, als Göring und wir uns dies damals ausgemalt hatten. Damals aber glaubten wir Göring und ich war fest davon überzeugt, dass bald schon Wunderwaffen zum Einsatz kommen würden.

Kriegseinsatz in Russland

Von den Masurischen Seen aus wurden wir über Nacht verlegt in Richtung Kiew. Die Russen hatten Kiew bereits erobert und die Sibiriaken hatten die Deutschen aus der Stadt hinausgeworfen. Nun kamen wir mit unseren 109 Mann, wurden der dortigen Division unterstellt und sollten unsere Spezialwaffe im Häuserkampf einsetzen. Man schätzte die Waffe als hierfür hervorragend geeignet ein, obwohl wir für diesen Kampf überhaupt nicht ausgebildet waren. Man sagte uns: „Ihr müsst uns helfen, schießt auf die Wände, schießt auf die Fenster!" Wenn wir in ein Haus schossen, zerriss es durch den Explosionsdruck den Russen die Lunge.
Was ein Häuserkampf ist, kann man sich heute überhaupt nicht vorstellen. Im 1. Stock saßen die Russen, im Parterre wir. Sie warfen die Handgranaten nach unten und wir schossen mit der Panzerfaust nach oben. Tote, Tote, fragt nicht nach, was wir an Leuten verloren haben! Die Russen haben sich gewehrt. Die Sibiriaken! Lauter junge Kerle, genauso wie wir. Ich war damals 18 ½ Jahre alt!
Angst durfte man aber nicht haben. Bei diesem ersten Einsatz bei Kiew hat es hinten und vorne, oben und unten geknallt und gekracht und ich möchte nicht wissen, wie viele von uns sich dabei in die Hosen gemacht haben.
Wenn wir von außen durch ein Fenster schossen und die Granate auf eine Zimmerwand traf, explodierte das Geschoss und wer in dem Zimmer war, den zerriss es. Das Ofenrohrgeschoss war für den Häuserkampf eine ausgezeichnete Waffe. Alles fiel in Schutt und Asche. Kiew, eine einst wunderbare Stadt und es war alles kaputt! Man kann sich das heute gar nicht mehr vorstellen, denn die Stadt ist wieder wunderschön aufgebaut und hergerichtet.

Der Russe war aber so stark, dass er uns aus dem Ort hinausgeworfen hat. Hinter Kiew fing sich die Front dann wieder und wir mussten uns eingraben. Löcher, 2 m breit, 1,90 m bis 2 m tief. Auf etwa 80 cm Höhe gruben wir uns auf der Seite ein Schlafloch, das wir mit schwarzer Erde auslegten und über das wir unsere Zeltplane zogen. Auf diese Weise wurden wir nicht nass, wenn es regnete. Die schwarze Erde war warm und mit dem Stahlhelm als Kopfkissen hatten wir es fast bequem in unserem Loch.
In diesen Unterstand hinein sprang an einem Abend ein Soldat, der sich damit einem direkten Artilleriebeschuss zu entziehen suchte. Mit Karacho stürzte er sich in unser Loch! „Du Arschloch, kannst nicht Obacht geben," wurde er wenig freundlich von mir begrüßt. Der Besuch konnte zunächst wegen des Beschusses nicht mehr weiter, musste in unserer Behausung übernachten und er schlief zusammen mit einem von uns in dem Seitenloch.
Als der Fremde am anderen Morgen die Schlafstelle und seinen guten Schlaf darin in den höchsten Tönen lobte, bemerkten wir mit der zunehmenden Helligkeit die Rangabzeichen unseres Gastes und sahen, dass es sich bei ihm um einen leibhaftigen General persönlich handelte. Oh Gott, war das peinlich, vor allem wenn ich an die Begrüßung des Gastes am vergangenen Abend dachte! Meine Entschuldigung hierfür nahm er lachend entgegen und er erkundigte sich nach unserem Wohlbefinden.
Unsere Klage über das Essen, über oftmals ausfallende oder kalte Verpflegung muss er umgehend weitergegeben haben, denn in den darauf folgenden Wochen war die Verpflegung so üppig, wir konnten gar nicht alles essen, was uns nach vorne geliefert wurde.
Wir waren im übrigen auf Draht und auf uns war Verlass, wenn der Kompaniechef uns einen Auftrag erteilte. Aber diese Aufträge waren oft sehr gefährlich, ich habe es gefürchtet, wenn wir nach vorne geschickt wurden, um zu erkunden, wo der Russe steckt. Man schlich durch die Gegend und konnte jederzeit von irgendwo her beschossen werden.
Mein Freund Karl und ich wurden in einer Nacht nach vorne geschickt. Über eine Brücke in ein Dorf, wo wir feststellen sollten, ob sich darin Russen versteckten. Das Dorf bestand aus strohbedeckten, kleinen Bauernhäusern, die friedlich dastanden und nichts, aber auch gar nichts deutete auf feindliche Soldaten hin. Um unserem Auftrag einen zeitlich ausgedehnten Rahmen zu verschaffen, gingen wir in eine Scheune, in der eine Dreschmaschine stand und setzten uns

ins Heu. Wir wollten dort zwei, drei Stunden ausruhen, um dann bei unserer Einheit die Friedlichkeit des Dorfes zu melden.
Wir hatten uns kaum ins Heu neben der Dreschmaschine gesetzt, als an dieser plötzlich mit lautem Knall von innen ein Deckel geöffnet wurde. Eisen knallte furchtbar laut auf Eisen und ein Mensch entstieg der vermeintlichen Dreschmaschine. Es war ein russischer Soldat, der an uns vorbei nach draußen zum Austreten ging. Nachdem er sein Geschäft erledigt hatte, kam er wieder zurück, bestieg wieder seinen Panzer, denn um einen solchen handelte es sich bei der Dreschmaschine in Wirklichkeit und knallte den Turmdeckel wieder zu.
So erschrocken bin ich selten in meinem Leben. In dem scheinbar friedlichen Dorf standen russische Panzer ohne Ende! Wir schlichen uns zurück zu unserer Einheit und meldeten das Gesehene. Geschütze wurden zusammengezogen und am anderen Morgen wurde das ganze Dorf von unserer Artillerie niedergemacht. Da blieb kein Panzer mehr übrig. Alles ist verbrannt! Alles war kaputt! Es sollen 124 Panzer bei dem Artilleriebeschuss vernichtet worden sein.
Auf dem Rückzug wurde ich von Hauptmann Engelmann einmal zur Feindaufklärung zurückgeschickt. Leichtsinnig, wie ich war, stand ich nicht schussbereit hinter einer Wegbiegung plötzlich einem russischen Soldaten gegenüber, der zwar auch bewaffnet; aber offensichtlich genauso überrascht und nicht feuerbereit war, wie ich. In etwa 20 Metern Entfernung belauerten wir uns gegenseitig und wussten nicht, was wir machen sollten. Er hatte die Maschinenpistole am langen Arm umgehängt und ich auch.
Er grinste mich an! Ich grinste zurück! Er ging einen Schritt rückwärts! Ich tat dasselbe! Er einen zweiten Schritt nach hinten! Ich auch, und als ich so Schritt für Schritt wieder an der Wegbiegung angelangt war, machte ich mich schnellstens aus dem Staub. Meinen Auftrag hatte ich ja erfüllt, ich konnte melden, dass der Russe dicht hinter uns ist. Wäre ich schussbereit gewesen oder er, jeder hätte den andern wohl über den Haufen geschossen. So kann auch etwas gehen! Glück musste man schon auch haben.
Bei einem Spähtrupp in ein russisches Dorf waren mein Freund Karl und ich wieder einmal unterwegs und wir wurden von einem Bauern in sein Haus eingeladen. Draußen war es bitter kalt, drinnen war eine wohlige Wärme. Unterhalten konnten wir uns nicht; er sprach kein Deutsch, von uns keiner wirklich russisch. Unten in der Stube saß nun der Bauer mit uns beiden, oben lag die Bauersfrau mit ih-

ren Töchtern. Wir tranken mit dem Bauern Schnaps und erwischten wohl etwas zu viel, denn wir schliefen ein! Irgendwann weckte uns der Bauer. Der hätte uns glatt umbringen können! Zum Dank besorgten wir ihm am nächsten Tag für sein Panje – Wägelchen vier neue Reifen, die wir von zwei zerschossenen Kanonenlafetten abgeschraubt hatten.

In dieser Gegend wurde ich einmal von einem Russen beschossen. Ich stand hinter einem Baum und konnte mich nicht mehr hinlegen, weil der Russe mit seinem Maschinengewehr auf mich schoss. Einen ganzen Gurt feuerte auf mich ab. Die Baumrinde spritze durch den Beschuss auf der linken Seite des Baumes weg und Holzsplitter fuhren mir ins Knie, wo sie bis heute zwei Narben, groß wie ein Daumen hinterlassen haben. Der Baum war mein Lebensretter, der Wald war schon immer mein Freund. Die beiden Holzsplitter konnte ich mit der Hand aus der Haut herausziehen.

Ich habe heute noch Granatsplitter in meinem Körper, bestimmt 30 habe ich noch drin, die wandern und erst die letzten Tage habe ich einen aus dem Körper herausgebohrt. Ich gehe nicht zum Doktor deswegen; der will mich wegen der Splitter nur ins Krankenhaus schicken!

Eine Auszeichnung erhielt ich, als eines Tages vier russische Panzer im Abstand von jeweils 20 bis 30 Metern auf uns zufuhren. Den ersten erwischte ich von der Seite, die Granate durchschlug die Panzerung und der Panzer brannte. Der vierte Panzer drehte daraufhin um, die beiden anderen fuhren in ein Haus, wo der eine Panzer sich durchwühlte und entkam, während wir den dritten dort ebenfalls erwischten.

Jeder Bazooka – Führer von uns hatte eine Maschinenpistole und er war außerdem mit Handgranaten bewaffnet. Diese sollte man nicht auf der Bauchseite hängen lassen, da immer die Gefahr bestand, dass das Ofenrohrgeschoss zu spinnen anfing, zu große Hitze entwickelte oder sich zu drehen begann und dass dies die Handgranaten zur Explosion brachte.

Die Russen hatten uns bereits eingekesselt, was wir aber noch nicht wussten. Eine ganze Division und darunter auch die Reste unserer Kompanie. Von allen Seiten erfolgte der Angriff und wir mussten uns verteidigen. In einer Nacht forderten die Russen uns über Lautsprecher zur Übergabe auf. „Deutsche Soldaten, seid nicht so dumm! Ergebt euch, sonst seid ihr morgen tot, denn morgen erfolgt ein Totalangriff!"

In russischer Gefangenschaft

Ich muss ehrlich gestehen, wir waren eigentlich froh, dass unser General, der die ganze Bande geführt hat, sich dem Russen ergeben hat. „Hände hoch! Waffen alle wegwerfen!" - und mit etwa 5000 Leuten wurden wir in einem Barackenlager eingesperrt. Mit einem Zaun ringsherum und Hochtürmen, bestückt jeweils mit einem Maschinengewehr.

Wir mussten uns ausziehen und wurden durchsucht, damit ja niemand eine Waffe oder Munition ins Lager mitnimmt. Unsere Personalien wurden aufgenommen. „Wie heißt du? Wo kommst du her? Wie alt bist du?" und so weiter. An Stelle unserer Uniformen erhielten wir graue Hosen mit aufgemalten weißen Buchstaben. Ein Buchstabe auf jedem Knie; einer auf dem Rücken und zwei vorne auf der Brust. Es gab, um es so zu sagen, wie wir es fühlten: Nichts zu fressen und nichts zu saufen! Es gab kein Bett und es war saukalt.

Schließlich ging das Gerücht um, wir kämen alle nach Sibirien ins Bergwerk! So eine Meldung verbreitet sich schnell in einem Lager und es herrschte helle Aufregung. Es kam schließlich von den Deutschen die Parole durch: „Wir brechen heute Abend aus!"

Ich war immer noch mit meinem Partner Karl von der Ofenrohrwaffe zusammen und uns schloss sich ein dritter an, der seinen Partner verloren hatte. Das Tor des Lagers war vielleicht 30 m breit. Alle paar Meter ein Wachturm mit Dach und einem Maschinengewehr. Wir drei vereinbarten, dass wir uns einhängen, wenn die Flucht losginge. Wir hatten Angst, dass wir bei dem bevorstehenden Gedränge am Tor zu Tode getrampelt würden.

Ich bestimmte, was geschehen sollte, ich machte mich zum Anführer unseres Trios, beschloss, dass wir nicht nach Westen, sondern nach Osten fliehen wollten, wenn wir durch das Lagertor hindurch kommen sollten.

Es war schon halb dunkel, als die ganze Masse aus dem Tor hinausstürzte und die Wachmannschaft voll in die Menge hineinschoss. Hunderte wurden dabei erschossen, doch wir drei hatten Glück, kamen durch und flohen weiter Richtung Osten, Richtung Moskau in der Hoffnung, dass uns dort niemand suchen würde. Alle die nach Westen flohen, wurden wohl früher oder später erwischt und getötet.

Auf der Flucht

Wir versteckten uns zunächst in einem Wald und horchten, ob wir verfolgt werden, aber nichts war zu hören. Kein Schuss, kein Ge-

räusch, kein Mensch war hinter uns her, auch kein anderer Deutscher war in der Nähe. Alle anderen waren Richtung Westen geflohen.
Als es wieder hell wurde, sahen wir hunderte deutsche und russische Soldaten liegen. Alle tot. Ich zog einen russischen Offizier mit breiter Ordensspange an der Brust pudelnackt aus und stieg in seine Uniform, die mir wie angegossen passte. Eine eindrucksvolle Offiziersmütze, Ohrenschützer, eine wunderbare Weste und nicht zuletzt die breite Ordenspange - ich sah aus wie ein richtiger Russe und forderte auch meine Freunde auf, sich russische Uniformen anzuziehen. „Wenn uns Russen erwischen, bringen sie uns ohnehin um und wenn die Deutschen uns erschießen, haben wir einfach Pech gehabt!"
Auch meine Kameraden zogen sich russische Uniformen an. Ich brach noch von etwa 50 toten deutschen Soldaten die Erkennungsmarke ab und nahm diese mit auf unsere Flucht. Mit diesen Erkennungsmarken, die ich später beim Roten Kreuz abgab, hatte ich nach dem Kriege noch mehrmals Probleme, weil Angehörige der Gefallenen von mir Todesumstände oder Lage von Gräbern wissen wollten. „Du musst doch wissen, was passiert ist, gibt es ein Grab?" Ich musste auch einmal beim Roten Kreuz vorsprechen, doch ich konnte lediglich auf einer Landkarte ein Kreuz einzeichnen, das ungefähr den Ort markierte, an dem wir uns damals befanden. Irgendwo in der Nähe von Kiew! Weitere Auskünfte konnte ich natürlich nicht erteilen, ich hatte ja nur die Erkennungsmarken abgebrochen und die eine Hälfte mitgenommen.
Wir bewaffneten uns damals außerdem mit russischen Waffen. Ich hatte eine Kalaschnikow, zwei Pistolen und sechs oder sieben Eierhandgranaten in den Taschen. Außerdem suchten wir bei den Toten noch nach Lebensmitteln, die wir einsammelten und mit auf unsere Flucht nahmen. Schokolade, Brot, Wurstdosen, alles, was wir finden konnten.
So ausgerüstet machten wir uns nun auf den Weg in Richtung Front, in Richtung Westen. Dabei gingen wir nur nachts, orientierten uns am Polarstern und am Großen Wagen, versteckten uns bei Tage in den Wäldern oder in Heuschobern, denen wir uns im Schnee rückwärts näherten. Mit Zweigen versuchten wir, unsere Spuren zu verwischen, unterstützt vom Wind, der fast immer wehte.
Wenn wir zum Schlafen einen Heuschober gefunden hatten, stiegen wir auf diesen hinauf, unter unserem Gewicht brach die obere Schicht aus Schnee und Eis ein und wir rutschten ins Innere, wo sich bald eine wunderbare Wärme entwickelte.

Die Flucht nach Westen war allerdings schwierig. Wir konnten ja niemanden nach dem Weg fragen und wenn Du an einer Kreuzung stehst, kannst Du die Straßennamen ja nicht lesen. Auch russische Straßenkarten waren nutzlos. Kiew ja, das war noch zu entziffern, aber alles andere war einfach unlesbar für uns.
So dauerte es 19 Wochen, bis wir wieder auf Deutsche stießen! 19 Wochen Flucht hinter der Front, die zu der Zeit bereits durch Polen verlief, immer in Richtung Deutschland. Wir waren jung, dumm und hatten unbeschreibliches Glück.
Irgendwann kamen wir an eine Brücke, die von vier oder fünf Polen bewacht wurde. Ein Überqueren des Flusses durch das Wasser kam nicht in Frage, es war hierzu noch viel zu kalt. Ich nahm alle meine Russischkenntnisse zusammen und fauchte einen der Polen mit tiefer Stimme an: „E di soda!" (Kommen sie her) Der Mann kam zu mir her und redete mich auf polnisch an. „Kara schoo" (gut), entgegnete ich; die Polen traten zur Seite und wir gingen auf der Brücke etwa 20 Meter hinüber ans andere Flussufer.
An einer weiteren Brücke bewachten etwa 20 Polen den Übergang. Das war dann doch sehr gefährlich, denn manche Polen sprachen ja auch russisch und es bestand die Gefahr, dass wir dadurch entdeckt worden wären. Nachts schlichen wir uns ans Ufer, zündeten Handgranaten und warfen diese hinüber ans andere Ufer des Flusses. Wumm, eine Eierhandgranate nachts wirkt wie eine Bombe! Die Polen sprangen über die Brücke hinüber, weil sie vermuteten, dass dort Deutsche seien, und wir hatten freien Weg, um ungestört ans andere Ufer zu gelangen.
Ein Problem auf der Flucht war natürlich die Ernährung. Der Mensch kann nicht wochenlang ohne warme Nahrung leben und so hüteten wir die wenigen Streichhölzer, die wir dabei hatten, sorgsam. Wir liebten die Streichhölzer, wie eine Frau!
Auf der Flucht erkrankte unser dritter Mann, Willy, an der Ruhr. Wir brauchten dringend warmes Essen zur Linderung und so stahlen wir uns an einem Haus einen Hasen aus einem Stall. Wenn mir heute einer sagt, ich solle rohes Hasenfleisch essen, ich würde es nicht hinunterbringen. Aber damals packten wir das Tier, schlugen es tot, zogen ihm das Fell ab und verschlangen den Hasen noch warm und roh. Besonders am hinteren Schlegel des Hasen war Fleisch dran und das war schön warm! Es war allerdings nicht zu beißen und zu kauen, man musste es hinunterschlingen.
Willy aber wurde immer schwächer. Er wollte nicht mehr, wir sollten ohne ihn weitergehen, er wollte sich erschießen. Wir weigerten uns;

entweder alle oder keiner. Unsere Flucht war bis zu diesem Punkt glücklich verlaufen, wir wollten es auch weiter gemeinsam versuchen. Deshalb gab es für Willy nun Holzkohlereste zu essen. Wir zerrieben die Holzkohle unseres Lagerfeuers, gaben Brotbrösel dazu und kochten den Brei mit Wasser ab. Das gaben wir Willy zu essen und wie durch ein Wunder wurde seine Verfassung besser und besser. In Stuhlgang und Urin war bald kein Blut mehr, das Essen schmeckte ihm wieder und er wurde wieder kräftiger und fast gesund.
Auch die Läuseplage war eine unheimliche Last. Von unten bis hinauf zu den Ohren. Man konnte sich ja wochenlang nicht waschen. Die Stiefel wurden so gut wie nie ausgezogen, wir verfaulten förmlich.
Auf Bauernhöfen stahlen wir saubere Wäsche von der Leine. Mal hatten wir Glück und sie passte, oft aber war sie zu groß oder zu klein. Aber es musste gehen und so schlugen wir uns immer weiter durch nach Westen. Karl war ja so frech. Karl war ein Rambo! Er schlich sich auch in die Häuser und stahl, was wir zum Überleben brauchten. Noch während der Bäcker in einem Dorfe beim Backen war, schlich er sich in die Bäckerei hinein und stahl zwei Laib Brot. Das noch warme Brot schmeckte herrlich.
Irgendwann nach 19 Wochen Flucht hörten wir in Polen die Abschussgeräusche der schweren Artillerie, denen wir folgten und denen wir uns näherten. Es war russische Artillerie, an der wir uns vorbei schlichen, bis wir in einer Nacht in ein Feuergefecht gerieten und von zwei Seiten auf uns geschossen wurde. Sicher zehn Minuten lang schoss die gesamte Front um uns herum wie verrückt aufeinander.
Wir lagen auf dem Bauch und schrien schließlich: „Hört auf, hört auf, wir sind doch Deutsche!" Ein Feldwebel, dem ich noch heute dankbar bin, erkannte die Lage richtig, befahl die Einstellung des deutschen Feuers in seinem Bereich und forderte uns lautstark auf, zu ihm herüber zu kriechen. So landeten wir unversehrt im deutschen Schützengraben.

Zurück in der Wehrmacht

Wir waren nun also wieder bei den Deutschen, doch was war das für ein ungleicher Kampf. Auf unserer Seite kaum Panzer, keine Flugzeuge und der Russe drang immer weiter vor. Dieser Hitler hat uns schwer in die Bredouille geschickt!
Auch die Reste unserer alten Einheit, „der Ofenrohrkompanie", trafen wir in diesem Abschnitt der Front wieder. Ungefähr 180 km von der Stelle entfernt, an der wir wieder auf Deutsche getroffen waren.

Von den ursprünglich 109 Mann waren gerade noch 9 Kameraden übrig. Alle anderen waren gefallen, verwundet oder vermisst.
Wir wurden in diesem Frontabschnitt erneut eingesetzt, doch wieder war die Übermacht der Russen zu groß, sie stießen rechts und links an uns vorbei und wir wurden wieder eingekesselt. Wie hätten wir die Russen denn aufhalten sollen. Es kamen Tausende aus ganz Sibirien. Wir nannten sie Sibiriaken, sie waren genauso stiernackig wie wir aus dem Bayrischen Wald.
Der kommandierende Oberst war ein ebenso vernünftiger Mensch, wie der General Monate zuvor. Nachdem es sich gezeigt hatte, dass der Widerstand aussichtslos war, dass von den versprochenen neuen Waffen weit und breit nichts zu sehen war, übergab er seine Truppe an die Russen und ich war erneut in Gefangenschaft. Vorausgegangen waren nächtliche Übergabeaufforderungen, die von einer deutschen Propagandaeinheit auf russischer Seite über Lautsprecher verkündet wurden. „Übermorgen seid ihr tot, wenn ihr nicht aufgebt. Wir sind euch haushoch überlegen und ihr seid doch nur noch auf dem Rückzug, " forderten sie uns zur Kapitulation auf.
Wir ergaben uns also wieder, mussten alle Waffen abgeben und in 10er Reihen Richtung Osten marschieren. Unter den Gefangenen der Karl, der Willy und ich. Wir drei waren immer noch eine unzertrennliche Bande.
Wir wurden nur sehr unzureichend bewacht, denn nur etwa alle 100 Meter begleitete ein russischer Wächter auf jeder Seite der Kolonne den Zug der Gefangenen. Während des Marschieren verabredeten wir deshalb, möglichst schnell wieder abzuhauen. Wir kamen durch einen Wald und hielten uns in der Marschkolonne auf der rechten Seite. Ein verabredetes Zeichen und „Bums", waren wir drei im Walddickicht verschwunden.
Die Russen schossen wie verrückt hinter uns her, es scherbelte und es rauschte ein wenig um uns herum, doch wenn du einmal im Gebüsch drin bist und auf dem Boden liegst, hast du gute Chancen zu entkommen. Mit den Schüssen auf uns schienen die Wächter ihre Pflicht erfüllt zu haben, denn niemand suchte weiter nach uns, den Russen war es offensichtlich egal, ob sie ein paar Gefangene mehr oder weniger hatten.
Für uns drei ging es nun also wieder los. Durch Polen hindurch Richtung Westen. Wiederum waren wir nur nachts unterwegs und wieder stahlen wir unser Essen und neue Kleidung bei den Bauern. Es gab nur eines für uns: Nach Westen, heimwärts. Zunächst waren wir ja

hinter den russischen Linien und wir sahen Schreckliches, was diese Truppe angerichtet hat. Polnische Frauen wurden von ihnen genauso vergewaltigt wie deutsche. Es war schrecklich.

Kriegsende und Heimkehr

Bis zum 8. Mai, dem Kriegsende, hatten wir uns bis in die Nähe der Elbe durchgeschlagen und in Wittenberge bildete dieser Fluss ein unüberwindliches Hindernis, denn die Russen bewachten sämtliche noch benutzbaren Brücken. Sie ließen niemanden ohne Kontrolle passieren. Wir knüpften deshalb unsere drei Zeltplanen, die wir bei uns hatten, zusammen und füllten sie mit Heu. Obenauf banden wir unsere Habseligkeiten und überquerten so die im Mai noch sehr sehr kalte Elbe, ohne dass uns die Russen bemerkten.

An der Mulde, einem Nebenfluss der Elbe, der die Grenze zwischen der russischen und der amerikanischen Besatzungszone bildete, hatten wir erneut das Problem des Übersetzens. Einen Fischer baten wir, uns aufs andere Ufer hinüberzunehmen, doch der weigerte sich zunächst und behauptete, die Amerikaner würden alle Boote beschießen, die auf ihrer Flussseite anlegen wollten. Wir verhandelten mit ihm und drohten ihm, sein Boot zu versenken, wenn er uns nicht mitnähme; wir hatten ja immer noch Eierhandgranaten bei uns.

Er ließ uns zusteigen und auf dem Fluss wurden wir zwar beschossen, doch es hatte nicht den Anschein, als hätten die Amerikaner uns treffen wollen. Die Schüsse gingen weit über unsere Köpfe hinweg, wir kamen ans andere Ufer und machten uns an der Böschung entlang aus dem Staub.

Es kam nun die Zeit für den Abschied! Unsere Wege trennten sich. Ich ging Richtung Bayrischer Wald; Karl Lehrrieder, den ich immer Karre genannt hatte, ins Sudetenland und Willy Waldzeck wollte Richtung Wien. Es gab Tränen beim Auseinandergehen! Willy habe ich nie wieder getroffen. Ich habe nie wieder etwas von ihm gehört.

Vom Schicksal Karls hörte ich erst viele Jahre später durch einen Flüchtling aus dem Sudetenland. Von ihm erfuhr ich, dass Karl in der Tschechei zusammen mit seinen Eltern erschlagen wurde, nachdem er nach Hause gekommen war. Die Eltern hatten Grundbesitz gehabt, er wusste ja nicht, was ihn dort erwarten würde. Er wollte ja nur nach Hause.

Ich machte mich also weiter auf den Weg Richtung Bayrischer Wald. Bei einem Bauern stahl ich Hemd, Hose, Jacke, Bügelsäge, eine Axt

und ein Beil. Die Kleidung tauschte ich mit meiner Uniform. Wenn ich nun ein Auto hörte, war klar, dass es sich um Amerikaner handeln musste, denn Deutsche hatten ja keinen Treibstoff um zu fahren. Bei einem Fahrzeuggeräusch also verließ ich die Straße schnellstmöglich, nahm die Säge in die Hand, ran an den nächsten Baum und Sägebewegungen wie narrisch! Die Amerikaner vermuteten in mir einen Waldarbeiter und beachteten mich nicht.
Einmal aber hatte ich beinahe doch noch Pech mit den Amerikanern. Ich war nur noch etwa 15 km von zu Hause weg und kannte mich in der Gegend bereits aus, als ich am Rande eines Waldweges einen amerikanischen Soldaten überraschte, der dort mit einem deutschen Mädchen beschäftigt war. Der Amerikaner ging mit dem Gewehr auf mich los und erst auf Vermittlung des Mädchens schickte mich der Ami schließlich weg.
Den nächsten Menschen, den ich nach diesem Zwischenfall traf, war der alte Lehrer unseres Ortes. Mein früherer Lehrer. „Karl, um Gottes, Himmels Willen, wo kommst Du her? Geh nicht heim, die Amerikaner verhaften alle ehemaligen deutschen Soldaten und übergeben sie den Franzosen, die sie nach Frankreich bringen zum Arbeiten!"

Der Lehrer versprach, meine Mutter von meiner Rückkehr zu benachrichtigen und ich wartete ab, bis es dunkel war. Dann schlich ich mich ins Dorf und meine Mutter ließ mich ins Haus. Ich war wieder zu Hause, hatte den Krieg wie durch ein Wunder überlebt.

Endlich wieder zu Hause
Mutters Freude war natürlich riesig, doch die Probleme waren noch lange nicht vorbei, denn ich musste mich schließlich verstecken und natürlich hatte ich deshalb auch keine Essenmarken. Auch der neue Bürgermeister des Ortes, ein ehemaliger Kommunist, gab uns den eindringlichen Rat, dass ich mich versteckt halten sollte, was ich schließlich zunächst auch machte.
Nach etwa vier Wochen wurde bekanntgegeben, dass alle ehemaligen Soldaten nach Sorndorf bei Grafenau kommen sollten, sie würden dort Entlassungspapiere erhalten. Dann sei der Krieg für sie vorbei. Ich traute der ganzen Sache nicht, fragte mich, wie lange die Entlassungsprozedur wohl dauern würde und nahm zur Vorsicht schon einmal einen Laib Brot mit. Außerdem einen Rucksack und eine Decke. Nach Sorndorf sollte es also gehen. 28 km zu Fuß, zu den Amerikanern. „Nix gut, go home!", wurde ich dort an der Kaserne von dem

Wachsoldaten begrüßt. Ich war nicht allein und blieb. Viele deutsche Soldaten warteten auf ihre Entlassungspapiere und die älteren erhielten dieselben auch schnell und unbürokratisch. Dies hätte mich eigentlich warnen sollen, denn den jüngeren wurden die Entlassungspapiere zunächst verweigert.
Ein Oberst Smith, ein emigrierter Jude, der fließend Deutsch sprach, verhörte mich und erklärte mir, dass ich nur so lange bleiben müsste, bis ich die Bewaffnung der russischen Armee aufgezählt und beschrieben hätte. Ich musste ihm alle russischen Waffen erklären, die ich im Krieg kennen gelernt hatte und danach sollte ich meine Entlassungspapiere erhalten. Er hat sein Wort nicht gehalten, er hat mich vielmehr veralbert, wie sich später zeigte.
Die Vernehmungen dauerten etwa eine Woche, in der ich gut und reichlich zu essen bekam. Übernachtet wurde im Freien. Gott sei Dank hat es nicht geregnet. Dem Oberst erzählte ich, dass ich in Russland niemanden erschossen hätte, dass ich nur davongelaufen sei. Schließlich erklärte er mir, dass ich nach Passau zur Entlassung gebracht werden sollte.
Zusammen mit etwa 60 bis 80 anderen wurde ich auf die Ladefläche eines riesigen Lastwagens verladen und ab ging es Richtung Passau in die vermeintliche Freiheit. Ein Amerikaner saß am Steuer des LKWs und bewacht wurden wir nur von einem einzigen weiteren amerikanischen Soldaten. Wir befuhren die Ostmarkstraße Richtung Passau.
Zu fliehen wäre ein Leichtes gewesen. Wir kamen auf der Fahrt nur in etwa 2 km Entfernung an meinem Heimatdorf vorbei. Ich sah die Saldenburg und hätte jederzeit abspringen können, denn der Lastwagen fuhr langsam auf der kurvigen Strecke durch den Bayrischen Wald, aber ich sah keinen Grund zur Flucht. In Passau sollte ja die endgültige Freiheit winken – zusammen mit amerikanischen Entlassungspapieren und der Aussicht auf Lebensmittelkarten.

In französischer Kriegsgefangenschaft

Der LKW fuhr in Passau auf den Bahnhof, setzte dort rückwärts an die offene Tür eines Eisenbahnwaggons heran und ehe wir begriffen, was mit uns geschah, saßen wir eingesperrt in einem Viehwaggon, dessen Türen sich erst wieder in Chartres, in Nordfrankreich, für uns öffneten, wo uns als erstes alles, sogar die Unterwäsche, abgenommen wurde. Lumpen erhielten wir stattdessen zum Anziehen und jahrelang hielten uns die Franzosen gefangen.

Unser erster Arbeitseinsatz war in Paris, wo wir Aufräumungsarbeiten und Umzugsarbeiten durchführen mussten. Obwohl in dem Gebäude ein Aufzug vorhanden war, mussten wir in dem Haus Bücher, bestimmt 50 000, über einige Stockwerke nach oben tragen. Schwere Arbeit und es gab fast nichts zu essen. Untergebracht waren wir in einem Gefangenenlager in Baracken. Wir hatten nur ein Holzbett ohne Bettwäsche. Als Kopfkissen diente die Jacke und nur wer Glück hatte, wie ich, der besaß eine Decke zum Zudecken. Es war zum Verrecken, ich war bald abgemagert auf 49 Kilo.
Der Hunger brachte mich so weit, dass ich sogar einmal einem Franzosen sein Vesperbrot stahl.
Die in dem Gebäude beschäftigten Franzosen hatten ihre Mäntel in einer Art Garderobe aufgehängt und als ich daran vorbei kam, sah ich in einer Manteltasche ein Vesperbrot stecken. „Karl, das gehört dir, und wenn du dafür Kolbenhiebe einstecken musst!", sagte ich mir und als ich das nächste Mal an dem Zimmer vorbeikam, stolperte ich, meine Bücher fielen zu Boden, rutschten auch in den Raum mit den Mänteln hinein und beim Aufsammeln der Bücher steckte ich das Vesperbrot aus dem Mantel unbemerkt zwischen die Bücher. Ein Baguette – Brot belegt mit Butter und Wurst hatte ich gestohlen und oben in der Bücherei, wo wir die Bücher abstellen mussten, versteckte ich mich hinter einem Regal und schlang mein Vesperbrot hinunter.
Wie es der Teufel will, machte der Wachposten später ausgerechnet in dem Zimmer mit den Mänteln eine Pause mit uns. Ein junger Franzose betrat den Raum, fasste in seine Manteltasche, sah sich um, suchte und suchte, schaute schließlich zu uns herüber und meinte: „Je comprends!" Dabei beließ er es.
Meine nächste Arbeitsstätte war in einem zerstörten Nonnenkloster, wo wir Schutt abräumen mussten. Ich habe gepickelt, gegraben und geschaufelt und dabei unvorstellbaren Hunger gelitten. In dem Kloster fand ich unter dem Schutt einen Beutel mit Glasperlen, den ich an mich nahm, was ja eigentlich verboten war. In unserer Unterkunft erzählte ich einem Mitgefangenen davon, der sich die Steine ansah und mit einem der Steine am Fensterglas entlang ritzte. Er hinterließ eine lange Furche in der Scheibe – das waren keine Glasperlen, es waren Edelsteine, die ich in dem Schutt gefunden hatte!
Als Versteck für den Schatz wählten wir uns eine Schuhcremedose aus einem Rot – Kreuz – Paket, das wir erhalten hatten. Wir wärmten

die Creme etwas an und versenkten die Steine darin. Unsere Freude währte allerdings nicht lange; - bereits am nächsten Tag war die Dose bei unserer Rückkehr verschwunden. Jemand musste uns beobachtet haben! – Später meinte ich dazu: „Ehrlich Gut währt am längsten!"
Auch an der Seine wurden wir eingesetzt, wo wir mit nackten Füßen im Wasser stehend, Steine aus dem Fluss herauswuchten und am Flussrand aufstapeln mussten. Es war eine Schinderei und eine Schikane, wie man es sich heute gar nicht mehr vorstellen kann. Wir waren für die Franzosen nur die Nazis und sie ließen uns ihren Hass täglich spüren.
Als nächstes kamen wir in ein Militärlager außerhalb von Paris, das allerdings erst in der Entstehung war und das wir aufbauen sollten. Holzbaracken für eine französische Einheit auf betonierten Grundmauern stehend. 10 Meter dieser Fundamente hatten wir täglich zu zweit auszugraben. Wenn wir das nicht schafften, gab es abends nichts zu essen. An jedem Haus wurde zunächst ein Loch in der Außenwand offen gelassen, damit frische Luft zur Austrocknung durchziehen konnte. Dies, so beschlossen wir, wollten wir zur Flucht ausnutzen.
Andere Gefangene wollten die Gelegenheit ebenfalls ausnutzen und so waren wir schließlich zu neunt, die gemeinsam die Flucht ergreifen wollten. Wir versteckten uns in einer der neu errichteten Baracken, in denen die Lüftungsöffnung frisch zugemauert und deshalb noch nicht hart getrocknet war, so dass wir sie bei Nacht herausbrechen konnten.
Zunächst aber wurde unser Fehlen festgestellt und wir wurden von den Franzosen gesucht. Das gesamte Gelände wurde abgesucht und wir sahen, dass eine Flucht zu neunt aussichtslos gewesen wäre. Deshalb trennten wir uns und nur zu dritt schlich ich mit zwei anderen durch die frisch ausgehobenen Fundamentgräben an den Lagerrand, unter dem Zaun hindurch und zum Lager hinaus.

Schon bald kamen wir an einen Weinberg mit reifen Trauben. Ich glaube, ich habe 5 Kilo Trauben gegessen vor lauter Hunger und Durst. An einer Eisenbahnlinie warteten wir dann auf einen Güterzug, der Richtung Osten, Richtung Deutschland fuhr. Wir suchten eine Stelle, wo die Züge langsam fuhren und als sich ein Kohlenzug näherte, sprangen wir auf und versteckten uns auf einem Kohlenwaggon. So kamen wir bis zum Rhein, aber nicht darüber hinweg. Wir überlegten hin und her, fanden aber keine Möglichkeit den Fluss

zu überqueren. Alle Übergänge, alle Brücken waren bewacht und so versteckten wir uns zunächst in einer Waldhütte.
Unser Pech war, dass die Franzosen ausgerechnet dort eine Hasentreibjagd veranstalteten und dass um unsere Hütte herum bald ein wildes Schießen begann. Es dauerte so auch nicht allzu lange, bis einer der Jäger uns in unserem Versteck entdeckte und weil auf entlaufene Gefangene eine Prämie von 150 Franc ausgesetzt war, lieferten uns die Jäger gerne auf der örtlichen Kommandantur ab und wir saßen wieder in Gefangenschaft.
Man brachte uns zurück in unser altes Lager, wo uns die Haare abgeschnitten wurden und wo wir zu 30 Tagen Dunkelarrest verurteilt wurden. Das hört sich leicht an, doch 30 Tage in der Dunkelheit, eingesperrt in einer Kasematte, nur oben durch die Luftlöcher drang etwas Licht ein. Wer es nicht erdulden musste, kann sich diese Folter nicht vorstellen, die nach der Genfer Konvention zur Behandlung von Kriegsgefangenen überdies verboten ist. Denn nach diesem Abkommen hat jeder Gefangene Anspruch auf täglich mindestens eine Stunde Aufenthalt an der frischen Luft. Doch wer kümmerte sich damals schon um die Rechte von Gefangenen.
Nach den 30 Tagen brachte man uns wieder zurück ins normale Lager, wo mir der Lagerleiter, ein Deutscher, gegen einige Päckchen Tabak ein Kommando außerhalb des Lagers verschaffte. Ich gab ihm meine angesammelten fünf Päckchen Tabak in der Hoffnung, dass er mir dafür eine Vergünstigung verschaffen würde. Der Lagerleiter hielt Wort und unter dem Vorwand, dass wir Schreiner seien, wurden wir einige Tage später wieder zu einem Spezialauftrag nach draußen abgeholt.
In einem amerikanischen Jeep fuhren wir drei Gefangene zusammen mit einem französischen Leutnant und einem französischen Unteroffizier, die mit Maschinenpistole und Pistole bewaffnet waren los. Wir drei saßen auf der Rückbank und wir verabredeten, die beiden Franzosen zu packen. Wir warteten nur noch darauf, an einer günstigen, abgelegenen Stelle vorbeizukommen. „Ich pack den Unteroffizier, du packst den Leutnant und du reißt die Türe auf deiner Seite auf!"
Wie es der Herrgott so will, passierte aber etwas ganz anderes. In einem Ort hielten wir an und der Leutnant ging in einen Laden. Die Maschinenpistole hing in Reichweite am Vordersitz, doch mitten im Ort hatte ein Fluchtversuch keinen Zweck. Der Offizier verließ den Laden wieder mit einem meterlangen Baguette in der Hand. Wir fuh-

ren ein Stück weiter bis zu einer Metzgerei, in der der Franzose eine Blutwurst kaufte.
An einem Wäldchen in der Nähe hielt der Jeep an, die Franzosen befahlen uns auszusteigen, der Offizier zerbrach das Brot in drei gleiche Teile und teilte mit einem Messer auch die Wurst unter uns Gefangenen auf. Wir brachten vor lauter Aufregung zuerst kaum einen Bissen hinunter. Wir hatten geplant, die beiden umzubringen und sie hatten Mitleid mit uns und hatten uns etwas zu essen besorgt!
Der Jeep brachte uns schließlich in eine Kaserne, in der der Nachschub für die in Deutschland stationierten französischen Truppe zusammengestellt wurde. Dort sollten wir nun unsere Spezialkenntnisse als Schreiner einsetzen. Die Schreinerarbeiten beschränkten sich darauf, alte Betten aus deutschen Armeebeständen zu Brennholz zusammenzusägen; eine Tätigkeit, die unsere Schreinerfähigkeiten nicht übermäßig beanspruchte und die vor allem körperlich nicht besonders schwer war.
Wichtigste Veränderung gegenüber dem bisherigen Lagerleben aber war, dass wir endlich genügend zu essen bekamen und einigermaßen menschlich behandelt wurden. Die Veränderung war so groß, dass uns sogar alle unsere Fluchtgedanken vergingen. Morgens ein Frühstück mit Kaffee, eine warme Mahlzeit zu Mittag; wir erhielten dasselbe Essen wie die französischen Soldaten in der Kaserne.
Das Lager war voller Waren. Schuhe, Hemden, Bekleidung, alles, was eine Armee braucht. Wir beschlossen, so lange keine Fluchtpläne mehr zu verfolgen, bis wir körperlich wieder bei Kräften waren, bis wir uns wieder erholt hatten. Auch hofften wir, dass die Gefangenschaft irgendwann einmal vorbeiginge.
Das Lager wurde geführt von einem Hauptmann mit fünf oder sechs Mann, die auch nachts unsere Bewachung stellten. Tagsüber kamen weitere etwa 20 bis 30 Zivilisten dazu, die die Warenlieferungen für die einzelnen Truppenteile zusammenstellten. Diese wurden auf Lastwagen verladen und abtransportiert. Damit hatten wir aber nichts zu tun, unsere Tätigkeit beschränkte sich auf die „Schreinerarbeiten".
Die Tage verliefen gleichförmig, bis die französischen Zivilangestellten auf die Idee kamen zu streiken. In Chartres hätte Nachschub geholt werden sollen, doch die Zivilbediensteten weigerten sich, sie traten in einen Streik. Der Hauptmann ließ uns etwa 12 gefangene Deutsche antreten. „Still gestanden!" – Übersetzung vom Französischen ins Deutsche durch den Dolmetscher; „Vergatterung!", „Fluchtverbot!"

Auf der Ladefläche eines LKWs wurden wir nach Chartres gefahren, wo wir die Lastwagen mit den bereitgestellten Waren beladen mussten. Aus den Lagerhallen trugen wir die Waren heraus und luden sie auf die Ladeflächen der LKWs. Bei dieser Gelegenheit sorgten wir dafür, dass die Lagerbestände des französischen Hauptmannes aufgefüllt wurden. Er wäre eigentlich schon seit einiger Zeit zur Beförderung zum Major angestanden, doch seine Lagerbestände wiesen regelmäßig einen starken Mangel auf. Hatten zuvor die Zivilisten auf ihre Rechnung die Lager bestohlen, kam es nun nicht selten vor, dass wir viel mehr Ware aufluden, als eigentlich vorgesehen war. Wenn wir zum Beispiel 350 Hemden aufladen sollten, konnte es passieren, dass wir 500 Hemden auf den LKW packten. So war nun der Lagerkommandant, Hauptmann Desbiol, der Nutznießer und ab sofort durften nur noch wir die Ware in Chartres aufladen.

Der Lagerkommandant konnte durch seine üppigen Lagerbestände nun seinerseits Geschenke an seine Vorgesetzten verteilen und so ließ seine Beförderung zum Major, die zuvor immer wieder an den fehlerhaften Warenbeständen gescheitert war, nicht mehr lange auf sich warten. Der Hauptmann hatte diese Beförderung eigentlich uns, den Kriegsgefangenen, zu verdanken und er ließ aus diesem Grunde auch nichts auf uns kommen.

Beim Fest aus Anlass seiner Beförderung wurden wir deutsche Gefangenen in weiße Anzüge gesteckt, erhielten ein Serviertuch und uns wurde befohlen, die Festgesellschaft zu bedienen. Dazu erhielten wir absolutes Sprechverbot, denn die Gesellschaft sollte nicht merken, dass sie von Deutschen bedient wurde.

30 bis 40 Gäste plus Ehepartnerinnen waren geladen, das Essen kam aus der Kaserne, doch die Maskerade hielt nicht lange. Als eine der Damen eine Flasche Wasser bestellte, war der Kellner sprachlich überfordert. Die Frage ging an den Gastgeber nach seinem seltsamen Personal. „Ihr glaubt es nicht, doch das alles sind Deutsche! Deutsche Kriegsgefangene!"

Das Fest ging trotzdem weiter und im Verlauf des Abends wollte der Major die deutschen Sprachkenntnisse von zwei französischen Offizieren aus dem Elsass testen. „Der" und er deutete auf mich, „spricht Deutsch mit Dir und Du verstehst ihn nicht!" Die Offiziere setzten 50 Flaschen auf ihre Sprachkenntnisse und ich musste loslegen. In breitestem niederbayrisch sprach ich die beiden an und es war klar, dass die Offiziere kein Wort verstanden. Sie verloren ihre Wette und wurden vom Major auch noch ausgelacht. „Ihr könnt doch nicht Deutsch!"

Die Zeit in der Außenstelle aber ging bald zu Ende. Gefangene durften nicht mehr in den Militärlagern verbleiben, sie wurden zurückgebracht in die Gefangenenlager. Der Major versprach uns, sich um eine anständige Arbeit für uns zu kümmern und er hielt Wort. – So wurde ich Malermeister in einem Krankenhaus. Vom Keller bis zum Dach mussten wir Wände, Decken, Fenster, Treppen, Stühle, Betten und Tische weiß streichen. Erst grundieren und anschließend streichen.
Abends wurden wir in dem Haus in einen gesonderten Raum eingesperrt. Dort gab es Betten mit weißen Bettbezügen, so dass alle Fluchtgedanken endgültig verflogen. Als in dem Krankenhaus alles weiß gestrichen war, kamen wir wieder zurück ins Gefangenenlager, doch es dauerte nicht lange, bis die gesamte Belegschaft antreten musste. Ein General hielt eine lange Rede auf französisch, von der die meisten von uns kein Wort verstanden. Er sprach vom Frieden in Europa, vor allem vom Frieden zwischen Frankreich und Deutschland. Ein Dolmetscher übersetzte die Rede, was aber viel wichtiger für uns war: Acht Tage später wurden wir aus der Gefangenschaft entlassen.

Rückkehr nach Deutschland

Wir wurden mit dem Zug nach Deutschland gebracht und ich erhielt einen Fahrschein nach Passau. Von dort ging es weiter nach Tittling und die letzten 10 km legte ich zu Fuß bis nach Saldenburg zurück. Es war der 10. Oktober 1948, als ich aus französischer Gefangenschaft wieder zu Hause in den Bayrischen Wald kam. Ich wog noch 49 Kilo; bei 1,84m Größe!
Zum Abschied erhielten wir 660 Mark Entlassungsgeld. Dieses Geld hatte ich innerhalb von acht Tagen versoffen. Ich hatte nach der Gefangenschaft das Bedürfnis, die Sau rauszulassen und bin acht Tage durch die Kneipen gezogen.
Nach der Rückkehr aus der französischen Gefangenschaft konnte ich in München das Abitur nachmachen. Dies dauerte nur ein dreiviertel Jahr, denn die Leute dort haben uns sehr geholfen. Wir hatten ja eine Vergangenheit. Russland, Frankreich, da war ein normaler Schulbetrieb ja nicht möglich. Anschließend erlernte ich meinen Wunschberuf, Förster, in dem ich bis zu meiner Pensionierung im Jahre 1988 arbeitete.
Von den einmal 109 Angehörigen unserer „Ofenrohrkompanie" lebt heute außer mir nur noch ein einziger, Winfried Schubert. Er ist pensionierter Finanzbeamter, wohnt in der Nähe von Nürnberg und hat

mich in den letzten Jahren einige Male in meinem jetzigen Wohnort Bad Waldsee – Reute besucht. Er möchte aber über seine Kriegserlebnisse überhaupt nicht mehr sprechen.

An Auszeichnungen im Krieg habe ich erhalten:
Das EK I
Das EK II
Die silberne Nahkampfspange,
dazu muss man fünfundzwanzig Mal das Weiße im Auge vom Feind gesehen haben und das muss vom Vorgesetzten bestätigt werden.
Das Infanterie – Sturmabzeichen;
das erhält man, wenn man fünfmal an einem Angriff beteiligt war
Den Gefrierfleíschorden

Gebhard Kibler
Bad Waldsee,
Jahrgang 1927

„Ich danke den russischen Zivilpersonen, die in der Gefangenschaft immer gut zu uns waren."

Kindheit und Schulzeit
Am 12. Dezember 1927 wurde ich als sechstes Kind von Franz Xaver Kibler und seiner Ehefrau Anna in Waldsee geboren. Ich hatte drei Schwestern und drei Brüder, von denen einer nach mir zur Welt kam. Die anderen Geschwister sind älter als ich.
Mein Vater hatte 1913 in der Wurzacher Straße in Waldsee eine Landmaschinen – Reparaturwerkstätte begonnen, die 1922 vergrößert wurde. Nun wurde nebenan in der Hittisweiler Straße in einer kleinen Fabrik damit begonnen, Heuaufzüge für die Landwirtschaft zu produzieren. Ab 1928 wurden dort auch „Heuzangen" (Heu- und Garbengreifer) gefertigt, mit denen wir deutschlandweit so bekannt und erfolgreich wurden, dass der Betrieb 1936 erweitert werden musste. Die Gebäude stehen heute nicht mehr. Wir vergrößerten uns nach dem 2. Weltkrieg weiter, bauten am Stadtrand neu und verkauften das alte Betriebsgelände an die Stadt. Die riss die Gebäude ab und nutzt das Gebiet heute für die städtischen Kurbetriebe.
Zurück zu meiner Kindheit: Im Januar 1933 übernahm Adolf Hitler die Macht über das Deutsche Volk und bildete in den folgenden Jahren das „Großdeutsche Reich". Ich war gerade ein fünfjähriges Kind und konnte von dem Geschehen noch nichts ahnen. Aber ich wuchs in einer politisch sehr bewegten Zeit auf. Überall wurde das „Horst Wessel-Lied" und das Deutschlandlied gesungen. Am Radio oder wenn die fanatischen einheimischen Nazis mit Braunhemden, Lederkoppel, Schulterriemen und natürlich mit Hakenkreuz-Armbinden geschlossen durch die Straßen zogen. Die abendlichen Fackelzüge der S.A. waren dabei besonders wirkungsvoll und sind mir noch lebhaft in Erinnerung.
Dies musste natürlich seine Wirkung haben, auch schon auf kleine Kinder wie mich. So hatten Nachbarn einen Spaß, wenn ich für 5 Pfennig das Lied „Die Fahne hoch" vorsang. In meinem kindlichen Unverstand sang ich: „Kameraden die Rotzfront und Redaktion geschlossen"..., den richtigen Text habe ich erst viele Jahre später mitbekommen.
Meine Erziehung in christlicher Familie wurde ergänzt durch den Besuch der Kinderschule unter Obhut von Klosterschwestern. Diese war im Grabenmühlweg, im heutigen Bankgebäude untergebracht. In der „Großschule", der heutigen Hauptschule, kam dann die gezielte Erziehung zum Nationalsozialismus. Eine der Lehrerinnen wollte zwar nichts wissen von der neuen Linie, andere Lehrer aber waren schnell begeistert von dem Aufschwung in der Nazi-Bewegung.

Der Morgengruß in der Schule oder tagsüber, wenn man einem Lehrer begegnet ist, lautete: „Heil Hitler", doch man muss sagen, dass sich viele Lehrer nicht daran gehalten haben. Öfters mussten wir vor Schulbeginn im Schulhof, das war der Kirchhof vor der Kirche zu einer gemeinsamen Morgenfeier antreten. Aus Anlässen wie Hitlers Geburtstag oder dem Tag der Machtübernahme; zur Erinnerung an den Marsch der Nazis zur Feldherrnhalle in München 1923 oder anderen Nazi – Gedenktagen. Dabei wurde eine rote Fahne mit dem Hakenkreuz gehisst, sinnige Gedichte über das Vaterland oder über Ruhm und Ehre des deutschen Volkes wurden vorgetragen und mit erhobener rechter Hand wurde das „Horst Wessellied" gesungen:
„Die Fahne hoch, die Reihen fest geschlossen,
SA marschiert – mit ruhig festem Schritt –
Kameraden, die Rotfront und Reaktion erschossen;
marschieren im Geist – in unsern Reihen mit!"
Zum Abschluss wurde dann die erste Strophe des Deutschlandliedes gesungen:
„Deutschland, Deutschland über alles, über alles in der Welt,
...von der Maas bis an die Memel, von der Etsch bis an den Belt!"
Uns wurde dabei immer wieder klar gemacht, dass unser Land überall beschnitten worden war und dass es unser Ziel sein musste, das Großdeutsche Reich wieder zusammenzuführen.
Mit zunehmendem Alter wurden wir mehr und mehr über Adolf Hitler und den Nationalsozialismus belehrt. Es wurde uns eingeprägt, dass die arische Rasse die beste und wertvollste ist, dass die Juden minderwertig sind und uns allen mit ihrem Besitzstreben schaden.
In meiner damaligen Vorstellung waren die Juden vollgesichtige, übersättigte Menschen, die nur vom Handel lebten und dabei durch unfaire Geschäfte hohe Gewinne abschöpften. Mir war allerdings kein Jude persönlich bekannt. Nur der Unterricht, die Propaganda und Sprüche wie „Der lügt wie ein Jude", „Da wird gejudet", „Der hat eine Judennase" oder „Juden sind unser Unglück" haben mich sicherlich beeinflusst.
Die Germanen als Urahnen des deutschen Volkes waren unsere verehrten Vorbilder. So durfte bei einem Kinderfest jeder aus unserer Klasse ein großes germanisches Runenzeichen beim Umzug durch die Stadt Waldsee tragen.
Mit 10 Jahren kam ich zum „Jungvolk". Das waren die Jüngsten in der Hitlerjugend. Kampfspiele, Marschübungen, Wehrerziehung und politische Schulung waren die Hauptpunkte. Die Uniform mit Braun-

hemd und Lederkoppel glich der SA-Uniform. Ein Wegbleiben von dieser Vereinigung war schwierig, weil von den Schulen und Behörden Druck ausgeübt wurde. Meine Schwestern, die sich weigerten, in den „BDM" (Bund Deutscher Mädchen) einzutreten, mussten samstags zum Staatsjugendtag, wo sie ihre fehlende Staatserziehung bekommen sollten.
Die kirchlichen Vereine wurden immer mehr unterdrückt. Der katholische Gesellenverein (Kolpingfamilie) konnte kaum noch öffentlich auftreten und musste sein Vereinshaus der Kirche übergeben, um es vor der Beschlagnahme durch den Nazi - Staat zu retten. Nur wer als „PG" (Partei-Genosse) mitmachte, hatte im öffentlichen Leben Aussicht auf Erfolg. Geschäftsbriefe wurden von Nicht - Nazis beendet mit dem Wort „Mit deutschem Gruß". Wer aber bei einer Behörde etwas erreichen wollte, oder mit „Linientreuen" geschäftlich etwas zu tun hatte, kam nicht umhin, seinen Brief abzuschließen mit „Heil Hitler".
Die besonderen Leistungen und Fähigkeiten der deutschen Nation wurden immer stärker herausgestellt. In unserem Betrieb wurden Aufkleber verteilt: „Willst Du Dir und Deutschland dienen, kauf nur deutsche Landmaschinen". Überall war auch zu lesen: „Wie lange noch ohne Kolonien?" Dabei wurde an den Verlust der deutschen Kolonien im 1. Weltkrieg erinnert.
Mein Vater stand der nationalsozialistischen Ideologie sehr ablehnend gegenüber und er wurde schon 1933 wegen seiner politischen Aussagen gegen das Hitlersystem in öffentlichen Lokalen für eine Woche ins Gefängnis gesperrt. Es hinterließ bei mir einen unvergesslichen Eindruck, als ich meinen Vater zusammen mit meinen Geschwistern im Gefängnis besuchen durfte, das damals hinter der heutigen Polizeistation stand. Dort wo sonst Diebe und Verbrecher zur Strafe festgehalten wurden, war mein Vater eingesperrt! Mein Vater war aber nicht der einzige. Auch der damalige Pfarrer Kramer und andere Regimegegner wurden 1933 vorübergehend inhaftiert.
Es war schon verrückt. Mein Vater war mit dem Gefängniswärter gut bekannt und er saß nun plötzlich unter dessen Aufsicht hinter Gittern. Die gute Bekanntschaft ermöglichte es ihm wenigstens, dass ihm die Familie täglich sein persönliches Essen von daheim bringen konnte, was sonst nicht erlaubt gewesen wäre.
Vater musste nach der Haftstrafe sehr vorsichtig sein und konnte sich nur bei guten Bekannten frei aussprechen. Manchmal hatte ich Angst um ihn, wenn er wortstark mit überzeugter Stimme mit Nazis politi-

sierte und vor den schlimmen Folgen durch das Hitlerregime warnte. Meine Angst war nicht unbegründet. Wiederholt waren Polizei oder Gestapo bei uns im Haus.
Vater warnte auch immer vor dem Chaos, das durch Hitler kommen werde. „Oh Welt - wo gehst du hin?", fragte er immer wieder. Dieser Spruch wurde von vielen belächelt, weil niemand an einen Krieg mit solch verheerenden Folgen glauben wollte. Mit zunehmender Kriegsdauer wurde Vater mit seinen Äußerungen aber immer vorsichtiger und zurückhaltender, so dass er mit den Nazis keine Schwierigkeiten mehr bekam.
Die in unserer Gegend lebenden Juden wurden von meinem Vater als anständige Leute beschrieben. Sie hätten auch Mitbewohner, die in finanzielle Not geraten waren, unterstützt. Bekannt war in Waldsee der Jude Kahn als Viehhändler. Sein Viehstall war auf der Hochstatt und „Kahns Stadel" war in der Bevölkerung ein allgemein bekannter Begriff. Sicherlich auch deshalb, weil die wöchentlichen Viehmärkte auf der Hochstatt direkt vor dem Stall abgehalten wurden. Was mit dem Viehhändler und seiner Familie später passierte, weiß ich nicht. Überhaupt habe ich von der Judenverfolgung kaum etwas erfahren. Nachrichten durften nur von deutschen Sendern abgehört werden, sonst drohten hohe Strafen. NS-Spitzel gab es ja genügend. Von unserem früheren Jugendseelsorger Kaplan Geiger aber wurde bekannt, dass er ins KZ nach Dachau gebracht wurde. Was das jedoch bedeutete, konnte man sich nicht richtig vorstellen.
Schon vor Beginn des Krieges wurde das im elterlichen Betrieb benötigte Rohmaterial kontingentiert. Wenn mein Vater in Berlin oder Stuttgart bei Behörden um größeres Kontingent vorsprach, wurde er nach der Parteimitgliedschaft befragt, weil er kein Partei - Abzeichen trug. Vater konnte dieses Parteiabzeichen selbstverständlich nicht vorweisen und er lehnte einen Eintritt in die NSDAP entschieden ab, obwohl ihm dies sicherlich geschäftliche Vorteile gebracht hätte.
Arbeitslose gab es nach meinem Wissen in den Jahren ab 1936 nicht mehr. Überall war ein wirtschaftlicher Aufschwung zu sehen. Die Olympischen Spiele 1936 in Berlin demonstrierten dabei die Leistungen der deutschen Nation vor der ganzen Welt, besonders aber in unserer Einbildung.
Ein gutes Aushängeschild für die nationalsozialistische Wirtschafts- und Beschäftigungspolitik war der Bau der Reichsautobahnen, bei dem der R.A.D. (Reichsarbeitsdienst) maßgeblich beteiligt war. Wehrpflichtige mussten vor dem Wehrdienst im R.A.D. ihre Arbeits-

dienstpflicht absolvieren. In graubraunen Uniformen glichen die Arbeitsmänner den Soldaten. Doch „die Braut" der Arbeitsmänner war nicht das Gewehr, sondern der Spaten.
In unserer Stadt wurde auf dem Döchtbühl (jetzt Schulzentrum) ein R.A.D. – Lager errichtet. In Reihen aufgestellte Holzbaracken dienten als Unterkunft für die Arbeitsmänner. Wir Jungen freuten uns, wenn die braunen Soldaten singend, mit dem Spaten auf der Schulter, durch die Stadt marschierten. Meistens mit dem Lied: „Auf der Heide blüht ein kleines Blümelein." Später wurde das Lager dann auf weiblichen Arbeitsdienst umgestellt. und Arbeitsmaiden bewohnten nun die Baracken.

Der Weltkrieg beginnt!
Nachdem im Jahr 1938 Österreich dem deutschen Reich angegliedert („heimgeholt") worden war und im Frühjahr 1939 die Tschechei durch Gewaltakte unter deutsches Protektorat gestellt war, begann Hitler am 1. September 1939 mit Beginn des Polenfeldzuges offiziell den Krieg. Wie schon vorher bei Österreich und der Tschechei wurde der Einmarsch mit der Heimholung und Rettung deutscher Volksangehöriger begründet, die in den überfallenen Ländern in Unterdrückung leben mussten. Über den Wahrheitsgehalt dieser Behauptungen konnten wir uns nicht informieren, weil uns gegnerische oder neutrale Nachrichten nicht erreichten.
Für uns Kinder war es eine spannende und aufregende Zeit, wussten wir doch über die Schlagkraft der deutschen Wehrmacht Bescheid und freuten uns jedes Mal, wenn von den erfolgreichen Kämpfen berichtet wurde. Die älteren Leute, die den 1. Weltkrieg miterlebt hatten, die wussten, was Krieg bedeutet, waren dagegen sehr besorgt.
„Es ist Mobilmachung", hieß es. Viele Männer im wehrfähigen Alter erhielten den Stellungsbefehl und mussten kurzfristig ihre Familie verlassen. Vom Rathaus wurden Lebensmittelmarken verteilt, weil außer Kartoffeln, Obst und Gemüse alle Lebensmittel rationiert wurden. Kindern wurde Vollmilch zugeteilt, während Erwachsene nur Magermilch unter dem schönen Namen „entrahmte Frischmilch" erhielten. Im Volksmund bekam sie den Namen „blaue Milch". Von Kriegsbeginn an konnten Schuhe und Kleider nur noch mit Bezugsscheinen gekauft werden, die auf Antrag vom Rathaus zugeteilt wurden.
Mein Vater erhielt nach dem Frankreich – Feldzug einen französischen Zwangsarbeiter in seinen Betrieb. Er wurde am Morgen von

einem Wachmann gebracht und am Abend wieder abgeholt und in ein Gefangenenlager gebracht, das in Waldsee in einem Teil des Spitals eingerichtet worden war. In dem Lager waren Zwangsarbeiter aus Frankreich, Belgien und Polen untergebracht. Wir sollten mit unserem Franzosen möglichst nicht sprechen, was sich aber selbstverständlich nicht vermeiden ließ. Nach meiner Ansicht und nach meiner Erinnerung wurde der Mann von uns gut behandelt. Er blieb bei uns bis zum Kriegsende, als das Lager von französischen Truppen befreit wurde. Wir haben von ihm aber nach dem Krieg nie wieder etwas gehört.

Im Verlauf des Krieges erhielten wir außerdem fünf Jugoslawen als Arbeiter. In einem ehemaligen Büro unseres Betriebes wurde für sie ein Matratzenlager zum Schlafen eingerichtet. Gekocht für sie hat unsere Mutter. Die Männer waren keine Zwangsarbeiter, sie waren Freiwillige.

Die ganze Stadt musste mit Beginn des Krieges jeden Abend verdunkelt werden, um feindlichen Fliegern die Orientierung zu erschweren. Die Fenster wurden mit dichten Läden oder mit schwarzen Papierrollen abgedichtet. In Betrieben und Gebäuden mit großen Fenstern brachte die tägliche Verdunklung einige Probleme mit sich. Weil auch keine Straßenlampen leuchteten, war auch das Gehen auf den Straßen und Gehwegen bei Nacht schwierig. Bald kamen Leuchtplaketten auf, die man abends auf der Brust trug. Durch ihre fluoreszierende Wirkung leuchteten sie nach kurzem Aufladen durch eine Lichtquelle einige Zeit nach. Von Schäden, die von den Strahlen ausgehen könnten, war nichts bekannt.

Mit fortdauernder Kriegszeit wurde auch das Heizmaterial knapp. Die Kohlen wurden teilweise zur Herstellung von Benzin gebraucht und eine groß angelegte Werbung mit dem „Kohlenklau" wies deshalb überall auf das Kohlensparen hin. Der schwarze Mann mit dem Kohlensack auf dem Plakat ist mir in guter Erinnerung geblieben.

Wegen dem Mangel an anderem Brennstoff wurde im Steinacher Ried wieder mehr Brenntorf gestochen. Dieser reichte aber insgesamt wohl nicht aus, denn trotzdem gab es bei großer Kälte in den Schulen „Kohleferien".

Autos wurden teilweise auf Holzvergaser umgestellt. Hinten am Fahrzeug war ein Gaskessel mit Holzkohlefeuerung montiert, die mit einem Gebläse betrieben wurde. Als Brennmaterial diente gut getrocknetes Buchenholz, das zu kleinen Stücken von etwa 6 bis 10 cm Größe aufbereitet wurde. Die Anheizzeit vor der Fahrt dauerte etwa eine

halbe Stunde. Für die Fahrt wurde auf dem Autodach Holz in Säcken zum Nachtanken mitgeführt. Wegen der mangelhaften Bereifung waren meistens auch zwei Ersatzreifen dabei und für Nachtfahrten waren extra Tarnscheinwerfer mit kurzer Reichweite montiert.
Unsere Familie war bei Kriegsbeginn noch nicht direkt vom Kriegseinsatz betroffen. Bei meinem Alter von 11 1/2 Jahren meinte ich, dass der Krieg längst gewonnen sein wird, bis ich ins wehrfähige Alter komme. Mein ältester Bruder Franz war 1920 geboren und bei Kriegsbeginn 19 Jahre alt. Er wurde erst ein Jahr später eingezogen.
Als Schüler leistete ich meinen Kriegsdienst durch Heilpflanzen- und Altmaterialsammeln. Der Kartoffelkäfer trat erstmalig auf und drohte die Ernte zu vernichten. Spritzmittel gab es damals nicht, deshalb mussten wir Schüler unter Aufsicht von Erwachsenen wöchentlich alle Kartoffelfelder nach dem Käfer absuchen. Lehrer, die bereits pensioniert waren, wurden wieder zur Schule geholt. Aber auch jüngere Lehrkräfte mit der richtigen politischen Überzeugung wurden in der Schule zurückgehalten, damit die Erziehung im Geiste des Nationalsozialismus sichergestellt war.
Der große Krieg an den Fronten nahm einen fast planmäßigen und siegreichen Ablauf. Polen wurde besiegt und mit den Russen brüderlich aufgeteilt. In einem besonderen Einsatz sicherte sich die Wehrmacht durch die Besetzung von Norwegen ihre Machtposition im Norden ab. Der Westfeldzug brachte Siege über Holland, Belgien und Frankreich und in einem Feldzug nach Südosten wurden Jugoslawien und Griechenland besetzt.
Gegen England wurden laufend Bombenangriffe geflogen und man sprach schon von der Beherrschung des englischen Luftraums. Die Industriestadt Coventry wurde besonders stark beschädigt, deshalb entstand der Begriff „coventrieren", was soviel wie vernichten bedeutete. Unsere erfolgreiche U - Bootflotte konnte in waghalsigen Unternehmungen große britische Kriegsschiffe auf den Meeresgrund schicken und viele feindliche Frachtschiffe versenken.
Immer wieder wurde am Radio mit großer Aufmachung eine Sondermeldung nach der anderen über einen außerordentlichen Erfolg der deutschen Wehrmacht verkündet. Dazu wurden entsprechende Kampflieder vorgespielt und vorgesungen.

Der Krieg gegen Russland

Mein ältester Bruder Franz musste 1940 zum Militär. Er wurde als 20-Jähriger zunächst in Weingarten und dann in Ulm bei der beritte-

nen Artillerie ausgebildet. Weil er als Maschinenschlosser aber nicht mit Pferden umgehen konnte und wollte, bewarb er sich als Kradmelder bei seiner Einheit und kam nach kurzem Aufenthalt in Nordfrankreich als solcher in Russland zum Einsatz.
Am 22. Juni 1941 begann Hitler – für uns - überraschend den Feldzug gegen Russland. Eine Stadt um die andere wurde von unseren Truppen eingenommen. Mit großem Tempo marschierten unsere Soldaten gegen Osten. Wir wussten, dass unser Franz vorher in Polen war und bei den Kämpfen im Mittelabschnitt mit dabei war. Die Entfernung von zu Hause wurde immer größer und wir in der Heimat freuten uns, wenn mit einem Feldpostbrief ein Lebenszeichen von unserem Franz eintraf. Die zunehmende Härte der Kämpfe wurde uns immer mehr bewusst. An der Linie Königsberg - Moskau - Stalingrad brachten die Russen den deutschen Vormarsch zum Stehen. Die vorderste Spitze der deutschen Kämpfer war bis an die Stadtgrenze von Moskau gekommen, als ein außerordentlich kalter Winter einsetzte. Unsere Soldaten hatten keine Winterkleidung und Winterausrüstung, weil nach dem Plan der Kriegsführung der Feldzug um diese Zeit bereits weitgehend abgeschlossen sein sollte. Der erbitterte Einsatz des Feindes, der um sein Überleben kämpfen musste und die klirrende Kälte bescherten unseren Soldaten unmenschliche Strapazen. Die Teilnehmer an dieser Winterschlacht erhielten dafür die „Ostmedaille" verliehen. Im Volksmund wurde sie „Gefrierfleisch-Orden" genannt.
Durch eine Verwundung kam unser Franz ins Lazarett nach Breslau. Anschließend konnte er sich bei einem Urlaub zu Hause von den vielen Strapazen erholen. Sein Erholungsurlaub dauerte aber nur kurz, ich glaube nur eine Woche und Franz erzählte nicht viel von seinen Erlebnissen und viel zu schnell musste er wieder zurück zu seiner Einheit.
Der Krieg ging weiter und Franz war wieder in dem hart umkämpften Mittelabschnitt, wo die 78. Schwaben-Division im Gebiet Smolensk - Bryansk besonders hart getroffen wurde. Gegen die zahlenmäßig vielfach überlegenen Russen wurde jedes Dorf verbissen umkämpft, aber der Vormarsch des immer wieder anstürmenden Feindes war nicht mehr aufzuhalten. Auf beiden Seiten der Front gab es große Verluste.
Auch an den anderen Stellen der endlos langen Ostfront waren unsere Truppen auf einem verlustreichen Rückzug. Im Süden hatte die Spitze bereits den Kaukasus erreicht und musste wieder zurück,

weil die Russen den deutschen Angriff bei Stalingrad endgültig gebrochen hatten. Hitler hatte damals in einer Rede über den Rundfunk gerufen: „Ich aber sage euch, Stalingrad muss und wird genommen werden!"

Franz Kibler

Die deutschen Soldaten mussten sich dementsprechend verhalten und wurden durch Führerbefehl gezwungen, bis zum Ende zu kämpfen. Viele Landser waren in Stalingrad eingeschlossen und hielten ohne Nachschub durch, bis ihr Leben - vielleicht nach schmerzhafter Verletzung und Entbehrung- ausgelöscht wurde. Ein Teil der dortigen 6. Armee kam in Gefangenschaft, doch nur wenige von ihnen konnten die Strapazen überleben und nach vielen Jahren in ihre Heimat zurückkehren.

Ich werde Soldat.
Während der Kriegsjahre besuchte ich die Waldseeer Oberschule. Mit Beginn der 6. Klasse (10. Schuljahrgang) musste ich ab September 43 in die Oberschule nach Wangen. Doch schon nach wenigen Wochen Schulzeit dort erhielt ich den 1. Stellungsbefehl.
Als Luftwaffenhelfer (LWH) wurde ich in Friedrichshafen an der 2-cm-Flak ausgebildet. Ein älterer Unteroffizier unterrichtete uns am Geschütz. Wir als überhebliche und arrogante Oberschüler stuften ihn als Bauernknecht in Uniform ein und wir wollten ihn nicht ganz ernst nehmen, aber er brachte uns Befehl und Gehorsam bei.
Zuerst galt es, den Text über unser Schießgerät auswendig zu lernen: „Die zwo Zentimeter Flak 38 ist eine vollautomatische Waffe und dient zur Bekämpfung von Luft-, Erd- und Seezielen. Ihre theoretische Schussfolge beträgt 400 Schuss in der Minute – ihre Reichweite beträgt 2000 Meter ..." und so weiter!
Die Bedienungsgriffe am Geschütz wurden gründlich geübt und jedes Mal, wenn's nicht klappte, kam von unserem „Bauernknecht" das

Kommando „Fliegerdeckung". So schnell wir konnten, mussten wir dann das Geschütz verlassen und irgendwo Deckung suchen. Kaum lagen wir flach, kam der Befehl „Fliegeralarm" und wir mussten wieder zurück an die Kanone und die Gefechtsbereitschaft herstellen. Unserem Alter entsprechend wurden wir damals dienst- und verpflegungsmäßig gut behandelt. Zweimal in der Woche hieß es morgens: „Jugendliche unter 16 raustreten zum Milchsuppeempfang!" Aber wer von uns wollte schon einen Kinderbrei holen, wo wir uns doch als richtige Soldaten fühlten.
Während der Ausbildung an der Flak - Kanone waren wir auch zwei Wochen zum Scharfschießen am Chiemsee. Das Schießen auf im See aufgebaute Zielscheiben oder auf einen Luftsack, der von einem Flugzeug langsam vorüber gezogen wurde, wurde dort trainiert. Auch das nächtliche Sperrfeuerschießen mit Leuchtspur - Munition wurde geübt und man muss sagen, dass uns diese Ausbildung damals noch richtig Spaß machte. Mit Stolz ging ich bei einem Sonntagsurlaub in der blauen Flak - Uniform durch meine Heimatstadt. Fühlte mich als Erwachsener, hatte vorher jedoch die Hakenkreuz-Armbinde abgenommen, weil diese mehr auf die Hitlerjugend deutete und nicht auf die Luftwaffe.
Nach insgesamt acht Wochen Ausbildung wurde ich wieder entlassen. Die jungen Kämpfer hatten sich im Einsatz gegen Tieffliegerangriffe wohl doch nicht so gut bewährt und so durften wir wieder nach Hause. Bei unserer Entlassung wurde uns Wehrsold ausbezahlt, wobei ich weniger erhielt, als die anderen, weil ich noch nicht ganz 16 Jahre alt war. – Ich war ja erst 15!

Heldentod

Mit Freude bin ich wieder heimgekehrt und meiner gewohnten Arbeit und dem Schulbesuch nachgegangen. Doch fast gleichzeitig traf die schreckliche Nachricht vom Tode meines Bruders Franz ein. „In treuer Pflichterfüllung", wie es damals hieß, wurde er von den Splittern einer Granate tödlich getroffen. Er wurde am 29. Okt. 1943 in der Gegend zwischen Smolensk und Moskau, an der Rollbahn Smolensk - Orscha zur letzten Ruhe gebettet. Ein schlichtes Birkenkreuz schmückte sein Grab. Zum Glück konnte ein Kamerad ein Bild von seiner Ruhestätte machen.
Es waren zwei Soldaten aus Uttenweiler im Kreis Biberach in derselben Kompanie wie unser Franz. Anton Walter und Karl Birk. Anton Walter überlebte den Krieg und konnte meinem Vater die näheren

In einem endlos erscheinenden Gräberfeld im Vordergrund vier lesbare Namen: Obergefr. Hans Radam, Unteroff. Albert Hörner, Stabsgefr. Karl Rosenberger und Obergefreiter Franz Kibler. Alle gefallen am 29.10.1943.

Umstände des Todes von Franz schildern. Es war keineswegs so, wie in der offiziellen Todesnachricht dargestellt, dass er sofort tot war. Er war in einem Unterstand verschüttet und rief noch um Hilfe, die ihm seine Kameraden wegen des Beschusses nicht leisten konnten.
Es war ein schwerer Schicksalsschlag für unsere Familie. Besonders schwer getroffen wurden unsere Eltern. Aber auch für uns Geschwister war es schmerzlich zu wissen, dass unser geliebter Bruder nicht mehr zurückkommen wird; und dass sein hoffnungsvolles Leben mit 23 Jahren allzu früh ausgelöscht wurde. Da halfen Worte wie Heldentod für Führer, Volk und Vaterland nichts mehr.

Auch viele andere Trauernachrichten vom „Heldentod" bekannter Waldseeer waren inzwischen vom NS-Ortsgruppenleiter verteilt worden. Meine Tante, die in der nächsten Straße wohnte, wurde im gleichen Herbst über den Tod ihrer beiden einzigen Söhne benachrichtigt. Rundum in meiner Nachbarschaft trafen die Schreckensnachrichten ein. Nachbar Sepp war freiwillig zur Waffen-SS gegangen. Er war unternehmungslustig, aber niemals politisch interessiert. Irgendwo auf dem Balkan fand sein Leben ein Ende. Ein Nachbar ist in Stalingrad geblieben und noch viele aus der näheren Umgebung ließen sich aufzählen, die alle dem Krieg zum Opfer gefallen sind.
Der Nachbar Peter Multer fiel ebenfalls in Russland. Sein Schicksal ist besonders tragisch, denn er wollte sich dem Kriegsdienst entzie-

hen und flüchtete in die Schweiz. Dort fand er aber keine Gnade. Er wurde an die deutschen Behörden ausgeliefert und starb schließlich als Soldat auf der Halbinsel Krim im Schwarzen Meer.

Der Krieg zu Hause

Mein Schulunterricht in der Oberschule Wangen wurde vielfach durch Fliegeralarme unterbrochen. Sobald die Sirenen heulten, durften oder mussten wir in den Wald hinaus, weil nicht genügend Luftschutzkeller vorhanden waren. Das war für uns Schüler zwar eine angenehme Sache und eine schöne Zeit, doch gelernt wurde dadurch nicht besonders viel.

Das Kriegsgeschehen verfolgte ich in Wochenschau-Filmen, deutschen Nachrichten und in der Tagespresse. Die Erfolgsmeldungen blieben aus, oder sie waren so verlogen, dass sie schon bald keine Begeisterung mehr hervorrufen konnten.

Bei nächtlichen Fliegerangriffen auf Friedrichshafen hörten wir zuhause das Donnern und Krachen aus der Ferne. Abgeworfene „Christbäume", welche die Angreifer zur Orientierung vor dem eigentlichen Bombenabwurf über der Stadt absetzten, konnten wir von Waldsee aus beobachten. Tagsüber flogen Geschwader mit Hunderten von feindlichen Bombern hoch über uns hinweg in Richtung der großen Städte München, Stuttgart, Ulm, Augsburg und anderen. Es war ein unheimliches Gefühl, zu sehen, wie massenweise Tod und Vernichtung bringende Fracht ungestört über uns hinweggeflogen wurde. Am darauf folgenden Tag konnten wir dann erfahren, welchen Städten der feindliche Angriff gegolten hatte. Die deutsche Abwehr war zu dieser Zeit bereits viel zu schwach gegen diese Übermacht und viele Kinder und Frauen wurden aus den gefährdeten Städten evakuiert und auf Kleinstädte und Landorte verteilt.

Wir sollten bei Fliegeralarm in die zugewiesenen Luftschutzkeller gehen. Der für unsere Familie vorgesehene Schutzraum befand sich gegenüber, im Haus des Verlegers Liebel, aber man hielt sich nicht immer daran, weil wir in Waldsee kein lohnendes Ziel für den Feind waren.

Die Opfer an der Front und in der Heimat waren für jeden sichtbar und sie waren viel zu groß, so dass immer weniger Leute an einen Sieg glaubten. Aber die klugen Deutschen an der Regierung wurden nicht müde zu betonen, dass sie noch viel vor haben. Wunderwaffen seien in Vorbereitung. Überall auf den kleineren Bahnhöfen standen abgestellte Güterzüge. Auf offenen Waggons waren große Gegenstände mit Planen abgedeckt. Die Propagandisten prophezeiten Serien von Wunderwaffen, die uns den Endsieg ermöglichen würden. Später wurden die als V 1 (Vergeltung) und verbessert als V 2 ferngesteuerten Raketen gegen England abgefeuert. Die Wochenschau zeigte, wie sich eine Rakete nach der anderen von der Startrampe heulend in Richtung England erhob. Der große Erfolg blieb allerdings aus.

Ich werde Arbeitsmann

Am 12. Juli 1944 rückte ich im Alter von 16 1/2 Jahren nach Deißlingen bei Rottweil zum R.A.D. (Reichsarbeitsdienst) ein. Mit Spatengriff, Wehrausbildung und Schanzübungen wurde dort der Tag ausgefüllt. Der Drill passte mir damals gar nicht und ich fühlte auch so etwas wie Heimweh, obwohl ich nicht weit weg von zu Hause war und aus der Heimat gut versorgt wurde.

Im September kamen wir zu einem Schanzeinsatz nach Gerardmer in den Vogesen und auf dem Weg dorthin, auf der Fahrt durch Kehl, wurden einige Kameraden bei einem Fliegerangriff tödlich getroffen.

Bei einem Kurzurlaub als Arbeitsmann probierte mein jüngerer Bruder Helm und Mantel.

Unsere Aufgabe im Elsass war das Anlegen von MG-Stellungen und Schützengräben an Berghängen. Der Einsatz dauerte aber nicht lange und bereits am 8. Oktober wurde ich wieder entlassen und nach Hause geschickt.

Junge Soldaten als letzte Rettung

Die Freude über die Heimkehr war allerdings nur von kurzer Dauer, denn schon bald musste ich meinen Koffer wieder packen und mich am 16. Oktober 1944 in der Cherrisykaserne in Konstanz melden. Nach einer Tagreise mit dem Zug traf ich dort spät abends ein. In den folgenden Wochen wurde ich in Konstanz in einer

MG-Kompanie am SMG (schweres Maschinen-Gewehr) ausgebildet. Weil zuwenig Waffen vorhanden waren, wurden wir in Schichten am MG unterwiesen. Teilweise auch bei Nacht auf dem Dachboden der Kaserne.
Überhaupt war bereits überall Mangel feststellbar. Auch am Essen, die Portionen waren sehr übersichtlich. Täglich kleine, verkrüppelte Pellkartoffeln, etwas Gemüse und ein kleines Stück zähes Fleisch. Weil die gesamte Situation immer schwieriger wurde, kam ein neuer Führerbefehl heraus. Demnach durfte ab 1945 an Soldaten in Gasthäusern kein Essen mehr abgegeben werden, auch nicht mit Lebensmittelmarken, die wir teilweise aus der Heimat erhielten.
Die Soldaten wurden ja in den Kasernen verpflegt und sie sollten der Zivilbevölkerung keine Lebensmittel wegessen. Zur selben Zeit wurden alle Soldaten verpflichtet, nicht mit abgewinkeltem Arm am Mützenrand, sondern mit ausgestreckter Hand mit dem sogenannten „Führergruß" zu grüßen.
Ich blieb ziemlich lange, länger als andere Kameraden in Konstanz. Grund dafür war eine Grippe – Erkrankung, die verhinderte, dass ich, wie andere Kameraden, nach Norditalien versetzt wurde. Gerüchteweise hieß es, sie seien dort schon sehr schnell in schwere Kämpfe verwickelt worden und hätten schwere Verluste erlitten. Das blieb mir erspart. Ich blieb bis Februar 1945 in Konstanz und erhielt dort in diesen Monaten, wenn es irgendwie möglich war, Besuch von meinen Familienangehörigen. Den letzten Besuch am Tage meiner Abkommandierung aus Konstanz von meiner Schwester Paula.
Sie hatte in der Kaserne angerufen, als unsere Versetzung bereits feststand. Ich nahm das Gespräch im Schreibbüro unserer Kompanie entgegen. Der Spieß war anwesend, er hörte

Gebhard Kibler 1944.

mit und ich durfte meiner Schwester die Abkommandierung an die Front nicht mitteilen. Ich wollte ihren Besuch verhindern, konnte den wahren Grund aber nicht nennen und so bestand meine Schwester auf dem Besuch.
Als wir an einem Februarabend schließlich im Konstanzer Hafen auf ein Schiff zum Übersetzen über den Bodensee warteten, legte ein Schiff im Hafen an und ihm entstieg meine Schwester Paula, die mich in der Kaserne besuchen wollte. Sie hatte geahnt, dass ich abkommandiert werden sollte und den Besuch durchgezogen.
Zusammen überquerten wir nun den Bodensee, verbrachten die Nacht in Friedrichshafen und reisten am anderen Morgen mit dem Zug nach Norden weiter. Sie zurück nach Waldsee, ich weiter nach Naumburg an der Saale.
Paula bearbeitete mich auf der gemeinsamen Zugfahrt bis nach Aulendorf. Sie versuchte, mich zur Fahnenflucht zu überreden. Versprach mir, alles zu tun, um mich zu verstecken – doch ich sah die Gefahren. Nicht nur für mich, vor allem für meine Familie, die bei einer Fahnenflucht von mir sicherlich Verhöre, wenn nicht gar Gefängnis zu erwarten hatte. Wie wäre es wohl ausgegangen, wenn ich den Vorschlag meiner Schwester befolgt hätte?
Ich entschied, den Rat und die Bitten meiner Schwester abzuschlagen. Auf dem Bahnhof in Aulendorf trennten sich unsere Wege und es sollte Jahre dauern, bis wir uns wieder sahen.
Ohne mein Einverständnis war ich im Februar 45 zum Reserveunteroffiziersbewerber (RUB) erklärt worden, zum Obergrenadier befördert und mit einigen Kameraden nach Naumburg an der Saale abkommandiert worden. Wir kamen dort in das neu zusammengestellte 774. Regiment, das der Division 715 unterstellt war. Die Division war vorher in Norditalien eingesetzt.
Mit dem neu aufgestellten Regiment ging es nach nur wenigen Tagen weiter nach Jesenice in der Tschechei, wo ich als SMG – Schütze II (Lafettenträger) den letzten Schliff erhalten sollte. Eine Episode mit den schlimmsten Erinnerungen. Von 18-jährigen Unteroffizieren, früheren Oberschülern und nun Offiziersbewerbern, die gerade ein Jahr älter waren als wir, wurden wir unvorstellbar schikaniert und zwei oder drei Wochen lang durch den Dreck gejagt!
Der Divisionsgeistliche besuchte uns schließlich noch und las eine heilige Messe. Dann ging der Transport endgültig ab an die Front gegen die russische Armee, welche die Slowakei und einen großen Teil des damaligen Polens bereits zurückerobert hatte.

Mein erster Einsatz an der Front

Unsere 1. Stellung war in Saybusch (Zywiec), einer kleineren Stadt an der polnisch - slowakischen Grenze. Es ging dort noch ziemlich ruhig zu. In dem bergigen Gelände kamen nur leichte Waffen zum Einsatz. Einmal beteiligte ich mich an einem Spähtrupp. Ganz vorsichtig schlichen wir bei Nacht bis zu den feindlichen Stellungen, ohne dass Schüsse fallen durften. Immer wieder wurde die Nachtlandschaft mit Leuchtkugeln erhellt. Ein Streifschuss von irgend einem Granatsplitter verletzte mich leicht neben meinem rechten Auge. Ich wurde damit der erste Verwundete des Bataillons, mehr war nicht drin. Bald wurde ich zu einer neuen Kompanie, der Divisionsreserve, kommandiert. Überall, wo der Russe eingebrochen war, mussten wir als Sturmkompanie den Feind zurückwerfen, was auch einige Male gut gelang. Einige unserer Gegenangriffe waren auch erfolglos und brachten dann viele Verluste auf unserer Seite mit sich. So auch einmal in der Nähe eines Ortes mit Namen Sillein (Zilla).

Ein trauriges Beispiel aus dem Krieg!

Unsere Kompanie hatte den Auftrag, auf einen bewaldeten Hügel möglichst unentdeckt heranzuschleichen, zu sammeln und von dort aus einen Angriff gegen die weiter unten liegenden feindlichen Stellungen auszuführen. Wir wurden jedoch von einer feindlichen Stelle beobachtet und schon bevor wir zum Angriff kamen, so mit Granatfeuer beschossen, dass wir unseren Auftrag nicht ausführen konnten. Immer wieder krachte es, und Granatsplitter flogen durch die Gegend. Wir konnten uns auf dem Hügel vor dem Beschuss nicht schützen. Zum erstenmal hörte ich Hilfeschreie: „Sani – Sani – Hilfe!"

Aber die Schießerei ging noch einige Zeit weiter und es war nicht möglich, den Verwundeten Hilfe zu leisten. Jeder musste schauen, dass er Deckung finden konnte. Von unserer 4-köpfigen SMG-Mannschaft blieb ich allein übrig. Meine Kameraden sind gefallen oder waren verwundet. Ich habe sie nie wieder gesehen. Ich musste das Maschinengewehr zurücklassen, nahm dafür von einem toten Kameraden einen Sturmkarabiner mit und versuchte, mich zurückzuziehen. Einzeln, jeder auf eigene Faust, rannten wir in die sicheren Stellungen zurück. Während der folgenden Nacht wurden im Schutz der Dunkelheit dann die Verletzten und Toten geborgen. Ein zitternder älterer Familienvater war neben mir auf Posten und sagte zu mir: „Bub, hast Du mir eine Zigarette, ich halte es nicht mehr aus."

Am Tag darauf mussten wir auf einem ruhigen Platz hinter der HKL. (Hauptkampflinie) zum Appell antreten. Dabei wurde uns mitgeteilt, dass unser Kompaniechef wegen Feigheit vor dem Feinde zum Tod verurteilt worden war. Er hatte den Angriff mit der stark dezimierten Kompanie gegen die große Übermacht für unmöglich gehalten und deshalb nicht ausgeführt. Uns wurde gesagt, dass das Urteil bereits vollstreckt worden war. Nach dem Kriege wurde bekannt, dass unter Generalfeldmarschall Schörner, dem Oberbefehlshaber der Heeresgruppe A, Todesurteile bis in die letzten Kriegsstunden keine Seltenheit waren.
Eine neue Kampfgruppe wurde nun zusammengestellt und damit führten wir einen Tag später an einer anderen Stelle einen Angriff aus, der für uns problemlos verlief. Die Überraschung gelang so gut, dass sogar zwei Russen in einer vorgeschobenen MG-Stellung nicht mehr entkommen konnten und mit erhobenen Händen in unsere Gefangenschaft gerieten.
Der Angriff war zwar erfolgreich verlaufen, doch bald darauf zogen wir uns wieder zurück. Ein Unteroffizier ging mit den beiden Gefangenen hinterher und als wir durch ein Wäldchen kamen, waren aus nächster Nähe zwei Schüsse zu hören. Wir hatten keine Gefangenen mehr!

Mein letzter Einsatz
Am 14. April 45 wurde unsere Aushilfseinheit per LKW an einen anderen Ort gebracht. Uns wurde erklärt, dass wir einen kurzen Angriff durchzuführen hätten und anschließend wieder zum Ausgangspunkt zurückkehren sollten. Um beweglich zu sein, sollten wir möglichst wenig Gepäck mitführen. Ich ließ deshalb alles zurück. Sogar meinen Brotbeutel mit dem Essgeschirr.
Von einer kleinen Dorfschule aus begann unser Marsch zur HKL. Wir stiegen einen Hügel hinauf und warteten in geschützter Stellung die Nacht ab. Vor uns lag die viel umkämpfte Höhe „Obratisko", die wir einnehmen sollten. Auf ein Kommando stürmten wir im Laufschritt los! Wie wir es bei der Ausbildung in den Wäldern bei Konstanz gelernt hatten, schrieen wir „H u r r a" und schossen während dem Laufen ungezielt aus unseren Waffen auf die vermutete feindliche Stellung im dunklen Waldgelände.
Weil ich nur wenig Erfahrung mit einem Sturmkarabiner hatte, wusste ich nicht einmal richtig, ob ich auch gefeuert hatte. Erst am Ende des Angriffs sah ich, dass mein Magazin leer war, ich also 30 Schuss

abgegeben hatte. Wir erstürmten einen russischen Bunker auf der Höhe. Umherliegendes frisches Brot bewies, dass die Überraschung gelungen war. Was denen gut tut, kann uns nicht schaden, dachten wir und aßen das Brot – wenn auch mit komischen Gefühlen. Es hatte einen seltsam fremden Geschmack, weil es aus ganz grob gemahlenen Körnern gebacken war.

Am nächsten Tag mussten wir unsere Stellung verteidigen, denn nun ging der Russe bei Tag zum Angriff auf die Höhe über. Nur wenige deutsche Soldaten konnte ich noch sehen. Ich lag auf freier Wiese in einem Loch, das nur etwa 25 cm tief und mit Graswasen geschützt war. Etwa 300 m vor mir der Feind. Rechts und links neben mir sah ich niemanden mehr. Mein zuständiger Unteroffizier und ein weiterer älterer Landser waren etwa 50 m hinter mir in besser geschützter Position. Da wurde es mir schon unheimlich. Was sollte ich machen, wenn die da drüben kommen? Direkt neben mir schlug ein Gewehrschuss durch den Graswasen. Weitere Schüsse waren zu hören. Da wusste ich, dass es nicht mehr lange dauern würde, bis mich eine Kugel treffen würde, wenn ich weiter in meinem Loch bleiben würde.

Ich sprang auf und rannte, so schnell ich konnte, zurück. Plötzlich spürte ich einen Stich in meinem linken Arm. Zuerst glaubte ich an ein Explosivgeschoss, das meinen Arm zerschmettert hatte. Nachzuschauen war aber zunächst nicht ratsam und ich rannte weiter, bis ich in eine Deckung bei den beiden Landsern hinter mir fand. Die schnitten mir schnell die Ärmel von Mantel, Jacke und Hemd auf, legten eilig einen Verband an die blutende Stelle und schickten mich zurück. Eine Gewehrkugel hatte mich am Unterarm getroffen.

Halb den Schrecken in mir, halb erfreut, dass ich mit dem „Heimatschuss" den Krieg überstanden hatte, ging ich allein zurück. Schmerzen spürte ich keine. Als ich weiter hinunter ins Tal kam, stellte ich gerade noch rechtzeitig fest, dass ich den Weg verfehlt hatte und den Russen entgegen ging. Ich wäre ihnen fast direkt in die Arme gelaufen!

Über einen Umweg kam ich schließlich zurück zu dem Schulhaus auf deutscher Seite, von dem aus wir einige Tage zuvor aufgebrochen waren. Ich freute mich darüber, denn ich hoffte, mein Gepäck wieder zu finden. Diese Hoffnung aber zerschlug sich sehr schnell, unser Gepäck war längst weg, nicht mehr auffindbar und ich besaß nur noch das, was ich in den Taschen hatte.

An der Schule versammelten sich mit der Zeit mehrere Verwundete und im Schutze der Nacht konnte man uns zum Hauptverbandsplatz in Cadca in der Slowakei bringen. Laufend trafen dort Fahrzeuge mit verwundeten Kameraden ein. Die Sanitäter und Ärzte arbeiteten pausenlos, kamen zu keiner Ruhe. Zuerst aber kamen die schweren Fälle dran.
Ich musste zunächst also einige Stunden warten, bis dann bei der Untersuchung meiner Verwundung festgestellt wurde, dass es ein Durchschuss zwischen Elle und Speiche im Unterarm war. Aufgrund der Lage der Schusswunden wurde auch festgehalten, dass es sich um einen Nachschuss handelte. Dass der Schuss also von hinten getroffen hatte. Auf der Flucht! Dies hatte aber in dieser Kriegssituation keine weiteren Folgen mehr für mich und ich blieb zunächst in Cadca. Schon nach 10 Tagen aber wurde ich zusammen mit zwei anderen als „dienstfähig mit Behandlung" zur Truppe entlassen, die in der Zwischenzeit in Mährisch – Ostrau lag. Zu dritt meldeten wir uns bei einem Hauptfeldwebel hinter der Front. Der ließ uns noch einige Tage zur Genesung beim Tross. Unsere Einheit befand sich in Mährisch – Ostrau zur Verteidigung der Stadt.
In dieser Zeit wurde die Stadt von russischen Truppen eingeschlossen. Auch unser Regiment und wir konnten trotz Befehl unsere kämpfende Kompanie nicht mehr erreichen. Zwar wurde noch eine kleine Gruppe unter dem Kommando eines Unteroffiziers zusammengestellt, die bei Nacht in die Stadt vorrücken sollte. Der Unteroffizier allerdings hatte wohl den richtigen Riecher. Er stellte schnell fest, dass man nicht mehr in die Stadt gelangen konnte, und so zogen wir uns wieder zurück. Angeblich ist von unserer Einheit, die in Mährisch - Ostrau eingesetzt war, nur ein einziger Verwundeter, der sich tot gestellt hatte, aus dem Kessel herausgekommen.

Kriegsende

Die Front war zusammengebrochen und es begann ein Rückmarsch, bei dem alles drunter und drüber ging. Es lässt sich mit Worten nicht beschreiben. Zuerst fuhren wir beim Tross mit Pferdewagen. Obwohl allgemeines Verbot zum Aufsitzen auf Wagen ohne besonderen Auftrag bestand, wurde ich dabei von unserem Spieß in einen geschlossenen Wagen gesetzt. Ich hatte den Auftrag, auf ein zusätzlich hinten mitgeführtes Pferd zu achten.
Als der Fahrer vorne am Wagen durch immer wieder angreifende Tiefflieger getroffen und verwundet wurde, führte ich zusammen

mit einem Kameraden die Pferde weiter. Weil der Russe immer näher kam, flüchtete teilweise auch das Sanitätspersonal und niemand wollte sich um unseren Kameraden kümmern. In Friedeck konnten wir unseren Verwundeten nach langer Anstrengung schließlich los werden.
Wir fuhren mit vier Pferden weiter. Die ziehenden Pferde wurden immer wieder mit den hinten angebundenen ausgetauscht, damit sie sich erholen konnten, denn der Marsch ging bei Tag und Nacht weiter. Füttern oder Zeit zum Weiden bei dem kärglichen Gras gab es nicht. War ein Pferd erschöpft umgekippt, so wurde es ausgespannt und in den Straßengraben gerollt. Zuletzt mussten wir - wie die anderen auch - die Wagen stehen lassen. Der Inhalt (meistens Gepäck von Soldaten) wurde mit den Wagen verbrannt, damit die Russen ja nichts Wertvolles bekommen.
Dennoch lagen Verpflegung und Waren waggonweise umher. Darunter waren auch Sachen, die man zuvor monatelang schon nicht mehr bekommen hatte. Aber dies war jetzt alles wertlos. Man marschierte immer nur westwärts, heimwärts, um den Russen zu entkommen. Eine endlose Schlange wälzte sich auf völlig verstopften Straßen dahin. Oft gab es stundenlange Stockungen. Dazwischen immer wieder Tieffliegerangriffe. Immer wieder Tote und Verletzte und viele Pferde, die umherlagen, weil sie mit ihrer Größe von den Fliegern leichter getroffen wurden.
Mit einem Auto konnte ich eine Zeitlang mitfahren; doch als der Sprit ausging, war die Freude vorüber. Einmal erhielt ich von einem Offizier sogar ein Reitpferd. Aber als ungelernter Reiter kam ich mit dem übermüdeten Pferd nicht schneller vorwärts als zu Fuß und so ließ ich das Pferd gehen und ging zu Fuß weiter.
Überall wurden Geschütze gesprengt und Autos verbrannt oder über die Böschung geworfen, weil sie nicht mehr fahrbar waren. Man war ein ganz anderer Mensch, man spürte keinen Hunger, hatte kein Mitleid, schindete die Pferde bis zu ihrem Tode, ohne sich dabei etwas zu denken, vernichtete alle Werte, die man nicht mitnehmen konnte; und machte keinen Unterschied zwischen Tag und Nacht. Man war gefühllos geworden und der einzige Gedanke, der einen beherrschte war: „So schnell wie möglich nach Westen zum Ami!" - um den gefürchteten Russen zu entkommen. Aber die Russen waren schon vor uns und bei einem Ort mit dem schönen Namen „Deutsch-Brot" (heute: Havlickuv Brod) sammelten sie uns schließlich ein.

In russischer Gefangenschaft

Als wir wussten, dass der Krieg aus war, warfen wir im Wald unsere Waffen weg. Ich hatte noch eine Walter – Pistole bei mir, von der ich immer gehofft hatte, dass ich sie mit nach Hause bringen konnte. Aber daraus wurde nun nichts. Ich warf sie ebenso in den Wald, wie die beiden Eierhandgranaten, die ich noch am Gürtel trug.

In einer kleinen Gruppe zu zweit oder dritt, die sich zufällig gefunden hatte, gingen wir einem Dorf zu. Auf freier Straße standen davor zwei etwa 20-jährige russische Soldaten und ließen uns zur Überprüfung die Hände hochstrecken. Die ersten russischen Worte, die sie uns zuriefen, waren: „Ura Yes ?" (Hast Du Uhr ?). Als erstes wurden uns dann alle brauchbaren Sachen abgenommen. Dann sagten sie: „Gitlerjuchend - alle kaputtmachen" und zeigten mit Handbewegungen, dass man uns aufhängen werde. Für die war es wohl mehr Spaß, aber in unserer Situation war es ein unheimliches Gefühl.

In Gruppen zu etwa 1000 Mann mit jeweils zwei russischen Bewachern marschierten wir dann fast ohne Verpflegung über Brünn nach Preßburg (ca. 240 km). Geschlafen haben wir auf den Wiesen neben der Straße oder bei nassem Wetter auf der Teerstraße. In Preßburg war ich zunächst etwa acht Wochen lang in einem großen Sammellager, ohne zu arbeiten, weil ich zu schwach war. Zu essen gab es meist nur eine Wasserbrühe mit einigen Stückchen gekochter Lunge vom Schlachthof.

Die Russen kündigten immer wieder an, dass wir bald entlassen werden. Deshalb gab es auch kaum Fluchtversuche und nur wenige Gefangene sind ausgerissen. Mit der Entlassung wurde es dann aber nichts, vielmehr ging es mit der Bahn nach Rumänien. In Fotschani stiegen wir ganz schwindlig vor Schwäche und Hunger aus unserem Viehwagen aus.

In einer Schule war dort eine Wäscherei eingerichtet und wir mussten russische Uniformen waschen. 50 Mann erhielten täglich je 1 Waschzuber, 1 Rumpelblech, 2 Eimer heißes Wasser, 2 Stepphosen und Steppjacken und 1 Stück Seife, mit der wir die Kleidungsstücke waschen sollten. Bald hatten wir den richtigen Trick heraus. Die Seife tauschten wir bei den Wachtposten und die Russenklamotten schruppten wir mit einem rauen Stein. In einem Schulsaal konnten wir auf dem harten Boden schlafen. Als Kopfunterlage hatte ich eine Essensbüchse.

Im Oktober 45 kam ich nach Galaz nahe der Donaumündung und ich musste dort deutsche Maschinen aus Güterzügen und Donauschiffen ausladen. Immer hieß es, dass wir im nächsten Monat entlassen werden sollten. Endlich schien es dann soweit zu sein, denn wir wurden zunächst ins Zentrallager und von dort aus zum Bahnhof gebracht. Die Entlassung schien bevorzustehen.

Ab nach Russland

Auf dem Bahnhof waren zwei verschiedene Eisenbahnspuren zu sehen. Die Normalspur für Mitteleuropa und die Breitspur für Russland. Unsere Enttäuschung war unvorstellbar, als wir in Güterwagen, die auf der Breitspur standen, eingeladen wurden. Wir ahnten, dass uns nicht die Entlassung, sondern der Transport nach Russland bevorstand.

In den Waggon waren wir so eng hineingepfercht, dass ein Liegen nur auf der Seite möglich war. Körper an Körper lagen wir seitlich auf dem Boden. Nur auf Kommando konnte auf die andere Seite gewechselt werden. Für die Notdurft war an einer Stelle ein Loch im Waggon, doch der Platz konnte wegen der Enge kaum freigehalten werden. Die Waggontüren wurden nur einmal am Tag ganz kurz für die Hereingabe der Verpflegung geöffnet.

Nach achttägiger strapaziöser Fahrt bei bis zu 15 Grad Kälte wurden wir am 8. Dezember 1945 in Karatschew bei Bryansk, westlich von Moskau, ausgeladen und weit in einen Wald hineingeführt. Eine Reihe alter, verschneiter Blockhütten ohne Türen und Fenster, an deren Stelle Lucken in den Wänden angebracht waren, sollte nun unser Lager werden. Zunächst begannen wir damit, Öfen zu bauen und die Buden dicht und abschließbar zu machen. Das alles fast ohne Werkzeug, bei großer Kälte und wenig zu essen. Brot, das wir erhielten, war immer hart gefroren, doch nach einigen Tagen hatten wir es geschafft.

Am 18. Dezember begann bereits die „produktive Arbeit", das Holzfällen. Nach kurzer Erklärung bekamen jeweils drei Mann eine etwa 1 Meter lange Säge, eine Axt und fünf Bäume zugeteilt. Wer fertig war, hatte Feierabend, aber wir drei Anfänger wurden nie fertig. Vor und während der Arbeit wurde uns immer wieder gesagt, dass bei guter Leistung die Verpflegung besser werde. Die besten Brigaden sollten Prämien bekommen. Bald aber hieß es, „das waren kleine Bäume, du musst machen große Bäume", und so wurde die Norm immer höher geschraubt. Manchmal erhielten die besten Arbeiter 100 g. Zusatzbrot, das den anderen abgezogen wurde.

Die Tage in dem Lager gingen sehr schnell vorüber, denn man wurde nie ganz fertig mit der Norm und begann jeden Morgen noch eiliger,

Lagerhütte in Karatschew, gezeichnet von Wolfgang Eberle, einem Mitgefangenen aus dem Allgäu.

um mit den angezeichneten Bäumen fertig zu werden. Zu essen gab es morgens etwas Teewasser und abends einen dreiviertel Liter Suppe (warmes Wasser mit einzelnen Bohnen oder Erbsen), dazu ein Stück Brot, das 600 Gramm wiegen sollte. Durch die beigemischten Kartoffeln war das Brot nass und schwer. Außerdem standen uns pro Tag eigentlich auch noch 17 g. Zucker zu, den wir aber nur selten erhielten.

Alle drei bis vier Wochen gab es einmal Fisch zu essen. Während des Winters mussten wir mit Kienspanbeleuchtung unseren Platz in der Hütte finden und unser Essen einnehmen. Eine große Plage waren in dem Lager auch die Läuse, über die wir lange nicht Herr wurden. Später kamen noch Flöhe hinzu und auch die Wanzen haben uns viele Stunden der dringend nötigen Nachtruhe gestohlen.

Zusammen mit meinem Kameraden Georg Huber aus München habe ich in diesem Winter viele Raummeter Lang- und Brennholz geschla-

Nach meinen Erinnerungen unternahm Wolfgang Eberle einen Fluchtversuch aus dem Lager. Wir haben anschließend nie wieder etwas von ihm gehört.

gen, oft bei bis zu 30 Grad Kälte. Beim Stämme Verladen war ich einmal so entkräftet, dass ich für die anderen nur ein Hindernis war und vom Aufseher ins Lager zurückgeschickt wurde. Mir wurde ein Abkürzungsweg gezeigt. Dazu musste ich durch tiefen Schnee gehen. Mein körperlicher Zustand war aber so schwach, dass ich nur mit äußerster Anstrengung durch den Winterwald kam und ich musste alle meine Kraft und meine Energie zusammennehmen, dass ich dort draußen nicht irgendwo einschlief. Endlich im Lager angekommen, hatte ich auch noch mit dem Wachposten am Lagereingang Schwierigkeiten, weil ich alleine ankam. Natürlich hatte der dabei immer sein Gewehr auf mich gerichtet.

Überhaupt war der erste Winter die schlimmste Zeit der Gefangenschaft. Wir wurden immer schwächer und im Frühjahr 46 sahen sogar die Russen ein, dass unsere Kräfte erschöpft waren und sie führten eine ärztliche Untersuchung durch, bei der wir in verschiedene Arbeitsstufen eingeteilt wurden. Nur noch wenig voll Arbeitsfähige blieben übrig. Ich wurde „O. K." geschrieben, was nicht etwa die heute übliche Abkürzung für in Ordnung bedeutete sondern genau das Gegenteil, nämlich „Ohne Kraft".

Von den 1000 Mann, die im Spätherbst im Lager angekommen waren, hatten bis zum Frühjahr 1946 etwa 120 im nebenanliegenden Wald ihre letzte Ruhestätte gefunden. Unterernährung war die Hauptursache für die vielen Toten. Einige Kameraden sind aber auch von ihrer Arbeitsstelle im Wald von Karatschew nicht zurück gekommen, weil sie übermüdet auf dem Heimweg liegen blieben und am anderen Morgen dann tot aufgefunden wurden.

Als „O.K.-Mann" verrichtete ich nun leichtere Arbeiten. Dazu gehörte auch das Einsammeln von Brennholz fürs Lager. Außerdem wurde nun auch allgemein die Verpflegung etwas besser. Eimerweise wurden Brennnesseln und andere Kräuter gekocht und ohne Salz oder anderen Zusatz gegessen. Auch Kartoffelschalen wurden gekocht und gebraten und sobald es im Frühjahr Pilze gab, brachten wir uns jeden Tag Pilze mit ins Lager. Man suchte alles, was irgendwie essbar war, und kochte das Zeug in einer Büchse an einem offenen Feuer.

Selbstverständlich traten dadurch aber auch viele Krankheiten auf. Ein Kamerad beispielsweise musste sterben, weil er zuviel Grünzeug auf einmal gegessen hatte. Die häufigsten Krankheiten aber, die auftraten, waren Durchfall, Abszesse und Wasser im Körper. Die ärztlichen Untersuchungen wurden nur einmal im Monat durchgeführt,

trotzdem ging die Zahl der Sterbefälle stark zurück, das Leben in dem Lager verbesserte sich langsam, eine langsame Erholung trat ein.
Die Wohnhütten wurden besser eingerichtet und zum Teil neu gebaut. Für die Beleuchtung fertigten wir uns Öllampen an. Das Öl für die Lampen mussten wir beim Stalintraktor im Sägewerk stehlen.
Im Sommer 1946 war ich eingeteilt bei den Ausgrabarbeiten für eine Eisenbahnlinie, die durch Munitionslager in Karatschew führte. Dort konnten wir die festgelegte Norm meistens erfüllen. Außerdem gab es mehr Möglichkeiten, sonst noch etwas zu organisieren, so dass wir mit der Verpflegung durchkamen.
Ab Juni 1946 durften wir jeden Monat eine Karte mit 25 Worten schreiben. Wir waren jedoch sehr im Zweifel, ob die Post überhaupt weitergeleitet wurde, weil wir nicht angeben durften, wo wir überhaupt sind. Ich hatte deshalb geschrieben, dass ich gleich weit weg bin, wie mein Bruder Franz, denn der liegt ja in der Gegend begraben, in der wir damals gefangengehalten wurden. Ich erinnerte auf meiner Karte auch ans Tee- und Heilpflanzensammeln, so dass meine Angehörigen denken konnten, dass ich im Wald zu tun hatte.
Etwa im Oktober erhielt ich von zu Hause eine Antwortkarte mit 25 Worten. Für mich war die Freude riesengroß, aber manche Kameraden warteten vergeblich auf einen Gruß von daheim. Einige wussten überhaupt nicht, wohin schreiben, weil ihre Angehörigen geflohen waren.
Im August 1946 ging ein Transport in die Heimat, aber ich hatte mich schon zu gut erholt, durfte deswegen nicht weg, musste ab September vielmehr wieder als Holzhauer in den Wald. Der große Arbeitseifer war nun verflogen, aber unter dem Druck der Brigadiere (deutsche Gruppenführer) musste man sich wie zuvor abschinden. „Norma – Norma pudet" – die Norm muss erfüllt werden, hieß es immer wieder.
Ein Kamerad, der erschöpft am Boden liegen blieb, wurde als Simulant beschimpft, geschlagen und zur Arbeit angetrieben. Nach einigen Stunden ist er dann gestorben. Hauptsächlich den großen breitschultrigen Männern ist es so ergangen, weil sie in der Kleidung noch stärker aussahen als ihr Zustand wirklich war. Die Verpflegungsration reichte für uns kleinere auch besser.
Eines Abends musste noch eine Mannschaft hinaus um Stämme zu verladen. Unserer Gruppe wurde ein größerer Kamerad zugeteilt, der am Tag wegen zu geringer Leistung aufgefallen war. Am anderen

Morgen wunderten wir uns, dass er nicht aufstand, bis wir merkten, dass er schon tot war. Er war in der Nacht dicht neben mir vor Erschöpfung auf seinem Lager gestorben und wurde am nächsten Tag von den Halbkranken im Wald bei den vielen anderen begraben. Durch einfache Birkenkreuze wurde ihre letzte Ruhestätte gekennzeichnet; und es wurden immer mehr Birkenkreuze!

Bei der Untersuchung am 1. Dezember 46 stellte der Arzt erneut meinen Schwächezustand fest und schickte mich zur Erholung ins Krankenrevier. Dort lag ein todkranker Soldat mit angeschwollenem, dickem, glänzendem Bauch im Sterben. Als er merkte, dass ich aus Süddeutschland stamme, bat er mich eindringlich, seiner Frau Grüße auszurichten. „Wenn Du heimkommst, berichte meiner Frau und sage ihr Grüße von mir." Ich hatte ja aber nichts zu schreiben und den Kameraden zuvor auch nicht gekannt, doch er bat mich so eindringlich, dass ich mir seine Bitte bis heute gemerkt habe: „Meine Frau ist die Minna Walter in Freistett Kreis Kehl." Wenige Tage später starb er.

Nach meiner Heimkehr aus der Gefangenschaft nahm ich Kontakt mit der Frau in Freistett auf. Sie hätte es gerne gehabt, wenn ich sie besucht hätte, doch ich wollte das nicht. Ich kannte den Mann ja nicht, sah ihn nur die paar Tage vor seinem Tode und konnte nichts von ihm und über ihn erzählen. Heute denke ich anders über die Sache. Sicherlich war mein Weg in das Gefangenenlager ähnlich gewesen, wie der des Verstorbenen und ich hätte der Frau darüber berichten können. Damals aber sah ich das anders und ich besuchte sie nicht. Ich bestätigte der Frau jedoch über das Rathaus den Tod ihres Mannes, so dass sie Witwenrente beantragen konnte.

Im Krankenlager in Russland verdiente ich mir im Dezember 46 durch Holzspalten und andere leichte Arbeiten bei der Küche manchen Nachschlag und ich kam so schnell wieder zu Kräften, blieb jedoch über Weihnachten noch im Krankenrevier. Zum Weihnachtsfest erhielt dort jeder Gefangene zwei große Kartoffelklöße und abends eine dicke Suppe. Leider waren die Klöße nicht durchgekocht, so dass fast alle Revierleute Magenbeschwerden bekamen.

Religiöse Veranstaltungen gab es während der ganzen Zeit der Gefangenschaft nicht. Thema Eins bei allen Landsern waren das Kochen und das Essen. Mancher lernte neue Gerichte kennen (in der Theorie), die er sich für zuhause merkte. Die er dort in der Freiheit einmal nachkochen wollte.

Von Zeit zu Zeit wurden wir von unserem Antifa – Leiter politisch geschult. (Antifa – Leiter war ein deutscher Gefangener, der in Moskau

ausgebildet und geschult worden war.). Auch kleine Theater wurden aufgeführt, aber die Kumpel, die den ganzen Tag bei der Arbeit waren, hatten wenig Interesse für solche Unterhaltungen.
Im Laufe der Zeit sind einzeln etwa 30 Kameraden aus dem Lager ausgerissen. Solange sie unterwegs waren, hatten sie genug zu essen. Aber fast alle wurden wieder geschnappt und solange vernommen, bis sie ihr Stammlager wieder angaben. Wenn die Ausreißer dann ins Lager zurückgebracht wurden, musste die ganze Lager- Mannschaft antreten und zusehen, wie sie von den Russen und hauptsächlich von der deutschen Lagerpolizei geschlagen und mit Wasser bespritzt wurden. Unter besonderer Bewachung arbeiteten sie im Lager anschließend als Sträflinge.
Ab 1. Februar 47 musste ich als Arbeitsfähiger ins Sägewerk und später auch wieder in den Wald. Da in der Umgebung des Lagers alles Holz geschlagen war, lagen unsere Arbeitsstellen immer weiter entfernt vom Lager. Wir mussten nun 1 ½ Stunden gehen, bis wir unsere Arbeitsstelle erreichten. Dies bei teilweise 30 Grad minus. Da bekamen einige Kameraden schon unterwegs weiße Finger oder eine weiße Nase. Mit Schnee wurde dann gerieben, um das Schlimmste zu verhindern. Am Mittag war dann wieder angenehmer Sonnenschein. Nach dem ersten Winter hatten viele Kameraden bereits Erfrierungen und an den meisten Schuhen war die Kappe vorne verbrannt vom Füße Wärmen am offenen Feuer. Ich hatte zum Glück oder durch Vorsehung aus der Wäscherei in Rumänien Fell für Pelzeinlagesohlen und Material zum Füttern von Jacke und Handschuhen mitgebracht, so dass ich keinerlei Erfrierungen erlitt.
Ab Frühjahr 47 ging ich mit den „O.K.- Leuten" zum Äste Verbrennen in den Wald. Dies war die schönste Zeit in der Gefangenschaft. Leichte Arbeit bei meist schönem Frühlingswetter, aber auch da wurde eine Norm festgesetzt. Anfangs mussten fünf Mann ein Feuer unterhalten (vier Mann saßen am Feuer und der fünfte schaffte Äste herbei). Die Norm wurde jedoch immer weiter nach oben getrieben, bis zuletzt ein Mann zwei Feuer unterhalten musste. Das war bei dem grünen Holz gar nicht so einfach. Als Zusatzessen haben wir uns aus dem nahegelegenen Fluss in diesem Frühjahr öfters Muscheln geholt.
Die gute Zeit hatte sich schnell ausgewirkt. Als voll Arbeitsfähiger ging ich im Sommer 47 mit dem eng zusammengeschmolzenen Kommando wieder in den Wald. Endlich herrschte bessere Einigkeit unter den Gefangenen. Von den 30 Mann gingen täglich 2 - 4 Mann über

Land, um Lebensmittel zu organisieren. Eine russische Aufsicht hatten wir nicht bei der Arbeit. Die russischen Förster kümmerten sich nur um unsere Arbeit. Die Ausgesandten gingen mit Säcken durch die Ortschaften und bettelten bis 15 km weit von der Arbeitsstelle entfernt. Es ist sehr anerkennenswert, wie wir von den Einwohnern beschenkt wurden. Ihr Brot war schlechter als das unsere und manchmal mit Rüben oder gedörrten Kartoffelschalen gemischt. Das zeugte von der Armut der Leute, die nur ein paar Hühner und wenn es viel war, eine Kuh besaßen. Ihre Arbeit leisteten sie für einen Spottlohn bei der Kolchose. Trotzdem konnten sie uns nicht abweisen, ohne ein Stück Brot oder einige Kartoffeln zu geben.

In den russischen Dörfern liegen alle Wohnhütten an einer Straße. In der Mitte ist ein Ziehbrunnen. Die Hütten sind einstöckig gebaut aus Balken, die mit dem Beil grob behauen wurden. Die Fugen zwischen den Balken sind mit Moos verdichtet und die ganzen Wände mit Lehm verstrichen. Durch die Außentür kommt man in den Vorraum, in dem die Hausartikel wie Holz oder Werkzeug, aber auch Vorräte wie Kartoffeln umherliegen. Besitzen die Bewohner eine Kuh, so dient der Vorraum auch als Stall.

Hinter dem Vorraum liegt der Wohnraum, der alles enthält, was zum Wohnen benötigt wird. Dominierend im Wohnraum ist der Ofen, der allein die Hälfte des Raumes einnimmt. Er dient zum Kochen, Backen, aber auch zum Schlafen, denn die Leute legen sich dazu auf den Ofen. Wenn ich auf unseren Betteltouren Häuser aufsuchte, traf ich oft die Frau beim Brotbacken an. Die Hauptarbeit war dabei das Kartoffelreiben. Der Mann lag währenddessen, mitten am Tage, oft auf dem Ofen. In der Zeit, als der Schnee auf den Äckern abtaute, sammelten die Leute die verfrorenen, matschigen Kartoffeln, um sie zu Brot zu backen. Öfters kam ich auch dazu, wie sich zwei Russen gegenseitig entlausten. Einmal durfte ich etwa um 10 Uhr morgens beim Vesper mithalten. Es gab Pellkartoffeln, die nach dem Kochen im Ofen braun gebraten wurden, jedoch ohne Fett, nur an der Luft. Dazu gab es Pilze, die in Salz eingelegt waren. Eine Gabel sah ich bei den Russen nie. Messer nur selten, der Brotlaib wurde gebrochen.

Von den Leuten wurden wir immer freundlich aufgenommen. Sie wollten mehr über unsere Heimat erfahren, aber die Verständigung war doch sehr schwierig. Unsere oberschlesischen Kollegen konnten sich mit den Russen unterhalten. Sie verstanden etwas Russisch. Durch sie erfuhren wir, dass viele Russen gerne nach Deutschland wollten. Die armen Leute hatten Stalin so gerne wie Hitler.

Ein alter Mann zeigte mir, wie man dort betet. Er war erstaunt, dass auch wir in Deutschland so ähnlich beten. Bei einer Betteltour kam ich einmal zu einer Kolchose. Mehrere Frauen waren gerade beim Kartoffelsortieren, deshalb hoffte ich, von den ausgelesenen, schlechten Kartoffeln etwas zu erhalten. Auf meine Bitte beim Aufseher bekam ich russische Fluchwörter zu hören. Der „Natschalnik" erklärte, wenn die Deutschen nicht gekommen wären, wäre alles viel besser. Während meiner Unterhaltung mussten die Frauen meinen Sack mit guten Kartoffeln füllen. Beim Abschied fragte der Mann: „Warum du nix große Sack? Komm morgen mit große Sack".
Dies war für uns eine gute Zeit und wir haben uns dabei körperlich erholt. Allerdings haben uns einige Male unsere Wachposten am Eingang ins Lager die Kartoffeln wieder abgenommen, denn Russen waren auch froh, wenn sie sich während der Nacht einen Eimer Kartoffeln kochen konnten.
Die Posten waren meist junge Burschen. Einige waren freundlich zu uns, einige waren echte Stalinburschen und richtig gehässig gegenüber den Deutschen. Die russische Wachmannschaft, auch die Offiziere, hatten eine knappe Verpflegung, so dass von unseren Rationen immer wieder etwas für die Wachmannschaft abgezweigt wurde.
Einmal trafen wir bei der Arbeit eine Gruppe russischer Frauen beim Stämme Verladen an. Als ehemalige Ostarbeiterinnen waren sie während der deutschen Besetzung freiwillig in Deutschland gewesen und wurden nach dem Krieg genauso wie wir als Gefangene behandelt. Sie schwärmten von der schönen Zeit: „Oh Deutschland ist schön - Samstagmittag nix arbeiten - Kuchenbacken".
Am 20. Oktober 1947 wurde das Lager aufgelöst und wir wurden in die Industriegegend von Tula (südlich von Moskau) versetzt. Als beschränkt Arbeitsfähiger musste ich dort überall aushelfen. In der Ziegelei, im Sägewerk, am Sauerkrautsilo oder beim Abladen von Holz und offenem Zement vom Waggon. Das waren alles schwere Arbeiten, bei denen mein Zustand rapide schlechter wurde.
Aber es hat mir nichts mehr ausgemacht. Wir waren nun soweit, dass das Interesse an mehr Verpflegung nicht mehr so groß war, weil immer die Schwächsten nach Hause kamen. Die Lagereinrichtung in Tula war besser als zuvor. Aber die Verpflegung war trotzdem nicht viel besser. Die Suppe bestand oft nur aus Salzgurken, oder grün in Salz eingelegten Tomaten und Wasser. Aber für Abwechslung wurde manchmal gesorgt. So kam einmal aus einem Nachbarort eine Musikkapelle zu unserer Unterhaltung.

Entlassung aus der Gefangenschaft

Ganz überraschend wurde am 30. November 47 eine Untersuchung durch einen jüdischen Arzt durchgeführt, der sich sehr für unsere Entlassung einsetzte. Ich war zu dieser Zeit zu schweren Lagerarbeiten eingeteilt. Mein Gesundheitszustand war deshalb nicht besonders gut. Außerdem kam ich nur durch Zufall, gerade noch im letzten Moment zu der Untersuchung dazu.

Ein dreiköpfiges Gremium untersuchte mich, wobei sich dies auf eine Betrachtung des nackten Körpers und ein Zwicken ins Hinterteil beschränkte. Mit nur wenigen anderen wurde ich zur Seite hin aussortiert und mit neidischen Blicken schauten uns die anderen Kameraden nach.

Ich wusste noch nicht so richtig, um was es ging. Doch auf Grund meines allgemeinen Schwächezustandes wurde ich notiert und noch in derselben Nacht „versandfertig" gemacht. Dazu erhielten wir noch extra bessere Kleidung. Meine Freunde, die sich noch schwächer fühlten als ich, konnten nicht, verstehen, warum sie nicht auch zu den Heimfahrern gehörten. Mein Freund Walter Heidrich aus Schlesien war einige Wochen zuvor wegen Schwäche fast zusammengebrochen. Er konnte kaum mehr gehen. Deshalb war er in die Küche zur Mithilfe gesteckt worden. Jetzt hatte er wieder soviel zugelegt, dass er nicht heimfahren durfte. Er war völlig verzweifelt, denn er meinte, er sei doch der Schwächste von allen, die Entlassung stände doch ihm am allermeisten zu. Es war aber nichts mehr zu ändern, Walter Heidrich musste noch ein ganzes Jahr länger auf seine Heimkehr warten.

Dann wurde auch er entlassen. In die DDR, Schlesien war ja in der Zwischenzeit polnisch geworden. Walter schrieb mir nach seiner Entlassung aus der Gefangenschaft. Er arbeitete bei der DDR – Eisenbahn und besuchte mich in den 50er Jahren sogar einmal in Waldsee. Er hatte die Möglichkeit erhalten, weil er bei der Bahn beschäftigt war.

In Russland wurden die zur Entlassung vorgesehenen Gefangenen zunächst ins Hauptlager gebracht. Dort erfolgte nochmals eine Untersuchung auf Tätowierungen am Arm, wie sie SS – Soldaten hatten. Diese wurden wieder zurück ins Arbeitslager gebracht und für den Rest der Gruppe begann der Heimtransport in unverschlossenen Waggons. Auf diesem Transport, auf der Fahrt durch Polen, hatte ich dabei am 12. Dezember meinen 20. Geburtstag. Dafür erhielt ich von dem mitfahrenden Küchenwagen einen extra Nachschlag. Das wären

zusätzlich $1,{}^{1}/_{2}$ Liter Soja – Suppe. Die bekam mir natürlich gar nicht gut, aber die Freude war doch groß.
Die letzte russische Abfertigung war in Frankfurt / Oder. Dann ging die Heimreise in kalten Güterwagen weiter über Erfurt nach Bebra. In Leipzig rannten wir bei einem nächtlichen Aufenthalt zu den Caritasschwestern, die dort mitten in der Nacht Suppe ausschenkten. Wir waren ganz überrascht, wie sie gar nicht mehr aufhörten mit dem Austeilen. – Zum ersten Mal genug Suppe! – Wir konnten es kaum fassen!
Erst an der Zonengrenze bei Bebra, als die Russen uns den Amis übergeben hatten, spürten wir die Entlassung, die Erleichterung, das Abfallen der Anspannung – wir waren endlich sicher!

Rückkehr nach Hause

Es folgte bei den Amerikanern zuerst eine moderne Entlausung bei guter Verpflegung und anschließend ging es im geheizten Eilzug nach Ulm. Es war gerade 24. Dezember, deshalb wurde die Abfertigung beschleunigt, so dass ich gleich nach Hause weiterfahren konnte.
Beim Aufenthalt in Aulendorf hatte ich zum erstenmal Probleme mit meinem Glatzkopf. Ich wusste nicht, ob ich im Wartesaal meine dicke Russenkappe aufbehalten oder meinen bloßen Kopf zeigen sollte. Eine Rotkreuzschwester bot mir ein Bündel Zigaretten an, das ich schüchtern ablehnte. Die Fahrt ging dann weiter nach Waldsee, wo ich am Heiligen Abend um 19 Uhr unangemeldet zur Weihnachtsfeier bei meiner Familie eintraf.
Die Freude war natürlich groß. Kurz zuvor war bei meiner Familie eine Karte angekommen in der ich geschrieben hatte, ich hoffe bestimmt, im nächsten Jahr die Heimat wieder zu sehen. Diese Hoffnung hatte sich schneller als erwartet erfüllt.

Weihnachten 1947.

Wieder zu Hause

In den ersten Wochen nach meiner Rückkehr war ich immer

hungrig, obwohl ich genug zu essen bekam. Wenn ich nach reichlichem Mittagessen durch die Küche ging, konnte ich keine Pellkartoffeln liegen sehen, ohne davon zu essen. Es war einfach die angewöhnte Gier nach dem Essen. Obwohl es damals Lebensmittel noch auf Marken gab, erhöhte ich innerhalb von drei Monaten mein Gewicht von ca. 44 kg um 25 kg auf fast 70 kg. Ich war dick, hatte Probleme, mich in der Freiheit wieder zurechtzufinden.
In Reutlingen versuchte ich eine Schule zu besuchen, doch ich hatte solches Heimweh, dass ich diese Schule schnell wieder abbrach. Mein Vater nahm mich dann in unser Geschäft und ich begleitete ihn bei seinen Verhandlungen mit den Bauern.
Mitte 1948 wurde ich von einer starken Fieberkrankheit befallen, deren Ursache lange unerklärlich war. Zwei bis drei Monate war ich todkrank, man konnte die Ursache für das Fieber nicht finden und man befürchtete, dass ich das Fieber nicht überleben würde. Gegen das Fieber erhielt ich Tabletten, die mein Magen aber auf die Dauer nicht verkraftete. Es stand schlecht um mich, bis der behandelnde Arzt in Urlaub ging und als Vertretung ein junges Bürschlein erschien, kaum zwei oder drei Jahre älter als ich.
„Du kommst zu mir ins Krankenhaus," redete er mich mit Du an, und dort wurde ich gründlich untersucht. „Wenn Du einen Fieberanfall bekommst, läutest Du sofort nach mir" und bereits nach wenigen Tagen stellte man meine Krankheit fest: Malaria! In meiner Erinnerung brauchte es nur ein paar Tabletten und ich konnte das Krankenhaus als gesunder Mensch verlassen.
So überstand ich auch noch diese schwierige Situation und erst viel später überlegte ich mir, ob nicht zwei Kameraden, die mit mir in Russland im Lager waren und die nach der Entlassung zu Hause gestorben waren, nicht auch an der Malaria erkrankt waren. Einer hieß Strobel, stammte aus Schussenried, war vor mir entlassen worden und hatte meine Eltern besucht, vor ich aus Russland zurückkam. Der andere wohnte in der Nähe von Friedrichshafen. Telefonisch hatten wir Kontakt nach unserer Rückkehr. Beide starben wenige Monate nach ihrer Heimkehr. Es treibt mich heute noch die Ungewissheit, ob nicht beide auch an der Malaria erkrankt waren, ob nicht beide vielleicht überlebt hätten, wenn ich ihnen von meiner Heilung erzählt hätte.
Ich hatte aber mehr Glück als sie. Habe die Kriegs- und Nachkriegszeit ohne stärkere Folgeschäden überstanden. Sicher habe ich in dieser Zeit auch vieles gelernt, was im normalen Leben nicht mög-

lich gewesen wäre. Gerne denke ich an die angenehmen Erlebnisse zurück wie etwa die schöne Zeit des Feuermachens beim Äste verbrennen - die Begegnung mit russischen Einwohnern - oder stille Spannung beim Brotverteilen, wenn an einem Tag die Verpflegung ausgefallen war.
Zum Schluss will ich den Dank aussprechen dafür, dass ich die ganze Zeit so gut und heil überstehen konnte, vor allem unserem Vater im Himmel, den ich in der schwierigen Zeit vielleicht zu wenig anrief, den russischen Militärs, die keine Vergeltung ausübten an uns, den russischen Zivilpersonen, die immer gut zu uns waren, und meinen Angehörigen, die immer zu mir gehalten und für mich gebetet haben.

Josef Schwellinger
Höhreute,
Jahrgang 1927

„Es ist das reinste Wunder, dass ich aus der ganzen Sauerei heil herausgekommen bin.“

Kindheit und frühe Jugendzeit

Am 31. Juli 1927 wurde ich in Höhreute, damals Landkreis Überlingen, geboren. Ich war das älteste von sieben Kindern des Ehepaares Josef und Anna Schwellinger, geborene Berger. Ich habe drei Brüder und drei Schwestern. Höhreute gehört heute zur Gemeinde Wilhelmsdorf im Landkreis Ravensburg.

Ab 1934 besuchte ich die Schule in Zußdorf, wobei der Schulweg wegen der Steige zwischen den Orten oft sehr mühsam war. Seit dem Geburtsjahrgang 1927 / 28 dauerte die Schulpflicht acht Jahre. In der 1. Klasse unterrichtete Lehrer Herzog noch alle acht Klassen zusammen. Ab der 2. Klasse waren wir getrennt in zwei Schülergruppen. Wir Jüngeren wurden von einem Unterlehrer unterrichtet.

Am Nachmittag, nach dem Unterricht, war es selbstverständlich, dass wir auf dem Hof mitarbeiten mussten. Früher, als die ganzen Arbeiten auf dem Hof noch „Handarbeiten" waren, als es nur wenige Maschinen gab, wurde man bereits als Kind bei den Arbeiten eingesetzt. Es war eine Kette ohne Ende. Bereits vor wir den Schulranzen abgelegt hatten, wurde die Arbeit verteilt und am Abend, wenn man eigentlich genug gehabt hätte, sollte man noch für die Schule lernen.

Zu Beginn des Krieges, als bereits viele Mitglieder des Kirchenchores und auch des Musikvereines eingezogen waren, sollte an deren Stelle am Heldengedenktag der Schülerchor kurzfristig die Gestaltung der Messe übernehmen. Hauptmann Luck, der das Sagen im Dorf hatte und der auch darüber mitentscheiden konnte, wer zurückgestellt wird und wer nicht, sowie Pfarrer Beck forderten dies vom damaligen Lehrer Herzog. Der weigerte sich, weil auf die Kürze nicht genügend Lieder eingeübt werden konnten. Man müsse so eine Feier schließlich vorbereiten, könne Schüler nicht einfach hinstellen und lossingen lassen.

Josef Schwellinger ca. 1942/43.

Lehrer Herzog wurde kurz nach diesem Vorfall zum Militär ein-

gezogen. Er war bis zum Ende des Frankreichfeldzuges weg. An seiner Stelle war ein Lehrer in Zußdorf, der immer wieder eines der Mädchen mit hinaus nahm und dann mit rotem Kopf wieder zurück kam. Ich weiß nicht genau, was dort passierte, auf jeden Fall war dieser Lehrer nicht lange im Ort und es kam anschließend zu einer Gerichtsverhandlung. Danach kam dann Lehrer Herzog wieder zurück und übernahm den Unterricht.
Während der Abwesenheit von Lehrer Herzog hatte Josef Reisch aus Zußdorf den Organistendienst in der Kirche übernommen. Er behielt diese Tätigkeit auch nach Rückkehr des Lehrers, denn Josef war damals froh an jedem Pfennig, den er verdienen konnte. Ein Grund war aber auch, dass Lehrer und Pfarrer sich nicht besonders mochten, aber das war kein Wunder nach den Vorkommnissen am Heldengedenktag. Es war außerdem auch schwierig, den Pfarrer zu mögen. Man muss dies offen und ehrlich sagen.
Pfarrer Beck war nicht immer leicht zu ertragen. Er geriet wegen Kleinigkeiten in Wut und schlug dann zu. – Religion kann man einem nicht einprügeln; das ist sicher der falsche Weg. Dazu gehört der freie Wille. Bei einer Beerdigung, ich weiß nicht mehr von wem, mussten Alois Sauter und ich ministrieren. So lange der Lehrer Organist war – und das war zu diesem Zeitpunkt noch der Fall – mussten auch alle anderen Schüler mit zu der Beerdigung. In diesem Falle aber beteiligten sich einige der Schüler nicht an der Beerdigung, sie spielten stattdessen im Schulgarten Fußball. Der Pfarrer stellte Alois und mich zur Rede, warum die Schüler nicht bei der Beerdigung gewesen seien. Wir sollten Rechenschaft ablegen. Wir beide, die bei der Beerdigung ministriert hatten. Mit uns hätte er doch eigentlich zufrieden sein können, aber uns versuchte er in der Sakristei in seiner Wut zu ohrfeigen. Vor er mich aber traf hob ich den Arm und der Pfarrer schlug mit der Hand auf meinen Unterarm. Ihn schmerzten seine Finger sichtbar mehr, als mir der Arm weh tat.
Nach dieser Sache ministrierte ich vier oder sechs Wochen nicht mehr. Erzählt habe ich zu Hause davon nichts. Es war doch früher so. Hätte ich mich beklagt, hätte mich wohl auch noch der Vater geschlagen. Da hat es zur damaligen Zeit ja nicht viel gebraucht.
Im Laufe der Schulzeit wurden wir auch immer wieder unter Druck gesetzt, bei der Hitlerjugend mitzumachen. Dabei hätte die Höhreuter und Zußdorfer Jugend wohl wenig von den Nazis bemerkt, wenn Wilhelmsdorf nicht bestanden hätte. Wilhelmsdorf war eine Hochburg der Nationalsozialisten. Der Leiter des Internats war dabei de-

ren oberster Vertreter. Ich erinnere mich noch genau an ein Ereignis, ich ging damals noch nicht zur Schule, als hinter dem Knabeninstitut, KI, der neue Sportplatz eingeweiht wurde.
Es muss wohl 1933 gewesen sein, als der frisch eingesetzte Schulleiter eine Rede hielt, die er mit einem dreifachen „Sieg Heil" abschloss und zur Feier des Tages „Die Fahne hoch" und „Deutschland, Deutschland über alles" gesungen wurde. Ich war dort mit meinen Eltern, die genau die gegenteilige politische Ansicht vertraten.
Bei den Wilhelmsdorfer Jugendlichen war es eben so, dass sie zu Hause keine Bauernhöfe hatten, dass sie nicht mitarbeiten mussten. Denen machte die Marschiererei offensichtlich Spaß. Sie wurden schon bald zu Hitlerjugendführern ernannt, ließen uns ihre Macht spüren, fühlten und benahmen sich wie kleine Generäle.
Wir mussten eben auf unseren Höfen mitarbeiten und der HJ – Dienst war alles andere als freiwillig für uns. Versammlungslokal war im oberen Geschoss einer stillgelegten Mühle, der Beimühle. Wie oft wir uns getroffen haben, weiß ich nicht mehr, aber vor allem im Sommer, wenn die Erntearbeiten anstanden, hatten wir keine Lust für Geländespiele und Gesangsabende. Wir wurden zum Dienst gezwungen und wer zweimal fehlte, erhielt einen gelben Zettel; wer dreimal fehlte, einen roten.
Ich war ja der Älteste auf dem Hof und man brauchte mich immer mehr zu Hause als beim Hitler – Dienst und weil Höhreute ja im Badischen liegt, versuchten wir uns immer wieder zu verdrücken, in dem wir behaupteten, wir würden nach Ilmensee zur HJ gehen. Manchmal gelang es uns auf diesem Weg, uns durchzuschwindeln.

Ab der 7. Klasse erhielt ich bei Lehrer Schairer in Pfrungen Klavierunterricht und ich erlernte Grundkenntnisse im Klavier- und Orgelspielen. Eigentlich war ich nicht besonders begeistert, man drängte mich aber, man befürchtete, dass irgend wann gar niemand in der Kirchengemeinde mehr Orgel spielen konnte.
Meine Großmutter war eine geborene Weissenrieder von einem Hof in Höhreute. Von diesem Hof war ein Sohn Pfarrer geworden und in deren Haus stand ein altes Harmonium des Pfarrers. Wenn ich dort zu Besuch war, probte ich immer auf diesem Instrument und ich konnte schon bald ein paar Lieder spielen. Man drängte mich deshalb dazu, Unterricht zu nehmen. Dieser begann während der Militärzeit von Lehrer Herzog und dauerte etwa ein Jahr. Eigentlich nur ein halbes Jahr, denn im Sommer blieb keine Zeit

zum Musikunterricht, ich musste selbstverständlich auf dem Hof mitarbeiten.
Bald schon sollte ich dann in Zußdorf bei der Andacht Orgel spielen und auch bei der Christenlehre am Sonntag Nachmittag. Vorher musste ich in die Sakristei, um das Blatt mit den Liedern abzuholen, die ich spielen sollte. „Wenn Du orgeln willst, dann musst Du früher kommen," schnauzte mich Pfarrer Beck einmal an. Ich drehte um, stieg zur Orgel hoch, zog den Stecker und ging nach Hause.
Bei irgend einem besonderen Anlass oder einem Fest, ich glaube an Fronleichnam, hatte Josef Reisch keine Zeit. Er jammerte und bettelte mich an, den Orgeldienst zu übernehmen. Nur ungern sagte ich schließlich zu. Ich ging aber nicht zuerst in die Sakristei, sondern direkt auf die Orgel hoch, wo ich dann die Liste mit den Liedern von einem Ministranten bekam.
Der Pfarrer war ja der Ansicht, ich sei zu dumm, um zu orgeln, doch der Gottesdienst ging vorüber, ohne dass mir beim Orgelspiel ein Fehler unterlaufen war. Der Pfarrer aber besuchte anschließend Josef Reisch und behauptete, ich hätte mich wohl bei Josef angetragen zu orgeln, um ihn, den Pfarrer zu ärgern. Von diesem Zeitpunkt an war für mich Feierabend. In der Kirche von Zußdorf habe ich nie mehr etwas gemacht.
Einmal, ich weiß nicht mehr zu welchem Anlass, hätte ich nochmals spielen sollen. Josef Reisch kam extra nach Höhreute herauf in meine Stube und bearbeitete mich. Doch als ich erfuhr, dass ich vorher noch beim Pfarrer vorbei kommen sollte, habe ich dankend abgelehnt. Wegen nichts die steile, damals noch ungeteerte Steige hinunterzugehen, die Steige, die oft mehr einem Bachbett ähnelte, als einer Straße, das war mir dann doch zu viel. Nur um verdummt zu werden!
Nachdem die Schulzeit für mich beendet war, arbeitete ich auf dem Hof meiner Eltern in Höhreute. Der Ort war ja damals badisch, gehörte aber ganz früher zum Kloster Sankt Gallen in der Schweiz. Später kam der Ort in den Besitz der Fürsten von Fürstenberg, die hier dann riesige Besitzungen hatten. Felder und Wälder. Mein Vater hatte sechs Morgen Land vom Fürsten gepachtet und in Illwangen, einer Nachbargemeinde, besitzt das Haus Fürstenberg heute noch Ländereien. 1936, im 3. Reich, geriet das Fürstenhaus wieder einmal in finanzielle Not und wir erhielten das Angebot, die gepachteten Felder zu kaufen. Mein Vater und auch andere Bauern des Ortes nahmen das Angebot an und erwarben die bisher gepachteten Felder.

Auch der Wald, der vor Jahrhunderten in Besitz der Höhreuter Dorfgemeinschaft war, gehörte während meiner Kindheit den Fürsten von Fürstenberg. Die hatten ihn in Hungerjahren für ausstehende Abgaben zunächst als Pfand genommen und als die Schuld zu hoch wurde, übernahm ihn das Fürstenhaus in sein Eigentum. Die Fürsten haben ihn förmlich kassiert und für die Höhreutener Bauern war die Zeit der kostenlosen Versorgung mit Brennmaterial und Bauholz vorbei.
Allzu lange aber konnten die Fürstenberger sich an ihrem Waldbesitz nicht erfreuen. In den zwanziger Jahren des letzten Jahrhundert ergriff das damalige Familienoberhaupt die Spielsucht, dem zunächst der Baumbestand zum Opfer fiel. Der gesamte Wald bis hinüber nach dem Ort Glashütte wurde zunächst abgeholzt, um die Spielschulden zu begleichen. Zu meiner Schulzeit standen dort frisch gepflanzte Schonungen, in denen wir Waldhimbeeren ernteten.
Überhaupt hatten die Fürstenberger früher einen sehr ausschweifenden Lebensstil. Mein Vater, der aus dem Dorf Langgassen stammte, erzählte, dass zu seiner Kindheit die Familienmitglieder immer mit Kutschen vorgefahren sind, um ihre dortigen Besitzungen zu besichtigen, um die Bauern zu beeindrucken und zu beaufsichtigen.
Auch die weiblichen Bediensteten des Fürstenhauses waren vor den Nachstellungen der Herren wohl alles andere als sicher. So hatte ein Förster in unserem Bereich, das Kind einer Dienstmagd, eine nicht zu übersehende Ähnlichkeit mit dem damaligen Familienoberhaupt des Fürstenhauses. Dieser und schon sein Vater hatten einen riesigen Hofstaat und kein Küchenmädchen schien vor seinen Nachstellungen sicher zu sein. Bedienstete im Schloss erhielten im übrigen wenig Lohn. Man war froh, Essen und Unterkunft zu haben und sah es vielleicht auch als Ehre an, dort arbeiten zu dürfen.
Auch nach dem 2. Weltkrieg gerieten die Fürstenberger erneut in finanzielle Bedrängnis. Auch die Nachkommen waren und sind nicht so „hasenrein", wie man bei uns sagt. Die Vererbung funktioniert hier sichtlich und so musste der Wald aus Finanznot an das Land Baden – Württemberg verkauft werden. Das war für das Land wohl kein schlechtes Geschäft, denn in den letzten Jahren wurde wieder abgeholzt und Unmengen von Holz wurden abtransportiert.

Reichsarbeitsdienst

Am Buß- und Bettag des Jahres 1944, am 22. November, erhielt ich den Einberufungsbefehl zum Reichsarbeitsdienst nach Königsberg, nordwestlich von Bamberg. Als ich die Nachricht bekam, war ich ge-

rade beim Dreschen. Den Dienst musste ich noch im November antreten; das genaue Datum weiß ich allerdings nicht mehr.
In der Gruppe, in der ich in Königsberg war, befanden sich vor allem junge Leute aus unserer Gegend. Aus Denkingen, Silvenstahl, Hahnennest, Pfullendorf, Zozznegg, der war sogar noch mit mir verwandt, weiter aus Hagnau, Hepbach, von der Insel Reichenau und so weiter. Wir blieben in Königsberg bis in den Januar 45 und konnten am Abend des 2. Januar die Bombardierung im fast 100 km entfernten Nürnberg miterleben. Der ganze Himmel war hell erleuchtet; man sah die Kondensstreifen der angreifenden Maschinen und sogar die Flugzeuge selbst am Himmel. Die gesamte Nürnberger Altstadt wurde bei diesem Angriff zerstört und fast 2000 Menschen verloren ihr Leben.
Einige Tage später erhielten wir Heimaturlaub und als ich nach Hause kam, lag der Stellungsbefehl zur Wehrmacht nach Wien bereits auf dem Tisch.

Die Uniform mit dem Stehkragen, die wir während der Ausbildung trugen, nannten wir nur Sarrasani-Uniform; man hat alles zusammengelesen, um jedem wenigstens noch eine Uniform geben zu können.

Grundausbildung in Wien – Strebersdorf

Ich musste einrücken zu den Hoch- und Deutschmeistern nach Wien – Strebersdorf, einer Vorstadt nördlich von Wien, die am Bisamberg liegt. Dort wurden wir ausgebildet. Ich war in der 4. Gruppe der 3. Ausbildungskompanie. In der Ausbildungseinheit traf ich einige der jungen Leute wieder, die im November zum R.A.D. nach Königsberg eingezogen worden waren. Auch sie hatten ihren Stellungsbefehl zu den Hoch- und Deutschmeistern nach Wien erhalten. Andere aus der R.A.D. – Gruppe waren – wie ich später erfuhr – nach Norddeutschland eingezogen worden. Eben möglichst weit weg von zuhause, damit ein Abhauen kaum möglich war.

Die Hoch- und Deutschmeister bekamen diesen Titel irgendwann einmal wegen besonderer Tapferkeit. Später wurden wir an der Front einmal gefragt, in welcher Einheit wir seien und die SS bezeichnete unsere Division daraufhin als „Überläuferdivision"!
In der 3. Gruppe meiner Kompanie waren Soldaten aus der näheren Umgebung meines Heimatortes. Gebhard Abt aus Baumgarten und Josef Bauschatz von Nehmetsweiler. In der gleichen Gruppe wie ich war Anton Hummel aus Wintersulgen. Ebenfalls in derselben Kompanie war ein Soldat namens Gommringer aus Röhrenbach bei Heiligenberg. Wir waren alle Jahrgang 1927, also noch keine 18 Jahre alt.
Die Ausbildung in Wien war im allgemeinen nicht besonders hart. Wir hatten einen Hauptmann, der hat wohl schon gesehen, wohin das mit dem Krieg geht und hat sich entsprechend verhalten. Nur die Befehlsausgabe, die war großartig aufgezogen. Was man alles an Übungen und Zeugs mit uns vorgehabt hat!
Es kam dann aber so, dass sehr oft um 10 Uhr morgens, man konnte fast seine Uhr danach stellen, amerikanische Bomber am Himmel auftauchten. Sie waren in Italien gestartet, flogen westlich an Wien vorbei Richtung Norden und drehten dann nach Süden zum Angriff auf Wien ab. Zuerst so hoch als möglich und dann im Sinkflug, um schnell das Sperrfeuer zu durchfliegen und die Bomben abzuwerfen. Bei Alarm verließen wir unsere Baracken, in denen wir untergebracht waren und gingen in der Nähe, am Bisamberg oder in Gerarsdorf bei den ersten Häusern in Deckung. Am Bisamberg waren Flakgeschütze, mindestens eine Batterie. Überhaupt: In ganz Wien standen Flaktürme. Teilweise sind diese heute noch zu sehen.
Bei einem Angriff im Februar oder März 45 erhielt ein angreifendes amerikanisches Flugzeug einen Volltreffer und explodierte. Weil die Bomber sehr dicht aufeinander flogen, wurden auch andere Flugzeuge von Trümmern getroffen. Ich zählte neun Flugzeuge, die abstürzten und die Trümmer flogen uns um die Ohren.
Als wir nach dem Angriff wieder in unsere Baracken zurückkehrten, war genau an der Stelle in einer Reithalle, an der vor dem Alarm der Hauptmann von einem Rednerpult mit Fahne aus eine Ansprache gehalten hatte, das riesige Einschlagsloch einer Fliegerbombe. Das Dach der Reithalle war durchschlagen, das Rednerpult samt Fahne lag in einer Ecke der Halle und vor einer Baracke auf dem Kasernengelände steckte der Propeller eines abgeschossenen amerikanischen Bombers.

Nach einem Angriff mussten wir nach Simmering auf den Bahnhof um aufzuräumen. Die Lokomotiven lagen herum wie Streichholzschachteln und die Gleise waren zerstört und verbogen. Die Bombentrichter sollten eingeebnet und die Gleise wieder repariert werden. Doch bevor wir richtig angefangen hatten, war wieder Fliegeralarm.
In der Nähe lag eine Ziegelei und wir suchten Deckung in einem Brennofen, in den wir hineinkletterten. Rings um uns herum gab es Einschläge und die Erde wackelte, wie bei einem Erdbeben. Der Ofen war aus Lehm gemauert und der Mörtel bröselte. Es war zwar staubig, aber sonst hat es uns nichts gemacht. Angst hatten wir aber schon.
Nach dem Angriff sahen wir, dass am Kamin der Fabrik eine Bombe vorbeigestreift war. Der Schornstein hatte eine richtige Schramme, war aber stehen geblieben. Ringsherum lag vor lauter Staub ein Nebel in der Luft, als wenn es Herbst gewesen wäre.
Während der Grundausbildung wurden wir einmal auf den Truppenübungsplatz nach Döllersheim gebracht. Döllersheim liegt nordwestlich von Wien an der tschechischen Grenze. Zuerst hieß es, es ginge mit dem Zug nach Budweis in der Tschechei. Jenseits der Grenze konnte man den Hass der Menschen, die aus den Fenstern schauten, sehen. Nach einem Halt wurde der Zug schließlich umdirigiert nach Döllersheim, wo ein riesiger Truppenübungsplatz angelegt war. Bunker und Verteidigungsanlagen dort waren teilweise getarnt mit Häusern, die darüber gebaut waren und in Schuppen standen nagelneue Fiat – Raupenschlepper, die als Zugmaschinen für die Artillerie vorgesehen waren. Weil es aber keinen Treibstoff mehr gab, konnten sie nicht eingesetzt werden.
Wir mussten in Döllersheim tagelang Schützengräben ausheben. Eine harte Arbeit, denn es war schlecht zu graben, weil der Boden felsig war. Den Vorgesetzten ging die Arbeit zu langsam voran und so befahlen sie uns, die Hemden auszuziehen und bei ziemlicher Kälte mit nacktem Oberkörper zu arbeiten. Sie meinten, dass wir dann schneller graben würden. Es war doch alles für die Katz, hirnlos und sinnlos!
Immer wieder sahen wir von dort aus auch, wie amerikanische Flugzeuge ihre leergeflogenen Zusatztanks abwarfen. Man sah auch dort die Bomber, wie sie aus Süden, aus Italien kommend, anflogen und dann den Bogen zum Angriff auf Wien flogen. In Döllersheim war ein Lager mit hohen Zäunen. Wir glaubten damals, es sei ein KZ. Es war aber ein Lager für gefangene französische Offiziere. Dort war der Zaun die ganze Nacht über hell beleuchtet. Wenn die Alliierten gewollt hätten, wäre es ein Leichtes gewesen, dieses Lager zu bombardieren.

Der Gruppenführer der 3. Gruppe war ein Unteroffizier, der seine Soldaten unglaublich schikanierte. Ein Soldat musste einmal „Gewehrpumpen" und ihm wurden sämtliche Karabiner der Gruppe auf die ausgestreckten Arme geladen. Er musste Kniebeugen machen, bis er umgefallen ist. Ein anderer Soldat beschwerte sich wegen dieser Schikane beim Zugführer. Daraufhin musste dieser Soldat dieselbe Folter über sich ergehen lassen. Auch er musste mit ausgestreckten Armen und aufgestapelten Gewehren Kniebeugen ausführen. Diese Schleiferei war unsinnig und völlig für die Katz und hatte nur den Sinn, einen zu demütigen.
Als wir später im Einsatz waren, hat sich dieser Gruppenführer möglichst nicht bei seiner Gruppe aufgehalten. Er musste die eigenen Soldaten mehr fürchten als die Russen. Einer aus dieser Gruppe kam einmal zu mir, ich sehe es noch heute, ganz genau, „Du, wo ist der?"; ich wusste zwar, wo er sich aufhält, sagte es aber nicht, „Wenn der mir vor den Lauf kommt, dann ist der tot!"
Ich kannte den Namen des Soldaten nicht. Er war ja in einer anderen Gruppe und ich kannte ihn nicht so gut. Ich aber war in fast der ganzen Einheit bekannt. Alle, die zuvor im R.A.D. in Königsberg gewesen waren, kannten mich, denn bei der dortigen Weihnachtsfeier hatte ich auf dem Klavier vorgespielt und die Weihnachtslieder begleitet.
Der oben angesprochene Unteroffizier hielt sich während des Einsatzes dann öfters in meiner Nähe auf, doch mir hat er auch nicht richtig getraut. Er schickte mich einmal nach vorne, um einen Soldaten zu suchen. Wahrscheinlich in der Absicht, dass mich die Russen schnappten. Ich aber suchte nicht sehr lange und er staunte nicht schlecht, als ich wieder zurückkam.
An einem schönen Morgen mussten wir dann antreten und man erklärte uns, ein Unteroffizier sei stiften gegangen und habe das MG mitgenommen – das war kein anderer als der. Der ist einfach abgehauen.
Der Ausbilder meiner Gruppe in Strebersdorf hatte die Hand in der Schlinge wegen einer Verwundung. Er hatte einen Durchschuss. Von unten nach oben; mit einer Ausschusswunde an der Schulter. Er musste deshalb nicht mit an die Front. Dort hatten wir einen anderen Gruppenführer, der aber bereits an einem der ersten Einsatztage bei der Annakapelle starb.

Kriegseinsatz

Mitte März war unsere „Ausbildung" bereits beendet und wir mussten von Strebersdorf aus nach Osten marschieren, wo wir unseren

ersten Einsatz haben sollten. Der kam am 30. März; es war der Karfreitag des Jahres 1945.
Bereits einige Tage vorher war die 4. Kompanie aus Strebersdorf eingesetzt worden. In dieser Kompanie war August Keller aus Hepbach, mit dem ich schon in Königsberg beim R.A.D. zusammen war. Auch August überlebte den Krieg und wir trafen uns später einige Male wieder. Er erzählte, dass die Kompanie in den Schützengräben am Neusiedler See ins Trommelfeuer der russischen Artillerie geriet. Die Überlebenden sind raus und abgehauen, wurden hinter der Front aber abgefangen und man versuchte, sie wieder nach vorne zu jagen. Die Soldaten weigerten sich, die Gräben boten keinen Schutz, sie waren voll mit toten deutschen und russischen Soldaten.
Unsere Kompanie, die dritte, lag am 30. März in Gattendorf nördlich des Neusiedler Sees in Gefechtsbereitschaft und wir mussten warten, bis der Russe kommt. Wir sahen zahlreiche deutsche Panzer Richtung Westen fahren und jeder hatte einen weiteren Panzer angehängt. Ob diese defekt waren oder einfach keinen Sprit mehr hatten, weiß ich nicht.
Gattendorf war evakuiert, von allen Bewohnern verlassen, aber die Schweine standen noch im Stall. Immer zwei aus einer Gruppe wurden zum Kochen eingeteilt. Anton Hummel aus Wintersulgen und ich waren dies aus unserer Gruppe. Wir schlachteten zuerst eine kleine Sau und kochten dann.
Am Nachmittag mussten wir antreten. Unser Zugführer, Oberfeldwebel Schreiber aus Berlin, war so betrunken, dass ihn auch zwei Mann nicht halten konnten. Er rutschte immer wieder zwischen den beiden nach unten. Er hatte einen Rausch, so etwas hatte ich vorher noch nie gesehen.
Der Feldwebel erklärte uns, wir seien Gefechtsvorposten. Er zog dabei seine Pistole und betonte, dass er jeden persönlich erschießen würde, der versuchen sollte „stiften zu gehen." In dem Zustand, in dem er war, musste man jedoch davor nicht besonders Angst haben. Es war das letzte Mal, dass wir unseren Zugführer gesehen haben. Während des gesamten Einsatzes blieb er verschwunden. Ich weiß nicht, ob man ihn abgelegt hat, um seinen Rausch auszuschlafen und ob ihn dann die Russen geschnappt haben oder was mit ihm passiert ist.
Gattendorf war ein langgezogenes Dorf. Die Russen erschienen von Osten her auf einem LKW mit übergelegter, eroberter deutscher Flagge und wir schlichen auf der anderen Seite aus dem Dorf hin-

aus, ohne dass ein Schuss abgegeben wurde. Dem Dorf passierte so nichts und wir zogen uns zurück bis zu einem Schützen- und Panzergraben, der westlich von Gattendorf ausgehoben war.
Ein Kübelwagen der SS fuhr daher, übersah den Panzergraben, der getarnt war und fuhr so in den Graben hinein, dass der Wagen nicht mehr herauskam. Die Fahrzeugbesatzung stieg sehr schnell aus und rannte davon. Sie dachten nicht daran zu kämpfen, sondern schauten nur darauf, dass von uns keiner türmte. Dann hätten sie die Sau raus gelassen.
Als die Luft rein war, gingen wir zu dem Wagen und nahmen heraus, was wir brauchen konnten. Die SS hatte Schokolade und jede Menge Lebensmittel dabei und wir hatten nichts zu essen gehabt. Jeder von uns steckte ein, was er konnte, und wir lebten einige Tage gut von dem, was wir aus dem SS – Wagen herausgenommen hatten.
Ganz in der Nähe von Gattendorf steht noch heute dieselbe Kapelle mit Kellergewölbe wie damals, die Annakapelle. Die Kapelle war im März 45 abgeschlossen, nicht aber die darunter liegende Krypta, in der sich unsere Gruppe versteckte, während sich die Unteroffiziere in der angrenzenden Lourdesgrotte in Sicherheit brachten.

Die Annakapelle bei Gattendorf heute. Links der Eingang zur Krypta.

Sie meinten natürlich, sie müssten zum Feind hinüberschauen. Die Russen schossen mit Schrapnell und unser Gruppenführer, ein Unteroffizier, erhielt einen Splitter mitten ins Herz. Er war auf der Stelle tot. Darauf kamen die Uffze auch zu uns in die Krypta. Einer versuchte zu erklären, was passiert war. Er brauchte 5 oder 10 Minuten, war so aufgeregt, hatte Arbeit mit dem Atmen, um überhaupt reden zu können. Er kam zu mir und ich fragte ihn, was er eigentlich hätte. Kaum hatte er mir erzählt, was passiert war, erhielten wir einen Volltreffer. Es geschah nicht Ernsthaftes, das Gewölbe der Krypta war zu dick, aber es hat gestaubt, man konnte die Hand nicht vor dem Gesicht sehen.
Wir mussten aber aus dem Gewölbe heraus und durch eine in der Nähe stehende brennende Scheuer hindurch, in der wir etwas Deckung fanden. So setzten wir uns ab und suchten in den Schützengräben Schutz vor den russischen Artilleriegeschossen.
Am Anfang schossen die Russen 50 oder 100 Meter über uns hinweg, weil aber einige immer wieder meinten, sie müssten ihre Nase aus den Gräben herausstrecken, hatten sich die Russen bald eingeschossen.
In der Nähe der Annakapelle wurde Gebhard Abt aus Baumgarten durch einen russischen Spähtrupp verwundet. Er hatte einen Armdurchschuss und einen Bauchschuss. Ich sah ihn hinten auf einem Mistwagen sitzen, an dem zwei Pferde angespannt waren und ich fragte ihn, was er habe und wie dies passiert sei. Er zeigte mir seine Verwundungen und erzählte, dass ein russischer Spähtrupp aufgetaucht sei und er dabei verwundet wurde.

Die Annakapelle, im Vordergrund die Lourdesgrotte.

Gebhard Abt kam in ein Lazarett, das später von den Russen besetzt wurde. Die Russen verschleppten Gebhard nach Schlesien, wo er eine Bauchfellentzündung bekam. Er konnte nicht mehr liegen, musste immer stehen und wurde dann, ich glaube Ende 45, nach Hause entlassen.

Das Trommelfeuer bei Gattendorf dauerte von morgens bis abends 9 oder 10 Uhr. – Alle Kaliber. Ein Splitter schlug ein paar cm neben mir ein, ich langte danach, um ihn anzuschauen und verbrannte mir an dem heißen Metallbrocken die Finger. „ Das wär grad recht, wenn der neitroffa hätt und no brennt hätt!" Wir wussten bald, was los war, denn die Russen wollten wohl angreifen. Als wir sahen, dass sie die Seitengewehre aufpflanzten, machten wir uns aus dem Staub und zogen uns über Zumdorf, Amdorf nach Neudorf zurück. Die SS versuchte erfolglos, dies zu verhindern.
Bald aber hat`s dann doch geharkt. Einige Häuser brannten, weil die Russen über uns hinweg in ein Dorf hineinschossen. Bei Parndorf überquerten wir eine Bahnlinie und gruben uns an einem Waldrand ein. Das war der größte Blödsinn; anstatt sich im Wald einzugraben mussten wir unsere Schützenlöcher 20 – 30 Meter vor dem Wald graben.
Einer musste einem Unteroffizier einen Spaten bringen, um eine Schützenmulde auszuheben. Der wurde von einem Scharfschützen glatt erschossen. Auch auf mich hat der Scharfschütze geschossen. Auf der Bahnlinie hat er 30 cm neben mir in den Schotter getroffen. Wir kamen dann darauf – wahrscheinlich war das in diesem Parndorf - dass wir von dem Ort nur den Kirchturm und die höheren Häuser sahen. Deshalb hielten wir mit dem MG in den Kirchturm hinein und dann war Ruhe. So gab es vielen Blödsinn und für nichts und wieder nichts sind Leute gestorben.

Es war wohl auf dem Rückzug nach Parndorf, als ein Schwarzwälder und ich eine Munitionskiste auf einem Fahrrad transportieren sollten. Diejenigen, die nichts dabei hatten, die kamen natürlich schneller voran als wir und wir ärgerten uns mit dieser Munitionskiste herum. Ich schob das Fahrrad, der andere musste die Kiste festhalten, die einmal auf dieser und einmal auf der anderen Seite hinunterrutschte. Die Kiste war schwer. Ich hätte den Mut nicht

Josef Schwellinger 2007 auf dem Kampfgebiet von 1945.

gehabt, doch der Schwarzwälder hat vorgeschlagen, die Kiste wegzuwerfen. Ich füllte zuvor alle Taschen mit Munition auf, so dass es mir fast die Hosen heruntergezogen hat. Alle Taschen und die Jacke hatte ich voll mit Munition, dann ließen wir die Kiste stehen. Einige Zeit lang schleppte ich auch ein MG 38 mit mir herum. Ein altes Modell aus der Vorkriegszeit mit acht Schuss Munition. Irgendwann kamen wir an einem Wäldchen vorbei und ich warf das MG in den Wald, denn erstens war ich nicht ausgebildet am MG und zweitens, was nützt mir ein Maschinengewehr, wenn ich nur acht Schuss Munition dafür habe.

Auf dem Weg Richtung Westen kamen wir durch eine kleine Ortschaft mit einem Wegweiser nach Bruck an der Leitha. Ich weiß nicht 10 oder 12 km. Dort war wieder die SS und es hieß, dass der Feind eingesickert sei. Wir mussten deshalb am Morgen in aller Frühe einen Gegenstoß über freies Feld auf ein Wäldchen zu machen. In Schützenreihe mit aufgepflanztem Seitengewehr. Wenn die Russen in dem Wald wach gewesen wären, die hätten uns zusammenmähen können mit einem einzigen MG; keiner von uns wäre übrig geblieben. Aber die hatten wohl zu viel getrunken; auf jeden Fall war am Anfang keiner von ihnen wach.
Nur von einem anderen Wald aus wurden wir mit einem MG beschossen. Ich lag hinter einem Holzstoß, wir mussten den Lauf unseres MGs wechseln und oben schossen die Russen in die Holzstämme, dass nur so die Fetzen flogen.
Wir erreichten schließlich das Wäldchen und durchkämmten es. Immer angetrieben von solch verrückten Siechen mit der Pistole in der Hand, Es gab dort viel niederes Gebüsch und wir mussten beim Durchkämmen einen Mordskrach machen. Am Rande des Waldes stand ein Haus, in dem sich Russen verschanzt hatten, Das Haus steht heute noch als Ruine da und die Einschusslöcher der Panzerfaustgeschosse konnte man bei meinem Besuch der Gegend im Jahre 2007 immer noch sehen. Es wurde nach dem Krieg nicht mehr aufgebaut, vielleicht sind die Bewohner damals umgekommen, denn wir schossen in das Haus, bis sich dort nichts mehr regte. Ohne Rücksicht darauf, dass vielleicht auch die Bewohner noch darin sein könnten.
Plötzlich rief einer, dass der Feind hinter uns sei. Wir waren durch das Wäldchen durch und nahmen am Waldrand Stellung. Die Russen nahmen uns von hinten unter Feuer; wir lagen kaum 10 Meter ausei-

nander. Ich weiß heute noch, ich kauerte hinter einer Forche und ein Russe zielte auf mich. Ich schoss wie wild, weiß aber nicht, ob ich ihn getroffen habe oder nicht. Man war schon ein wenig aufgeregt, als junger Kerl. Es war reine Glücksache, ob man überlebt oder nicht und es wundert mich noch heute, dass ich ohne Verletzung durchgekommen bin. Eine kleine Schramme am Oberschenkel von einem Ausrutscher ist alles. Ansonsten bin ich der ganzen Sauerei heil entronnen; es ist das reinste Wunder!

Nachdem wir die Russen in dem Wäldchen getötet hatten, hielten die Unseren uns fest und wir mussten die Nacht über die Stellung halten. In dieser Nacht kam die SS mit einem einzigen Panzerspähwagen zu einem Scheinangriff vorgefahren, schoss mit Leuchtmunition wie wild dort hinein, wo sie den Gegner vermutete und wir hörten auch, dass die Russen nicht weit weg waren. Ich weiß nicht, ob die Russen eine Notbrücke über die Leitha, die in der Nähe durchfloss, geschlagen hatten, oder was es da sonst noch gab, aber irgend etwas war da los in dieser Nacht.

Am anderen Morgen, gegen 10 Uhr, mussten wir uns zurückziehen. Ich bin in dem Wäldchen entlang und sah, dass Russen und Deutsche über- und durcheinander lagen. Anton Hummel aus Wintersulgen, wir wohnten in der Ausbildung im selben Zimmer, im gleichen Stockbett. Ich unten, er oben. Er war bei diesem Einsatz dabei und er kam nicht mehr zurück, den muss es dort erwischt haben. Mir kam das so vor. Ich kann es zwar nicht hundertprozentig bezeugen, denn es musste ja schnell gehen, als wir uns zurückzogen und jeder schaut auf seine eigene Haut; aber ich bin mir meiner Sache ziemlich sicher, dass er bei den Toten war.

Das Übelste war noch: Überall lagen die Briefmappen der Toten, die Jacken geöffnet und die Bilder herausgerissen. Wahrscheinlich waren noch so Siechen da, die Geld gesucht hatten. Das konnten nur Deutsche oder Österreicher gewesen sein. Das waren bestimmt solche, die uns mit der Pistole daran hindern wollten zurückzugehen. Russen waren dort auf jeden Fall keine mehr!

Wir haben über Anton Hummel nie eine Nachricht gehört, obwohl er seine Erkennungsmarke trug. Man hat sich wohl nicht um die Toten gekümmert, nichts ist geschehen. Riesige Denkmäler haben die Österreicher dort für den ersten Weltkrieg errichtet; so hoch wie Kirchtürme! Aber wir waren ihnen gar nichts wert. Nicht ein Kreuz kann man dort dafür sehen. Als ich 2007 die Gegend besuchte, konnte ich keinen einzigen Hinweis auf die gefallenen Kameraden finden. Es

war für mich die größte Enttäuschung, dass wir nichts, keine Erinnerung, kein Grab, keinen Friedhof fanden.
Die Mutter von Anton Hummel hatte immer die Hoffnung, dass er noch heimkommt. Ich hatte nicht den Mut, muss ich ehrlich sagen, ihr die Wahrheit zu sagen, denn ich konnte keinen Eid darauf schwören, dass er bei den Toten war, doch ich bin trotzdem sicher, dass es für ihn so ausgegangen ist.
Seine Mutter war zuvor einmal hier in Höhreute als Magd gewesen und hatte auch Verwandtschaft in Zußdorf. Aber ich muss ehrlich sagen, weil sie immer noch Hoffnung hatte und ich seinen Tod nicht mit absoluter Sicherheit bezeugen konnte, obwohl ich ziemlich sicher war. - Wir mussten damals eben schnell verschwinden. - Ich konnte es ihr nicht sagen.
Zu allem Übel kam dann noch, dass wir von der eigenen Artillerie beschossen wurden, als wir aus dem Wäldchen heraustraten. Die ersten Einschläge lagen zum Glück 40, 50 Meter vor der Nase und dann sahen sie, was los war, dass sie versehentlich auf eigene Soldaten schossen und hörten damit zum Glück auf. So ist eben viel passiert auf beiden Seiten, dass Leute ums Leben kamen.
Es war Regenwetter, Josef Bauschatz aus Nehmetsweiler, hatte den Karabiner übergehängt mit dem Lauf und der Mündung nach vorne. Vor der Mündung hatte er wohl seinen Daumen und weil er den Karabiner nicht gesichert hatte, löste sich ein Schuss und traf den Daumen der rechten Hand, von dem nicht mehr viel übrig blieb. Nun war das eine sehr gefährliche Verletzung, weil man dahinter Selbstverstümmelung vermuten konnte, weil ihm dann eine Anklage wegen Wehrkraftzersetzung drohte und er erschossen worden wäre. Er hatte das Glück, dass er schnell nach Wien ins Lazarett kam und von dort gleich ins Heimatlazarett nach Ravensburg überwiesen wurde. Über den Umsturz hinweg war er schon zu Hause. Josef Bauschatz hat bis heute nie darüber geredet, wie es zu seiner Verwundung gekommen ist. Ich weiß es von einem Soldaten namens Moosbrugger aus Bettenbrunn bei Wintersulgen, der in derselben Gruppe war wie Josef Bauschatz.
Auch Moosbrugger wurde später durch einen Schuss ins Bein verwundet, kam in ein russisches Lazarett und wurde früh aus der Gefangenschaft entlassen. Ich weiß von keinem von uns, dass er lange in russischer Gefangenschaft gewesen wäre, dass er etwa nach Sibirien gebracht worden wäre. Alle aus unserer Einheit, die in russische Kriegsgefangenschaft gerieten, sind nach meiner Kenntnis

recht früh wieder entlassen worden. Wahrscheinlich, weil wir so jung waren.
Im April 1945 zogen wir uns über eine hügelige Landschaft südlich der Leitha zurück. Auf den Feldern standen viele Strohschober im Freien. Die Bauern hatten wohl keine so großen Scheuern, um alles unter Dach unterzubringen. Die Schober brannten alle. Das war mit Sicherheit die SS, die sie angezündet hatte. Auf der anderen Seite des Flusses sahen wir deutsche Truppen auf dem Rückmarsch und die Russen folgten ihnen kurz dahinter.
Auf unserer Seite trafen wir dann wieder auf SS – Truppen mit Panzern. Dabei sah ich, wie ein russischer Panzer abgeschossen wurde. Aus der Deckung heraus konnte ich nur den Panzerturm sehen. Wie die SS dann geschossen hat, ist gleich eine Rauchwolke aus dem Turm herausgekommen.
Irgendwann wurden wir auf unserem Rückzug wieder abgefangen und man stellte uns wieder irgendwo hin und jeder von uns musste für sich an einem Waldrand eine Schützenmulde graben. Als es dunkel wurde, irgendwo in der Nähe des Flusses Leitha, lag dort ein Tobel und ich habe mich einfach davongeschlichen. Ich dachte: „Hier lass ich mich nicht einschließen." Ich lief die ganze Nacht ohne Pause nach Westen, Richtung Wien. An allen vorbei. Versteckt im Gelände, nicht auf der Straße.
Irgendwann nachts erreichte ich Wien. und schlief ermüdet ein. Auf dem Stahlhelm sitzend oder auch daneben, auf jeden Fall wurde mir der im Wiener Prater zusammen mit meiner Kappe gestohlen.
In der nächsten Nacht übernachtete ich in Wien dann in einem Wehrmachtsheim. Es hatte einen Wetterrückschlag geben, hatte fast geschneit und es war bitter kalt. Wir waren dort lauter Versprengte. Keiner von meiner ursprünglichen Einheit war mehr bei mir. Am Morgen wurden wir frühzeitig geweckt, damit wir weg waren, wenn eine Kontrolle kam. Der Leiter des Heimes gab mir zum Abschied noch eine Mütze und einen Mantel mit. – Einen SS – Mantel, wie ich später feststellte, aber das war vielleicht ein Vorteil, ich wurde auf jeden Fall in Ruhe gelassen.
Am Franz – Josef –Bahnhof stand ein Zug, später merkten wir, dass es ein Rot – Kreuz – Zug war. Dort schlichen wir uns hinein. Einige aus der Wehrmachtsunterkunft waren dabei und auch einen Soldaten aus der Kleiderkammer in Strebersdorf traf ich in dem Zug wieder. Auch tschechische Soldaten waren darunter und sogar ein SS – Offizier.

In dem Zug wurden wir bald wieder von den Russen beschossen. Eine Salve schlug über den Wagen hinweg in ein paar Metern Entfernung ein. Aber der Beschuss hörte schnell wieder auf; vielleicht war der Zug ja als Sanitätszug gekennzeichnet und wir kamen heil aus Wien heraus bis nach Döllersheim; denselben Ort, in dem ich einige Wochen vorher auf dem Truppenübungsplatz war.
Dort wurden wir aus dem Zug geholt, wurden zunächst entwaffnet und es wurde eine neue Kampftruppe zusammengestellt. In dieser Truppe waren auch viele Ungarn und wir mussten fast ungarisch lernen, wenn wir uns verständigen wollten. Ein Haufen Kanonenfutter, in dem sich auch Russen befanden, die auf unserer Seite kämpften.
Schließlich wurden wir nach vorne geführt; ich weiß nicht, wie der Ort hieß, es war wohl eine Weingegend. Man schickte uns in einen Wald, in dem ein Wegweiser war, auf dem ein Ort stand; irgend etwas mit „Eichen". In dem Ort fanden wir einen Bauernhof und ich übernachtete dort in einem Kuhstall.
Die Russen hatten natürlich eine Übermacht. Sie schossen mit Artillerie. Auf deutscher Seite waren auch noch Flaksoldaten eingesetzt, 16-Jährige aus Augsburg, ohne Ausbildung, noch in ihren Flakhelferuniformen, die vorher noch nie einen Karabiner in den Händen gehalten hatten. Sie flohen vor dem Artilleriebeschuss, doch wohin hätten sie rennen sollen, es gab keine Möglichkeit der Deckung und keine Gelegenheit, Schutz zu finden. Einer nach dem andern ist liegen geblieben. Es war eine Sauerei.
Wir mussten abwechselnd Wache halten in einer V – Stellung. Der Name kommt von der Form der Gräben, in denen wir lagen. An der Spitze des V`s saß ein Soldat und beobachtete das Vorfeld. In einem der V – Schenkel lagen Munition und Waffen, während im anderen V - Schenkel ein zweiter Soldat auf Stroh oder Heu sich ausruhen und sogar schlafen konnte.
In dieser Stellung blieben wir bis zum 8. Mai. Ich war zusammen mit einem Kameraden aus Dresden, der zuvor in Ravensburg im Lazarett gewesen war. Er hatte dort eine Freundin und wollte nach dem Krieg wieder zurück zu ihr.
Zum Glück ist in der Stellung nichts mehr passiert, aber die Funker bei uns hörten schon, dass die Russen Stalinorgeln anforderten gegen unsere Stellungen. Das wäre unser Ende gewesen, denn unsere Gewehre waren nicht eingeschossen und Munition hatten wir auch fast keine mehr. Die Gewehrkolben unserer Karabiner waren nur

grob gesägt und nicht poliert. Man sah noch die Spuren der Sägeblätter im Holz, so neu waren sie.
Am 8. Mai war der Krieg zu Ende und um 10 Uhr marschierten wir aus dem Ort hinaus Richtung Westen, um zu den Amerikanern zu kommen. Der allergrößte Blödsinn war, dass wir in geschlossener Formation marschierten. Man erlaubte uns nicht, uns einzeln zu den Amerikanern durchzuschlagen; wir mussten marschieren. Die deutsche Wehrmacht marschiert, und zwar bis 7 Uhr abends, dann waren wir bei den Amerikanern, die uns abpassten und entwaffneten.
Wir waren dort zu dritt beieinander. Der Kamerad aus Dresden und ein weiterer, der erst mal ein Fahrrad gestohlen hat, damit wollte er seine Flucht schneller fortsetzen. Das war ein ganz Gescheiter! Ich hatte den Eindruck, dass das nicht gut gehen konnte und setzte mich von der Gruppe ab. Als wir durch ein Wäldchen kamen, sagte ich, dass ich austreten müsste. Das war gelogen, ich wartete nur, bis die anderen außer Sicht waren und begann mich dann alleine Richtung Heimat durchzuschlagen.

Auf dem Weg nach Hause
Von einem leichten Höhenzug nördlich der Donau aus konnte ich sehen, wie unten auf der Hauptstraße die deutsche Kolonne direkt in Richtung der Russen marschierte. Die warteten schon auf sie, denn sie beanspruchten die 8. Armee für sich. Alle wurden abtransportiert nach Osten in russische Gefangenschaft und ob der Dresdener seine Ravensburger Freundin jemals wiedergesehen hat, weiß ich nicht.
Auf dem weiteren Weg Richtung Heimat traf ich unterwegs einen Soldaten aus Oberammergau und einen aus Freising, die auch auf dem Weg nach Hause waren. Wir gingen in einem gewissen Abstand zur Donau nach Westen, marschierten tagsüber und schliefen nachts teilweise in Häusern, manchmal aber auch auf einem Heustock. Am Tag legten wir etwa 30 km zurück. Wir orientierten uns an der Sonne und versuchten, uns immer Richtung Westen zu halten. Schwierig war das aber im Wald und einmal, als ich später alleine war, bin ich auch im Kreis herumgelaufen.
In Osterhofen bei Passau überquerten wir die Donau auf einer Fähre, die von einem Drahtseil gezogen und gehalten wurde. Auf der Südseite der Donau machten wir uns schnell aus dem Staub, denn wir sahen, dass ein amerikanischer Lastwagen hinter uns die Donau überquerte und es sah so aus, als ob er uns folgen wollte.

Zu dritt setzten wir unseren Weg nach Westen fort. Erst südlich der Donau, dann an der Isar entlang nach Süden. Der aus Freising bog ab und auch der aus Oberammergau wandte sich nach Süden. Ich schlug mich nun alleine durch. Nördlich von München durchs Dachauer Moos, nicht weit am KZ vorbei, weiter Richtung Westen.
In der amerikanischen Zone war es verhältnismäßig human. Dort ist nicht so viel passiert. Einmal aber hatte ich ein Bombenglück. Nach Mohrenweiß in der Nähe von Landsberg kam ich am Abend und ich bettelte an einem Haus um Essen. Dort waren aber keine Amerikaner, sondern Franzosen, die an dem Tag gerade in Augsburg waren, um an einer Parade teilzunehmen. Sonst hätten sie mich wohl geschnappt.
Die Bewohner dort gaben mir zu essen und ich konnte übernachten. Am Morgen führten mich die Leute am Schlafzimmerfenster der Franzosen vorbei, die noch gut schliefen und ich bin wieder hinaus und weiter.
Bis nach Waldsee ging alles gut. Der Abschnitt dort war aber die schlimmste Strecke des ganzen Weges. Überall schossen die Franzosen in den Wäldern herum. Anscheinend hatten sie in dieser Gegend gegen Kriegsende mit der SS Malheur gehabt. Auch wenn die Franzosen vielleicht nur auf der Jagd nach Wild waren. Sie waren immer unterwegs und ich war in Gefahr, doch noch erwischt zu werden. Das hätte französische Kriegsgefangenschaft bedeutet.
In Gunatzreute auf einem einsamen Hof zwischen Fronhofen und Fleischwangen hatten wir Verwandte, die Familie Berger, ein Cousin meiner Mutter. Ich ging absichtlich bei dieser Familie vorbei, denn falls ich doch noch geschnappt würde, sollten die Verwandten das erfahren und meinen Eltern Bescheid geben, dass ich noch existierte. Ich erhielt dort zu essen und ich übernachtete dort wohl auch.
Nach Höhreute kam ich schließlich nicht auf dem direkten Weg, sondern durch den Wald. Von hinten her schlich ich mich an unser Haus heran und überraschte meine Eltern. Ich war 19 Tage unterwegs von Döllersheim bis nach Hause. Die Strecke beträgt etwa 650 km!

Die ersten Monate zu Hause

Nach meiner Heimkehr musste ich darauf achten, dass meine Rückkehr nicht zu sehr bekannt wurde, denn es bestand die Gefahr, dass die französische Besatzung mich in französische Gefangenschaft mitnehmen würde. Mein Vater war damals Bürgermeister der Gemeinde Höhreute. Schon vor 1933 war er Gemeindepfleger gewesen,

hatte mit den Nazis nichts am Hut, war in keiner nationalsozialistischen Vereinigung oder Partei gewesen und so wurde er nach dem Umsturz von den Franzosen als Bürgermeister eingesetzt.
Wir hatten außerdem ein Auto über den Krieg hinweg gerettet. Leo Schwellinger, ein Verwandter meines Vaters, kannte auf dem Landratsamt Überlingen jemanden, der dafür sorgte, dass das Auto während des Krieges beim Einziehen der Fahrzeuge für die Wehrmacht „vergessen" wurde. Nach dem Krieg konnte mein Vater damit dann bald wieder fahren. Es war ein Opel P4, den wir noch fast 20 Jahre besaßen, bis der TÜV eingeführt wurde und man nicht mehr damit fahren durfte. In den 60er Jahren verkaufte ich das Auto für 500 DM an einen Schwarzwälder. Der P 4 war damals noch fahrbereit, aber wir hatten einfach keinen Platz mehr für das Fahrzeug.
Mein Vater erkundigte sich beim Landrat in Überlingen, was ich tun solle. Der gab uns den Rat, ich solle mich auf keinen Fall melden, Deshalb verhielt ich mich still, möglichst unauffällig und unternahm nichts.
Es war dann so, dass die Franzosen oft zu uns kamen, um Lebensmittel zu hamstern, dass mein Vater als Bürgermeister mit ihnen zusammenarbeiten musste – der nächste Posten der Franzosen lag ja ganz in der Nähe, auf dem Höchsten. Die Franzosen gingen in unserem Haus aus und ein und später kümmerte sich niemand mehr um mich.

Nach dem Kriege arbeitete ich auf dem Hof meiner Eltern, den ich später übernahm und der heute von einem meiner Söhne und seiner Frau bewirtschaftet wird. Ich versuchte im Laufe der Jahre nachzuforschen, was aus meinen Kameraden aus der Gegend geworden ist und mit einigen kam ich auch wieder in Kontakt, aber getroffen haben wir uns nie mehr. Eigentlich ist es schade, aber heute sind die meisten schon gestorben.

Josef Bauschatz
Riedlingen-Grüningen,
Jahrgang 1927

„Am 4. April 1945 musste ich für immer von meinem Daumen Abschied nehmen."

Am 10. November 1927 wurde ich in Nehmetsweiler, damals Gemeinde Zogenweiler, geboren. Meinen Eltern gehörte in dem Ort ein Bauernhof. Ich habe drei Brüder und drei Schwestern.
In die Volksschule ging ich in Horgenzell. Dort musste ich auch den Dienst in der HJ ableisten. Meine Eltern waren keine besonderen Anhänger von Hitler, aber was sollte man dagegen machen. Wir haben wohl oder übel mitgemacht.
Am 20. November 1944 wurde ich nach Oberelsbach an der Röhn zum Reichsarbeitsdienst eingezogen. Eigentlich sollten dort ja Arbeiten in der Natur durchgeführt werden, doch das ging doch sehr in Richtung Militär, mit Schießübungen und so. Mit Reichsarbeitsdienst hatte das schon nicht mehr viel zu tun.
Der R.A.D. dauerte für uns auch nur etwas länger als einen Monat, bis zum 9. Januar 1945 nämlich. An diesem Tage wurden wir in die Heimat entlassen, wo allerdings schon der Einberufungsbefehl zur Wehrmacht lag. Ich wurde am 19. Januar zur Wehrmacht eingezogen und zwar zum „Grenadier Ersatz- und Ausbildungs-Bataillon Hoch- und Deutschmeister" nach Wien - Strebersdorf. Auch mein Vetter Gebhard Abt aus Baumgarten, einem Dorf in der Nachbarschaft, musste zum gleichen Termin nach Strebersdorf einrücken. Zusammen fuhren wir mit dem Zug von Ravensburg aus nach Wien. Wir waren beide Jahrgang 1927, also erst 17 Jahre alt.
Die Grundausbildung in Wien dauerte nur ein paar Wochen und bereits am 22. März kam meine Kompanie zur Weiterausbildung in frontnahes Gebiet in eine Ortschaft in der Nähe des Neusiedler Sees östlich von Wien. Dort warteten wir dann, bis die Russen näher kamen. Dies war am 2. April der Fall, am Ostermontag 1945, an dem unsere Kompanie in Einsatz kam.
Wir mussten den Russen unsere Stellung schnell räumen und uns zurückziehen. Es ging dann sehr schnell wieder rückwärts. Dabei hatte unsere Kompanie auch viele Tote. Bei den Absetzbewegungen wurde ich am 3. Tage, also am 4. April, verwundet. Heute kann man sagen glücklicherweise, denn dadurch sind mir weitere Gefechte oder auch die russische Gefangenschaft erspart geblieben.
Ein Granatsplitter eines Artillerie – Geschosses riss mir den Daumen der rechten Hand fast völlig ab. Er wurde mir dann auf dem Hauptverbandsplatz ganz amputiert und ich musste auf diese Weise dort für immer von meinem Daumen Abschied nehmen.
Vom Verbandsplatz weg kam ich ins Lazarett nach Wien – Stammersdorf, wo ich aber nicht lange blieb. Weil die Front immer näher rückte,

wurde das Lazarett auf schnellstem Wege noch am selben Tage geräumt und ich kam am 6. April nach Krems an der Donau, wo wir auf ein Lazarettschiff verladen wurden und bis zum 8. April nach Linz transportiert wurden. Dort erhielt ich die Erlaubnis, ins Heimatlazarett zu fahren.
So kam ich am 11. April wieder zurück nach Nehmetsweiler, von wo aus ich im katholischen Gemeindehaus in Horgenzell ambulant behandelt wurde. Am 27. April wurde ich wegen meiner Verwundung stationär im Lazarett aufgenommen und als am 28. April die Franzosen die Gegend besetzten, konnte ich das Lazarett nicht mehr verlassen und ich musste dort bleiben. Am 2. Mai wurde ich schließlich auf die Krankensammelstelle nach Weissenau verlegt.
Dort blieb ich bis zum 16. Mai, an dem wir nach Waldsee gebracht wurden. Am Tag darauf, am 17. Mai, ging es zu Fuß nach Biberach, von wo aus wir am Morgen des 22. Mai nach Tuttlingen transportiert wurden. Am Abend des Tages ging es dann weiter nach Kehl am Rhein, wo wir zwei Tage und zwei Nächte bei Regen unter freiem Himmel verbrachten. Am 24. Mai mussten wir über den Rhein zum Bahnhof nach Straßburg marschieren, von wo aus wir mit der Bahn nach Mutzig transportiert wurden. Vom dortigen Bahnhof aus ging es zu Fuß weiter ins Kriegsgefangenenlager Depot PG (Prisonniers de la Guerre) 101. Dort erklärte mich der Lagerarzt zum arbeitsunfähigen Invaliden.
Das bedeutete für mich die Entlassung aus der Gefangenschaft, doch es dauerte noch bis zum Abend des 19. Juni, bis ich in ein Sanitätsauto verladen wurde. Morgens um 3 Uhr erreichten wir damit am 20. Juni Tübingen, wo mich am Tag darauf ein französischer Militärarzt noch einmal untersuchte. Auch er bescheinigte mir eine dauernde Arbeitsunfähigkeit und so wurde ich am 5. Juli von der Lorettokaserne in Tübingen in die Wilderboldschule verlegt, von wo aus ich am 11. Juli 1945 offiziell aus der Gefangenschaft, dem Lazarett und der Wehrmacht nach Hause entlassen wurde.
Nach der Rückkehr arbeitete ich zunächst auf dem Hof meiner Eltern mit. Doch schon bald verließ ich das Elternhaus und arbeitete auf Bauernhöfen in der näheren Umgebung. Zuerst beim Landwirt Büchele und danach beim Bauern Wirt in Horgenzell. Anschließend arbeitete ich dann auf dem Bau bei einer Firma in Weingarten als Maurer. Aber nicht lange, ich wechselte schon bald zu einer anderen Firma und arbeitete als Gipser.
Über eine Zeitungsanzeige lernte ich meine spätere Frau kennen und heiratete auf einen Bauernhof nach Grüningen bei Riedlingen. Der Hof wird heute von der Familie meines Sohnes als Bioland Hof betrieben.

Egon Maier
Achern/Baden,
Jahrgang 1927

„Die Kriegserlebnisse haben mich für mein ganzes Leben geprägt.“

Kindheit und Jugend

Am 5. Juni 1927 wurde ich in Achern, Kreis Offenburg, geboren. Dort bin ich auch aufgewachsen und zwar im „Gefängnisgebäude", in der Martinstraße Nummer 12. Mein Vater arbeitete im benachbarten Amtsgericht. Er war zwar Mitglied der NSDAP, aber ich kann mich nicht daran erinnern, dass er sich jemals zu den politischen Verhältnissen geäußert hätte. Er war mir gegenüber sehr streng und ich hatte zu ihm kein so gutes Einvernehmen. Ich habe ihn in keiner guten Erinnerung, erinnere mich vielmehr vor allem an Schläge und Bestrafungen.

Erst durch meine Militärzeit konnte ich mich von seiner Dominanz in meinem Leben lösen und mir eine gewisse Selbstständigkeit aneignen. Erst danach war ich in der Lage, meinem Vater auch einmal zu widersprechen.

Jugendzeit in der Diktatur

Während meiner Jugendzeit in den 30er Jahren musste ich zunächst im Jungvolk und anschließend in der Hitlerjugend „Dienst tun", wie man damals sagte. Im Sommer 1943 war ich im Rahmen dieses Dienstes in Soufflenheim im Elsass in einem sogenannten Wehrertüchtigungslager. Der „Dienst" dort bestand überwiegend aus vormilitärischem Drill. Geländespiele, Keulenweitwurf, Zielweitwurf. Orientierungsmärsche und ähnliches waren an der Tagesordnung; auch Schießübungen mit dem Gewehr fanden statt. Dabei erfüllte ich einmal nicht die Erwartungen unseres Ausbilders, einem Maler aus meinem Heimatort Achern. Mit dem Handrücken schlug er mir daraufhin ins Genick. Ich war zwar stocksauer, aber als junger Mensch nimmst du das eben hin.

Alle Jungen des Ortes in meinem Alter mussten im Sommer 43 im übrigen in solche Lager, die es im Elsass und in ganz Deutschland gab. Sie kamen dabei alle in unterschiedliche Orte. In Soufflenheim zum Beispiel war ich der einzige Junge aus Achern. Warum ich ausgerechnet dorthin kam, weiß ich nicht.

Überhaupt wurde versucht, uns im Sinne der Nazis zu beeinflussen, doch an einen Sieg in diesem Krieg glaubte ich schon lange nicht mehr. Eigentlich schon nicht mehr seit Juni 1943. Damals war mein Cousin Rudolf auf Urlaub von der Ostfront, als ein riesiger Schwarm Flugzeuge über Achern hinweg Richtung Stuttgart flog. An dem strahlenden Sommertag beobachteten wir die Bomber im Anflug auf Stuttgart. Man hatte den Eindruck, die Flugzeuge verdunkelten die Sonne, so viele waren am Himmel. Auf der Erde wurde es ganz schwarz vom Schatten der Maschinen am Himmel. „Rudolf", sagte ich damals, „wenn ich jetzt da nuffguck, ich glaub nicht, dass wir diesen Krieg gewinnen!"

Reichsarbeitsdienst

Von Ende November 1944 bis zum 11. Januar 45 war ich in Adlercostelic in der Nähe von Königsgrätz in der Tschechei beim Reichsarbeitsdienst. Ich war damals also gerade 17 ½ Jahre alt. Man hat die jungen Männer aus dem Badischen alle ganz weit weg zum R.A.D. gebracht. In Adlercostelic allerdings war außer mir kein junger Mann aus der näheren Umgebung. Die anderen stammten überwiegend aus dem Schwabenland.

Der Dienst beim R.A.D. bestand vorwiegend aus vormilitärischem Drill, allerdings nicht mit Waffen und auch nicht mit scharfer Munition. Unser R.A.D. – Führer war Franz Hetzer aus dem Ruhrgebiet. Er befahl uns einmal bei grimmiger Kälte 1 ½ Stunden lang Übungen von Spatengriffen. Wir brauchten anschließend drei volle Stunden, bis unsere Hände wieder warm und ganz bewegungsfähig waren. Obwohl ich ja noch ziemlich jung war, dachte ich schon damals: „Mensch Franz Hetzer, was bist Du bloß für ein Blödmann!" Aber was sollte man machen?

Grundausbildung in Wien Strebersdorf

Am 11. Januar 1945 war der Arbeitsdienst für mich beendet, wir erhielten eine Woche Erholungsurlaub und als ich nach Hause kam, lag der Einberufungsbescheid zur Wehrmacht schon auf dem Tisch. Am 18. Januar brachte mich meine Mutter auf den Bahnhof nach Achern und gab mir als Ratschlag auf den Weg: „Junger, tue Recht und schade niemand!" – So habe ich es auch bei der Wehrmacht gehalten. Ich habe meine Meinung immer geäußert, aber in angepasster Form. Habe auch das eine oder andere Mal in vertretbarer Form den Dampf abgelassen, aber immer so, dass nichts Nachteiliges auf mich zukommen konnte. Auch, weil ich den Humor meiner Mutter mit in die Wiege gelegt bekommen habe.

Mit der Eisenbahn ging es nach Wien und dort in die Kaserne nach Strebersdorf. Die Kaserne bestand aus drei Holzbaracken, ich war in der 3. Baracke. Die Örtlichkeiten kann ich mir noch ganz genau vorstellen, ich könnte heute noch sagen, wo mein Bett stand. In welche Kompanie genau ich aber einrücken musste, welche exakte Bezeichnung diese Einheit hatte, weiß ich nicht mehr. Die ganze Ausbildungseinheit allerdings gehörte zur 44. Infanteriedivision, die außerdem den Titel „Hoch- und Deutschmeister" führte. Wir erhielten in der dortigen Kaserne eine militärische Grundausbildung, die bis Ende März dauerte. 2 ½ Monate Ausbildung, was sollten wir uns in diesen zehn Wochen aneignen? Das war nicht viel!

Während der Grundausbildung erinnere ich mich an eine unmenschliche Schikane im Februar. Statt Freizeit ordnete Spieß Jellinek an einem Sonntag Dienst an. Es war zwar kalt, doch es hatte dennoch in der Nacht zuvor geregnet und der nasse Boden im Kasernengelände war bald aufgeweicht. Wir waren am Ende dreckig wie die Schweine und statt schönem Sonntag Nachmittag war Klamotten reinigen angesagt.

Ansonsten aber war die Ausbildung weitgehend erträglich. Besonders gut erinnere ich mich an den Ausbilder Unteroffizier Paul Kerschbaum aus Baden bei Wien. Er war ein Mann, der menschlich gedacht und gehandelt hat. Er hat mich durch seine Art und sein Verhalten stark beeindruckt. Paul Kerschbaum schikanierte uns nicht, auch nicht der andere Ausbilder, an den ich mich erinnere, Unteroffizier Karl Sommer. Die Schikane im Februar ging auf den Haupt- oder Stabsfeldwebel Jellinek zurück.

In Strebersdorf waren in meiner Kompanie auch noch andere aus dem Badischen. Ich erinnere mich an Ewald Späth aus Muggensturm bei Rastatt und an Walter Hartmann aus Bietigheim bei Rastatt. Von ihm habe ich später gehört, dass er gefallen ist. Walter Späth habe ich nach dem Krieg zufällig einmal wieder auf dem Bahnhof in Kuppenheim getroffen. Ich hatte aber so wenig Zeit, weil mein Zug abfuhr, dass ich mich nicht einmal mit ihm groß unterhalten habe.

Von Strebersdorf aus mussten wir einmal an der Bahnlinie entlang in Richtung Insersdorf, um Bombentrichter zuzuschaufeln. Dabei wurde die Bahnlinie erneut von amerikanischen Bombern angegriffen. Unser Ausbilder befahl uns, in Deckung zu gehen und dabei den Kopf nicht zu heben, sondern in den Boden hineinzustecken. „Leit, gucket in dr Boda nai, jo nit auf d´Höh gucka, wenn se eich sehet, no werfet se Bomba auf uns."

An der Bahnlinie stand bei unserer Ankunft ein schönes Fachwerkhaus. 2 ½ stöckig. Nach dem Angriff, als wir uns wieder hoch zu schauen trauten, war das Haus dem Erdboden gleichgemacht. Ein Volltreffer war das Ende des schönen Hauses. Wir selber hatten Glück. Niemand von uns wurde verletzt oder gar getötet.

Auch in Strebersdorf erlebte ich einen amerikanischen Fliegerangriff. Wir mussten die Kaserne verlassen und auf eine Anhöhe gehen, den Bisamberg. Dort warteten wir das Ende des Fliegerangriffs ab und gingen dann wieder zurück in die Kaserne nach Strebersdorf. An Bombentreffer während dieses Angriffs kann ich mich nicht erinnern, nur an einen unbändigen Hunger, den ich während des Fliegeralarmes hatte. Auf dem Gelände, auf dem wir das Ende des Angriffs abwarteten, standen Johannisbeersträucher, die von Frost bedeckt waren. Es waren keine Beeren mehr daran und dennoch streifte ich vor Hunger den Raureif von den Zweigen ab und steckte diesen in den Mund, um meinen Hunger zu stillen. Die Verpflegung war nämlich generell nicht so, wie wir uns das als 17-jährige gewünscht hätten. Es gab oft viel zu wenig zu essen.
Ein Teil der Ausbildung fand auch auf dem Truppenübungsplatz in Döllersheim statt. Wir waren dort einige Zeit, wobei wir den Umgang mit scharfer Munition am Gewehr übten. Auch militärischer Drill blieb natürlich nicht aus. Der Obergefreite Oberweger befahl einmal:„Robben mit dem Gewehr in Vorhalte!" „Oberwenger", dachte ich, „Dir zeig ich's jetzt!" Ich legte mich so ins Zeug, dass Oberwenger rennen musste, um mir zu folgen.
Wie lange wir insgesamt in Döllersheim blieben, kann ich heute nicht mehr sagen, ich weiß nur noch, dass wir während dieser Zeit in dem Ort Äpfelgschwend wohnten.

Kriegseinsatz

Ende März 45 war unsere Ausbildung beendet und wir wurden auf LKWs nach Zurndorf östlich von Wien in der Nähe des Neusiedler Sees gefahren. Dies sollte unser Einsatzort sein, zunächst aber waren wir dort in der Schule einquartiert. Zu Russen hatten wir allerdings keinen Kontakt, denn vor es zu einem russischen Angriff kam, zogen wir uns Richtung Westen zurück. Bei uns Jungen war, ganz ehrlich gesagt, die Einstellung nicht so großartig, dass wir uns noch hätten erschießen lassen wollen. Da stand der Gedanke im Vordergrund: „Zurück und sich wieder melden," damit wir nicht wegen Feigheit vor dem Feind erschossen würden.
Auf dem Rückzug kam ich durch Wien, wir waren zum damaligen Zeitpunkt nur noch zu zweit, befanden uns am dortigen Gaswerk und hatten vor allem Angst, dass wir von der SS aufgegriffen wurden. Wir schlugen uns durch bis zur Reichsbrücke, wo uns ein deutscher Panzer entgegen kam. Auf dem saßen wir auf und der brachte uns zu-

rück nach Strebersdorf in unsere frühere Kaserne, wo wir uns wieder zurückmeldeten. So ein Schnösel dort drohte uns mit Erschießung, falls wir uns von der Truppe abgesetzt hätten. Dies war aber wirklich nicht der Fall, wir waren tatsächlich versprengt.
In Strebersdorf wurde eine neue Truppe zusammengestellt und wir wurden nach Norden, in Richtung Tschechei gebracht. In dem Ort „Segen Gottes", einem kleinen Dorf etwa 23 km westlich von Brünn entfernt, waren wir auf einem Bauernhof einquartiert und als ich von dort die Straße auf eine kleine Anhöhe hinaus beobachtete, sah ich 3 Russen, die in aller Seelenruhe den Weg überquerten, als wäre tiefster Friede. Gewissermaßen: „Ihr Deutsche, was wollt ihr denn noch?"
Wir waren in dieser Gegend aber auch einmal in einem Wald und links neben mir lag ein deutscher Scharfschütze. Auf einer Entfernung von sicherlich 300 Metern ging ein Russe über die Straße. Der deutsche Scharfschütze legte an, wartete noch einen Augenblick, bis der Russe ganz auf der Straße war, drückte ab, der Russe warf die Hände in die Höhe und sackte in sich zusammen! – Er hat ihn auf der Stelle erschossen!
Am 3. Mai nachts war ich beim Essenholen. In der Hand trug ich einen Eimer mit Essen, der quietschte. Ein Deutscher aus Schlesien, erst 16, ich weiß nicht, wie er hieß, geriet in Panik und hielt mich für einen Russen. Er wollte eine Handgranate gegen mich zünden, vergaß aber bei der ersten, den Zünder zu ziehen. Er warf mir die Handgrante, nicht abgezogen, gegen die Brust. Die zweite Handgranate, die er dann nach mir warf, hatte er allerdings abgezogen. Sie explodierte und ein Splitter schlug mir in den Ellbogen, in den Knochen.

Aufenthalt im Lazarett und Rückkehr nach Hause
Am Morgen war der Arm stark angeschwollen und ich wurde mit dem Lastwagen zunächst nach Deutschbrod gebracht. Von dort aus ging es nach Pfarrkirchen in ein Lazarett. Ich hoffte, dass mir der Arm nicht amputiert werden musste, denn ich wollte nach dem Krieg ja weiter Handball spielen können.
Der dortige Oberarzt Schulz aber machte mir schließlich keine Hoffnungen mehr. „Maier, ich muss einen Abszess am Arm bei ihnen operieren," meinte er schließlich. Er hatte aber vier Sanis mitgebracht mit Figuren, wie Catcher. Die hielten mich fest und Oberarzt Schulz amputierte. Ohne Arznei, ohne Narkose!
Als junger Kerl, als junger Mensch verkraftest du das besser! Anschließend erhielt ich Medikamente gegen die Schmerzen und ich

war sehr geschwächt. Sogar aufs Klo konnte ich nicht mehr alleine, man musste mich begleiten.
In Pfarrkirchen blieb ich bis 24. oder 25. Januar 1946. Die Amerikaner hatten das Lazarett im Mai 45 übernommen und im Januar war ich soweit wieder bei Kräften und die Armwunde soweit verheilt, dass ich über eine Zwischenstation in Deggendorf nach Karlsruhe gebracht wurde und von den Amerikanern am 26. Januar nach Achern entlassen wurde, das damals in der französischen Besatzungszone lag.
Ich hatte ja schon vor meiner Militärzeit, vom 1. April 1942 bis zum 30. 10. 44 bei den Elektrizitätswerken in Achern eine kaufmännische Ausbildung absolviert und mit der kaufmännischen Gehilfenprüfung abgeschlossen.

Im Herbst 1946, als ich gesundheitlich wiederhergestellt war, konnte ich in diesem Werk wieder mit der Arbeit beginnen und ich blieb dort mein ganzes Arbeitsleben.

Egon Maier verstarb am 4. November 2011.

Mathilde Eisele,
geb. Nunnenmacher
Bad Waldsee-Enzisreute,
Jahrgang 1923

„Ein belgischer Kriegsgefangener sorgte dafür, dass Bergatreute vor größerem Unheil verschont blieb."

Kindheit und Jugendzeit

Aufgewachsen bin ich in Stocken, einem kleinen Dorf mit ein paar Bauernhäusern in der Nähe von Bergatreute im Landkreis Ravensburg.

Vor dem Krieg waren viele ganz begeistert von Hitler. Wer in der Volksschule in den BDM (Bund Deutscher Mädels) eintrat, der hatte am Samstag Dienst, hatte es schön. Wer wie wir nicht im BDM war, der hatte am Samstagmorgen Schule, der musste mit dem Lehrer Touren machen. Musste laufen, laufen, bis mittags ein Uhr, dass wir „schier aiganga sind". Wir wurden halt traktiert, weil wir nicht im BDM waren.

Mit der Zeit hieß es, wir müssten auch eintreten, für uns würde nicht extra ein Lehrer gestellt. Wir hatten keine andere Wahl, als auch mitzumachen.

Braunhemd, weiße Bluse, blauer Rock und ein Tüchlein!

Das Abhören des Schweizer Senders war gefährlich, obwohl wir den Schweizer Radio schon immer gerne hörten. Er war neutral. Wer aber erwischt wurde, der wurde verhaftet und umgebracht.

Dorfleben während des Krieges

Ein Bauer in Roßberg hatte polnische Fremdarbeiter und hörte immer den Schweizer Sender. Die Polen zeigten ihn an, der Mann wurde abgeholt und kam nie mehr nach Hause. Er wurde eingesperrt, erkrankte und starb. Die Menschen wurden in den Gefängnissen sehr schlecht behandelt. Es war schlimm, er hatte vier Kinder. Freilich, es war verboten; aber ich hörte den Sender auch, doch ich hatte auch Angst dabei. Auch abseits auf dem Dorf gab es Leute, die andere an den Fensterläden belauschten

Fast am Kriegsende waren bei uns auf dem Hof in der Nähe von Bergatreute einmal drei Buben in Uniform im Schopf, die vor der SS Angst hatten und sich dort versteckten. Sie lagen unter dem Dach auf ein paar Brettern und auf etwas Stroh. Ungefähr 14 Tage lang. Sie waren etwa 16, 17 Jahre alt. Sie waren geflüchtet und wollten sich auf der Einöde verstecken. Wir hatten aber einen russischen und einen polnischen Zwangsarbeiter, zwei böse Menschen, die die Leute nicht mochten. Die hätten die Buben verraten. Diese wären von den Deutschen dann wegen Fahnenflucht erschossen worden.

Jeden Tag trugen wir etwas zu essen hinaus ins Versteck. Wir hatten dort Kartoffeln gelagert, brachten den Buben das Essen und füllten den Korb auf dem Rückweg mit Kartoffeln. So merkten der Russe und der Pole nichts von den Versteckten. Aber es wurde immer kritischer,

denn man hörte immer wieder, dass dort einer umgebracht wurde und an anderer Stelle einer erschossen wurde, weil sie Leute versteckt hatten und sie mit Lebensmittel versorgt hatten.
Wir sagten zu den Buben, dass auch wir Angst hätten, dass wir sie aber nicht fortjagen wollten. Sie meinten, dass sie nur noch ein paar Tage bleiben und dann verschwinden würden.
Einer war aus Friedrichshafen, er wollte nach Hause, er hatte ja nicht weit. Aber das war unmöglich, denn in allen Wäldern ringsherum lagen Soldaten, SS und solches Zeug. Am Ende des Krieges hat sich alles in den Wäldern aufgehalten. An einem Morgen waren die Drei verschwunden, und wir haben nichts mehr von ihnen gehört. Nie wieder, auch nach Kriegsende nicht mehr.

Kriegsende
Ende April 1945 hörten wir aus Richtung Abetsweiler Schüsse. Kugeln pfiffen durch den Wald, wir gingen ins Haus und blieben auch dort, während die Franzosen auf der etwas entfernten Straße Richtung Bergatreute an unserem Weiler vorbei fuhren. Die Franzosen kamen an diesem Tage gar nicht zu uns ins Dorf, das von der Durchgangsstraße etwas abseits liegt.
Später erfuhren wir, dass unser Nachbarbub, der damals etwa 6 oder 7 Jahre alt war, zur selben Zeit oben auf der Straße auf dem Weg nach Hause war. Er sah die Franzosen und wusste nicht, was er tun sollte. Deshalb versteckte er sich hinter einem Baum, war aber schon von weitem zu sehen und die Franzosen lachten, als sie an ihm vorbei fuhren und seine Angst sahen. Die Geschichte hätte allerdings auch dumm ausgehen können.
Nach dem Kriege, nach der Besetzung durch die Franzosen, durfte man die Häuser nicht mehr abschließen. Alles musste offen bleiben. An Christi Himmelfahrt (10. Mai 1945) gingen wir alle nach Bergatreute in die Kirche, bis auf meine Mutter, die krank war und deshalb zu Hause blieb. Auf einmal kamen die Franzosen aus Bergatreute heraus und durchstöberten unser ganzes Haus. Meine Mutter musste sich vor dem Haus auf einen Stuhl setzen und die Franzosen durchsuchten den gesamten Bauernhof vom Keller bis zur Bühne. Schmuck, Geld, alles, was irgendwie einen Wert hatte, nahmen sie mit.
Wir hatten eine Flüchtlingsfrau aus Zweibrücken einquartiert mit einem acht- oder neunjährigen Mädchen. Dieses hatte als einzige Habe eine Puppe von zuhause mitgebracht. Selbst diese Puppe nahmen die Franzosen mit und das Mädchen hat deswegen furchtbar geweint.

Ich selbst hatte ein neues Fahrrad, das stahlen sie auch. Ein Italiener, der bei uns lebte und arbeitete und der auf unserer Seite stand, kämpfte noch so um das Fahrrad, sie hätten ihn beinahe noch geschlagen, doch er musste ihnen das Fahrrad schließlich überlassen.
Später waren bei Bekannten in Bergatreute zwei französische Soldaten einquartiert. Das waren wohl Offiziere, auf jeden Fall etwas Besseres. Durch unsere Bekannten kamen diese beiden öfters zu uns auf den Hof, auch weil ihnen unser Honig so gut schmeckte. Von diesem Augenblick an kamen keine Plünderer mehr zu uns. Keine Marokkaner mehr, es war Ruhe, denn die wussten ja nicht, ob die Offiziere auf dem Hof sind oder nicht, denn Plündern war den Soldaten ja eigentlich verboten.
Ein Trupp ehemaliger polnischer Zwangsarbeiter, der plündernd durch die Gegend zog, machte einmal Jagd auf einen Bauern des Ortes. Dieser floh und kam an unserem Haus vorbei. Darin saßen gerade die beiden französischen Soldaten. Als sie den Lärm hörten, gingen sie vor das Haus – dies rettete dem Bauern vermutlich das Leben, denn vor den Franzosen hatten die Polen Respekt und sie zogen sich zurück.
Nicht so viel Glück hatte ein junger Mann in Witschwende, Rudolf Kieble, der bei Kriegsende auf Heimaturlaub gewesen war. Man durfte abends ab 8 Uhr ja die Häuser nicht verlassen, doch der junge Mann wollte in Witschwende nachts zu einem Mädchen. Er wurde von einem Franzosen entdeckt und angeschossen. Mit einem Wägelchen hat man ihn noch nach Waldsee ins Krankenhaus gebracht, doch dort starb er.
Gut für den Ort war, dass ein belgischer Kriegsgefangener zwischen den Einheimischen und den Besatzungstruppen vermittelte. Eugen Baschi hatte schon während des Krieges ein Verhältnis mit einem Mädchen aus Bergatreute. Sie hatten sogar ein gemeinsames Kind, von dem man aber während des Krieges nicht wusste, wer der Vater war. Wenn das bekannt geworden wäre, wäre es dem Mädchen ja schlecht ergangen. Sie konnte den Vater ihres Kindes aber bis zum Kriegsende verheimlichen und nach dem Einmarsch der Franzosen war Eugen Baschi ein viel gefragter Mann auf dem Rathaus. Alle kannten ihn, er war ein netter Kerl, er vermittelte zwischen der Besatzungsmacht und der Bevölkerung und es war ruhig im Ort.
Eugen blieb auch später in Bergatreute. Er heiratete seine Freundin und wurde Bauer. Beide sind inzwischen verstorben, ihre Tochter und deren Familie aber lebt heute noch in dem Ort.

Die französischen Truppen blieben den gesamten Sommer über in der Gegend. Ich glaube, im Winter waren sie abgezogen und nicht mehr da und das Leben normalisierte sich wieder einigermaßen.
Auch mein Bruder kehrte aus dem Krieg zurück. Weil die Franzosen zurückkehrende Soldaten aber alle wieder verhafteten und in französische Kriegsgefangenschaft abtransportierten, blieb er zunächst in der amerikanischen Zone, in Rot an der Rot, bei meiner älteren Schwester, die dort verheiratet war. Er kam erst nach Hause, als sich die Verhältnisse wieder beruhigt hatten und als klar war, dass er nicht mehr in französische Gefangenschaft kommen würde.
Einen Mann aus Bergatreute, der, ich weiß nicht wie viele Kinder hatte, verhafteten die Franzosen auf der Treppe seines Hauses und transportierten ihn nach Frankreich in Gefangenschaft. Er durfte nicht einmal seine Familie sehen, es war furchtbar!

Die Zeiten normalisierten sich aber langsam wieder und im November 1949 heiratete ich meinen Mann Josef Eisele aus Enzisreute. Ich war damals 26 Jahre alt. Meine Schwester war in der Zwischenzeit mit 41 Jahren von den Kindern weg gestorben und auch der Vater meines Mannes war kurz vorher verstorben, deshalb veranstalteten wir kein großartiges Fest, sondern heirateten nur in kleinem Rahmen. Im Gasthaus Kreuz hier im Ort hatten wir nur für die nächsten Verwandten ein kleineres Fest. Aus unserer Ehe entstammen zwei Kinder. Ein Mädchen und ein Junge, der allzu früh bei einem Badeunfall ums Leben kam.
Mein Mann und ich betrieben in Enzisreute eine Landwirtschaft. Zunächst zusammen mit meiner Schwiegermutter und dem Bruder meines Mannes, der erst später aus der Gefangenschaft zurückkehrte. Die Schwiegermutter starb 1951 und mein Schwager heiratete in den 50er Jahren nach Renhardsweiler.
Auf unserem Hofe hatten wir zunächst auch Knechte und Mägde und die Landwirtschaft lief gut. Wir kamen gut aus mit der Mutter meines Mannes und den Nachbarn. Im Laufe der Zeit stellten wir unseren Betrieb von der Milchwirtschaft um auf Mastbetrieb. Wir hatten den Stall voll mit Jungbullen, vergrößerten und renovierten laufend.
Unseren Hof betrieben wir bis zum Jahre 1990. Mein Mann war damals 70 Jahre alt und wir verpachteten die Felder. In unserem Stallgebäude stehen heute Tiere der Süddeutschen Viehzentrale und im früheren Wohnhaus hat die Firma ihre Büros eingerichtet.

Maria Maucher,
geb. Kessler
Bad Waldsee-Atzenreute,
Jahrgang 1924

„In meinem Elternhaus herrschte nie wirtschaftliche Not."

Mein Elternhaus

Am 26. Juni 1924 kam ich in Enzisreute, das heute zur Stadt Bad Waldsee gehört, zur Welt. Meine Eltern waren Anton Kessler, geb. 1893 und Maria Kessler, geb. 1889. Mutter war ebenfalls eine geborene Kessler. Sie stammte aus Enzisreute und war auf der Gastwirtschaft „Zum Kreuz" aufgewachsen. Vater war aus Reute.

Meine Eltern bewirtschafteten in Enzisreute das Gasthaus zum Kreuz, zu dem auch eine Landwirtschaft gehörte. Mein Vater war gelernter Metzger und den Winter über schlachtete er auf den Bauernhöfen der Umgebung. Wir hatten dadurch nie unter einer wirtschaftlichen Not zu leiden, Vater konnte sich bereits 1928 ein Auto leisten und wir hatten als erstes Haus im Ort ein Telefon. Das Auto, ein Opel, war überhaupt erst das dritte Fahrzeug in der Gemeinde Gaisbeuren. Nur der Bauer Müller in Atzenreute und Karl Lang in Gaisbeuren besaßen vorher ein Auto. In Reute war dies nur der Metzger Maucher.

Vor dem Autokauf musste mein Vater einen Führerschein erwerben. Dazu wandte er sich an den Automechaniker Christian Schaufler aus Kümmerazhofen. Mit ihm und mit dessen Auto drehte mein Vater ein paar Übungsrunden, bevor er selber mit dem Auto nach Ostrach fuhr, um dort die Fahrprüfung abzulegen. Dieses Vorgehen war kein Einzelfall damals. Auch mein Bruder lernte später das Fahren bei uns zuhause mit einem kleinen Lloyd, den wir zu dieser Zeit besaßen. Als er sich dann sicher genug fühlte, meldete er sich in Waldsee zur Prüfung an und fuhr mit unserem Auto selber zur Fahrprüfung. Das war dann aber schon nach dem Krieg.

Ich war das älteste von sechs Kindern in unserer Familie. Im Jahre 1932 erkrankte meine Mutter schwer. Sie wurde nach Ulm ins Krankenhaus gebracht, doch man konnte ihr auch dort nicht mehr helfen. Sie war an Leukämie erkrankt, kam vom Krankenhaus Ulm aus wieder nach Hause und starb kurz darauf am 26. Mai 1932.

Anton und Alois Kessler vor dem Opel.

Als ältestes Kind war ich damals 8, meine jüngste Schwester war noch nicht einmal 2 Jahre alt. Die Zeit war furchtbar. Wir hatten zwar immer ein Dienstmädchen im Haus und auch eine Schwes-

ter meiner Mutter, unsere Tante Emelie, half nach dem Tode unserer Mutter im Haushalt aus, doch es war sehr schwer. Vater heiratete aber schon im Oktober 1932 erneut und es ging alles wieder weiter. Unsere Stiefmutter Elise Schellinger stammte aus Gwigg, Mit ihr sind wir immer gut ausgekommen, aber wir mussten auch nie eine finanzielle Not in unserer Familie verkraften. Hinzu kam, dass die zweite Ehe meines Vaters kinderlos blieb, so dass auch wegen Streitigkeiten unter Stiefgeschwistern keine Probleme entstehen konnten.
1935 ereilte aber ein weiteres Unglück unsere Familie, denn unsere jüngste Schwester Martha kam bei einem Unfall auf der Durchgangsstraße ums Leben. Wir standen auf der anderen Seite der Straße und riefen ihr zu, sie solle zu uns herüberzukommen. Martha rannte los, wir alle hatten den heranbrausenden Motorradfahrer übersehen. Eine Geschwindigkeitsbegrenzung gab es ja damals noch nicht und so kam es vor unseren Augen zu dem Unglück, bei dem unsere kleine Schwester ihr Leben verlor.

Politische Veränderungen
Von der Not während der Weltwirtschaftkrise ab 1929 weiß ich nichts. Zum einen war ich noch viel zu klein, zum andern arbeitete mein Vater in der Zeit von der Kirchweihe bis Ostern, den ganzen Winter über also, in der Umgebung als Hausmetzger. Er brachte dabei immer ein Bratenstück als Lohnanteil für seine Arbeit mit nach Hause. Für das Schlachten eines Schweins erhielt er im übrigen 3,50 Mark. Hinzu kamen die Einnahmen aus der Gastwirtschaft, die wir in Enzisreute direkt an der Durchgangsstraße betrieben; all dies ermöglichte unserer Familie ein Leben ohne große wirtschaftliche Not.
Nach der Machtergreifung Hitlers gab es in Enzisreute zunächst nur wenige überzeugte Nazis. Nationalsozialist war vielleicht einer der Bauern, der auch in die NSDAP eintrat. Die anderen aber waren mehr oder weniger überzeugte Mitläufer. Bei uns zu Hause, in meinem Elternhaus, sah man die Aufbruchstimmung, denn wirtschaftlich schien es aufwärts zu gehen. Meinem Vater aber gefielen die Verfolgung der Juden und der katholischen Kirche nicht.
Insgesamt ging es in der Landwirtschaft nach 1933 wohl besser. Den Aufbruch, den wir erlebten, sah man durchaus positiv. Eine unserer Nachbarinnen, die alte Frau Wachter sagte immer: „Ha dia Zeita sott mer abinda kenne," so schön empfand sie diese Jahre. Man sah aber nur den Schein, man konnte die Schattenseiten noch nicht erkennen.

Schulzeit

Ab 1931 ging ich nach Gaisbeuren in die Schule. Früher waren die Enzisreutener Schüler nach Reute zur Schule gegangen. In Gaisbeuren aber war 1931 ein neues Schulgebäude fast fertiggestellt und danach sollten auch die Enzisreuter Kinder nach Gaisbeuren. Mein Vater sprach deshalb Bürgermeister Allgaier darauf an, ob die neuen Erstklässler 1931 nicht auch schon nach Gaisbeuren eingeschult werden könnten. Das geschah dann auch.

Wir gingen zunächst noch ins alte Schulgebäude, denn erst im Herbst 1932 war das neue fertig und konnte bezogen werden. Unser Lehrer war Herr Grandy, bei dem wir viel lernten. Später noch fragten mich unsere Töchter manchmal: „Woher weißt denn Du das?" „Ich bin auch sieben Jahre in die Schule gegangen!", war meine Antwort.

Zur Schule gelangten wir auf der heutigen B 30. Aber das war kein Vergleich mit heute. Auf beiden Seiten war ein Gehweg, doch der geringe Verkehr erlaubte es uns, dass wir überwiegend in breiter Reihe neben einander auf der Straße gehen konnten. Fahrräder gab es zwar schon einige im Ort, aber nur sehr wenige Kinder besaßen ein solches. Wir gingen zu Fuß zur Schule. Vor dem Verkehr auf der Straße musste man sich nicht fürchten, nur wenn uns Handwerksburschen begegneten, dann hatten wir manchmal Angst.

Im ersten Haus in Gaisbeuren auf der rechten Straßenseite war damals eine Bäckerei angesiedelt, die Bäckerei Lämmle. Bäcker Lämmle backte sehr gut schmeckende Seelen und Brezeln. Er kam einmal in der Woche auf die Dörfer der Umgebung, auch zu uns nach Enzisreute und ging von Haus zu Haus. In einem „Krätzen", den er auf dem Rücken trug, hatte er Kleinbrot, das er an der Haustüre verkaufte. Ein besonderes Fest für uns Schulkinder war es aber, wenn wir zuhause nicht genügend Brot hatten, so dass man uns kein Vesperbrot richten konnte. Wir erhielten dann ein paar Pfennige und durften uns in der Bäckerei einen frischgebackenen Wecken für die Vesperpause kaufen.

Man machte viel Unsinn auf dem Schulweg. Auf Höhe der Gasthauses Linde war ein Hohlweg neben der eigentlichen Landstraße. Die alte Römerstraße war dort noch sichtbar. Wo noch heute der Weg von der B 30 nach Atzenreute abzweigt, verlief die Hohlgasse neben der Landstraße her. 50 Meter nach oben, Richtung Süden und gut 100 Meter Richtung Gaisbeuren, bis fast zur „Linde" war sie damals noch gut erhalten, sicherlich 2 Meter tief. Besonders beliebt war der Hohlweg bei den Buben, sie stießen die Mädchen immer wieder dort die Böschung hinunter.

Die Wege trennten sich täglich oberhalb des Gasthauses Linde. Die Atzenreuter bogen ab und wir Enzisreuter gingen weiter auf der Landstraße. Wir wussten damals auch, was man einander noch zuschreien konnte und erst wenn man außer Rufweite war, konnte man zufrieden nach Hause gehen.

In der Kapelle in Enzisreute, die damals vor allem von der Familie Fenker betreut wurde, wurde jeden Sonntag Nachmittag ein Rosenkranz gebetet, zu dem die Bauern aus dem Ort und auch aus der Nachbarschaft kamen. Nach dem Rosenkranz gingen die Männer in die Wirtschaft, ich sehe sie heute noch am runden Tisch in der Gaststube sitzen.

Als 1934 Hindenburg starb, war mein Bruder Anton ein sogenannter „Pimpf". Er musste bei den Gesprächen über den Tod des Staatspräsidenten irgend etwas falsch verstanden haben, denn er lief nun tagelang durch die Gegend und rief dabei: „Mir derfet noch Berlin, mir derfet noch Berlin!"

Im Verlauf der 30iger Jahre wurde an der Schule der sogenannte Staatsjugendtag eingeführt. Das bedeutete, dass wir Mädchen im BDM Dienst tun mussten. Wir waren alle im BDM. Wie wir dort hineingekommen sind, weiß ich gar nicht mehr. Ob freiwillig, durch Druck oder verpflichtet, ich weiß es nicht mehr.

Wir mussten am Samstag immer zuerst von Gaisbeuren nach Reute auf den alten Sportplatz in der früheren Kiesgrube Richtung Aulendorf marschieren. Unsere Leiterin, die Lehrerin Fräulein Kuhn, eine recht überzeugte Nationalsozialistin, verlangte von uns beim Marsch durch Reute immer das eine Lied zu singen. Ich weiß den Text noch heute. „Ich armes welsches Teufelein, ich kann nicht mehr marschieren". Aber auch die anderen Nazi – Lieder mussten wir beim BDM lernen. „Es zittern die morschen Knochen der Welt vor dem großen Krieg," so ein Zeug und anderes mussten wir singen!.

Auf dem Sportplatz in Reute wurden dann Spiele gemacht und es wurde geturnt. Die sportliche Ertüchtigung stand im Vordergrund.

In der BDM – Leitung des Ortes waren auch die Töchter von Lehrer Grandy, die in Waldsee die Oberrealschule besuchten. Grandy war zwar kein Obernazi, aber er war den Nationalsozialisten gegenüber durchaus positiv eingestellt. Seine Töchter trugen schon bald die

BDM – Uniform. Dunkler Rock, braune Weste, Halstuch und Knoten. Trudel Grandy verlangte dann von uns, dass wir uns alle eine solche Uniform besorgten. Sie sagte, sie wolle kein scheckiges Häuflein kommandieren, sie wolle alles uniformiert.
Aus einem alten Kleid nähte man mir einen blauen Rock für die Uniform. Ich erhielt eine weiße Bluse, aber keine braune Weste. Solche Nazi – Anhänger waren unsere Eltern nun auch wieder nicht.
Die Schulpflicht dauerte damals sieben Jahre und war für mich 1938 beendet. Ich war im letzten Jahrgang mit siebenjähriger Schulpflicht. Bereits mein Bruder Anton, der ein Jahr jünger war als ich, musste acht Jahre zur Schule gehen.

Enzisreute während meiner Kindheit

Während meiner Kindheit gab es im Ort acht größere Bauernhöfe und sechs kleinere Landwirtschaften, sogenannte Gütle. Im Dorf gab es vier Mittelpunkte, in denen getratscht wurde und wo die neuesten Nachrichten ausgetauscht wurden. An erster Stelle war das natürlich unser Gasthaus, wo sich die Bauern trafen. Das war aber auch der kleine Laden, den die Familie Franz Miller im Ort betrieb, und natürlich auch die Kapelle sowie die örtliche Milchsammelstelle bei Rosa Dangel, die in den 30er Jahren eingerichtet wurde und in der wir morgens und abends die Milch unserer Kühe ablieferten. Dort wurden Neuigkeiten ausgetauscht und es wurde ausgiebig getratscht.
Im Ort ansässig war damals auch noch ein Schuhmacher, der im Gebäude der Familie Hauser ein oder zwei Zimmer im oberen Stock mit Ausgang nach hinten bewohnte. Man nannte ihn „Der Schmul", ob das aber eine Abkürzung für den Familiennamen Schwarzkopf war oder eine sonstige Namensbezeichnung, das weiß ich nicht mehr. Beim „Schmul" konnte man auf jeden Fall seine Schuhe reparieren oder neue Sohlen aufziehen lassen.

Arbeit im elterlichen Betrieb

Nach der Schulzeit arbeitete ich zu Hause in der Gast- und der Landwirtschaft mit. Man war in meinem Elternhaus froh, dass man eine weitere Arbeitskraft hatte, die man gut gebrauchen konnte. Ich sollte aber im Alter von 18 Jahren auch ein sogenanntes Pflichtjahr absolvieren. Mein Vater wollte, dass ich dieses im eigenen Haushalt in Enzisreute absolvieren sollte, da in seinem Betrieb jede Menge Arbeit anfallen würde. Eigentlich wäre ich ja lieber einmal von zuhause

weg gekommen, hätte gerne einmal etwas anderes gesehen und die Sondergenehmigung war gar nicht leicht zu erhalten. Vater und ich mussten bei einer Dame vorsprechen. Ich weiß nicht mehr wo, vielleicht auf dem Rathaus, auf jeden Fall konnte die Frau dort überhaupt nicht verstehen, warum ich das Pflichtjahr zu Hause verbringen sollte. Sie wollte dies zunächst auf keinen Fall genehmigen, es war direkt ein Kampf, den Vater schließlich für uns entscheiden konnte, so dass ich zu Hause bleiben durfte.
Ich arbeitete vor allem in der Küche, aber auch im Stall und in der Landwirtschaft. Wir hatten zur damaligen Zeit acht Fremdenzimmer und durch die Lage direkt an der Durchgangsstraße hatten wir fast die ganze Woche über Übernachtungsgäste. Man kann sagen, dass das Geschäft gut lief und wir viel Arbeit hatten.
Es trifft wohl zu, dass wir von den Rüstungsbetrieben in Friedrichshafen profitierten, denn der Verkehr zu diesen Fabriken führte über die Landstraße direkt an unserem Haus vorbei. Bis aus Königsberg kamen sogenannte „Fernfahrersoldaten" zu uns und auch an LKWs aus dem Südölwerk Eislingen kann ich mich erinnern. Ebenso an Fahrer der Lörracher „Schusterinsel", die in der Waldseeer Seidenfabrik Stoffe abholten, die bei Lörrach eingefärbt wurden und dann wieder nach Waldsee zurück gebracht wurden.

Familie Kessler 1943, von links: Maria, Alois, unsere Stiefmutter, Vater, Anton, Selma, Brigitte.

Mein Bruder Anton machte nach seiner Schulzeit eine Lehre als Metzger. Als ältester Sohn war er dafür vorgesehen, das Geschäft zu übernehmen. Der zweitälteste Bruder Alois absolvierte eine kaufmännische Lehre bei der BAG in Waldsee.
Es kam dann aber ganz anders, denn Anton wurde eingezogen und war in Frankreich stationiert. In seinem letzten Brief im Juni 1944 schrieb er noch nach Hause: „Hier ist die Hölle los!" Er fiel dann dort am 17. Juni 1944 in den großen Wirren, nur wenige Tage nachdem die Amerikaner auf dem Festland gelandet waren.

Von diesem letzten Brief ab erhielten wir zwei Jahre lang keine Nachricht mehr von meinem Bruder. Er war vermisst gemeldet. Wir hatten aber immer noch die Hoffnung, dass er überlebt hat. Vor allem, nachdem wir erfuhren, dass in Witschwende bei Bergatreute ein Kriegskamerad meines Bruders namens Sauter wieder nach Hause gekommen war, der zuvor auch zwei Jahre lang vermisst gemeldet war.

Nach zwei Jahren, also bereits nach Ende des Krieges, kam aus Berlin dann die Todesnachricht und auch der Friedhof wurde benannt, auf dem sein Grab liegt. Anton ist auf dem Soldatenfriedhof von Orglandes / Manche in der Normandie begraben.

Anton Kessler

Wir haben in den 80er Jahren bei einer Fahrt der Soldatenkameradschaft Vogt einmal sein Grab besucht, das auf dem nördlichsten Soldatenfriedhof der Normandie liegt. Auch meine Schwester und ihr Mann fuhren damals mit. Es liegen dort 20000 deutsche Soldaten begraben. Ganz in der Nähe ist ein amerikanischer Soldatenfriedhof mit 70000 Gräbern.

Der Reiseleiter der damaligen Fahrt legte auf jedem Soldatenfriedhof, an dem wir vorbeikamen, einen Kranz nieder. Auch auf dem amerikanischen. Dort Anwesende meinten, es sei das erste Mal gewesen, dass dies von einer deutschen Besuchergruppe gemacht wurde.

Enzisreute während des Krieges

Der größte Teil der Männer war während des Krieges ja zur Wehrmacht eingezogen und auf den Höfen arbeiteten an ihrer Stelle Betriebshelfer, Praktikantinnen und Zwangsarbeiter mit. Auf dem Döchtbühl in Bad Waldsee waren Baracken, in denen Frauen des weiblichen Arbeitsdienstes untergebracht waren. Diese Mädchen wurden auch in Enzisreute zu Arbeiten auf den Bauernhöfen eingesetzt.

Frau Fenker und Frau Hauser, deren Männer eingezogen waren, hatten Betriebsleiter auf ihren Höfen. Bei Fenkers war auch eine Polin zum Arbeiten, bei Nolds waren ein Pole und eine Polin und auch bei Wachters war eine Polin.

Ebenso waren belgische Kriegsgefangene im Dorf eingesetzt, die bei Eiseles in einer Kammer schliefen. Ein Wachmann, der bei uns logierte, holte die Belgier morgens um sechs oder halb sieben ab und diese gingen dann zu den Bauern. Abends wurden sie wieder in der Kammer eingeschlossen. Russische Zwangsarbeiter waren keine in Enzisreute. Hier waren Belgier, das waren gute Leute.

Im Jahre 1940 bemerkten wir auf der Landstraße öfters durchfahrende graue Busse. Bald erfuhren wir, dass diese mit Insassen der Heilanstalt Weissenau und der Stiftung Liebenau von dort auf die Schwäbische Alb nach Grafeneck fuhren. Auch ein Bürger von Enzisreute mit Namen Frick war unter den Weissenauer Kranken, die nach Grafeneck gebracht und dort ermordet wurden. Offiziell wusste man nichts von der Aktion mit den grauen Bussen, aber die Wahrheit sickerte bald durch und wurde bekannt.

Als Arzt der Heilanstalt in Zwiefalten war auch der Sohn des früheren Lehrers S. aus Reute an den Krankentransporten nach Grafeneck beteiligt. Dr. S. betrieb nach dem Krieg als praktizierender Arzt eine Arztpraxis in Bad Waldsee. Ende der 50er, Anfang der 60er Jahre, wurde er wegen der Beteiligung an den Morden in Grafeneck in einem Prozess zu 2 ½ Jahren Gefängnis verurteilt. Während er seine Strafe verbüßte, war er im Schwarzwald bei Waldarbeiten eingesetzt und soweit ich mich erinnere, führte er nach Ablauf seiner Gefängnisstrafe seine Arztpraxis in Bad Waldsee wieder weiter.

Besonders in Erinnerung geblieben sind mir aus der Zeit des Krieges auch die Bombardierungen der Städte in der Nähe. Zuerst nur

Alois Kessler als Matrose.

während der Nacht, später aber auch bei einem Tagangriff auf Friedrichshafen. Die Maschinen kreisten deutlich sichtbar über dem Altdorfer Wald. Wir konnten sie mit bloßem Auge erkennen und wir spürten die Erschütterungen durch die abgeworfenen Bomben. Als gegen Kriegsende, am 27. November 1944, Freiburg bombardiert wurde, konnte man die Erschütterungen ebenfalls spüren. Von den Bombeneinschlägen zitterte das Tor an unserer Scheuer.

Auch mein Bruder Alois wurde im September 1944 noch eingezogen. Er kam zur Marineflak nach Wilhelmshaven, wo er bei Kriegsende in englische Kriegsgefangenschaft geriet. Er blieb dort aber nicht lange und kehrte schon am 28. Dezember 1945 wieder nach Hause zurück.

Kriegsende in Enzisreute

Im April 1945 hatten wir noch Einquartierung deutscher Soldaten im Dorf. Am 20. April ließ der kommandierende Leutnant seine Truppe vor unserem Garten antreten und er hielt zu Hitlers Geburtstag eine Rede, in der er vom Sieg sprach. Hinter dem Haus lachten wir über ihn.

Die einquartierten Soldaten waren eigentlich nette Leute. Einer von ihnen hatte gleich seine Familie mitgebracht. Frau Hedwig blieb noch bis lange nach dem Krieg mit ihrer Schwester im Ort. Ich glaube, die Schwester war die Frau eines Offiziers. Als mein Vater die ankommenden Soldatenfrauen sah, meinte er nur dazu: „Jetzt glaub i glei, dass mer dr Krieg verspielt hond, wenn se scho ihre Weiber mitbringet."

Wenige Tage später, als die Deutschen abgezogen waren und der Krieg zu Ende ging, hieß es, dass die Franzosen Reute eingenommen hätten. Ein beherzter Mann, Josef Dürr, nahm eine weiße Fahne

und marschierte gegen Abend Richtung Gaisbeuren los. Wir schauten und warteten, was passieren würde. Hatten Angst , doch nichts geschah. Josef Dürr kam mit seiner weißen Fahne schließlich wieder zurück, er hatte keine Franzosen getroffen. Diese fuhren mit ihren Panzern und Fahrzeugen erst am folgenden Tage in Enzisreute ein.
In den Häusern wurden französische Truppen untergebracht. Franzosen und Marokkaner, für die bei Fenkers in einer Feldküche gekocht wurde. Dort waren auch Elsässer, die Deutsch konnten. Für die Offiziere musste Mutter in unserem Hause kochen. Bei ihnen war ein marokkanischer Bursche, der uns vom Wein probieren ließ, den er anschließend den Offizieren servierte. Ansonsten aber hatten die Marokkaner unter den französischen Besatzungstruppen keinen guten Ruf. Auch die Franzosen selber behandelten ihre marokkanischen Hilfstruppen bitterböse. Es gab sogar Todesurteile und Erschießungen während der ersten Wochen nach Kriegsende hier in der Gegend. Einmal in Enzisreute und einmal in Atzenreute. Warum die Todesurteile gefällt wurden, weiß ich nicht, auch über die Gräber der getöteten Soldaten kann ich nichts sagen.
Die Franzosen blieben nach meiner Erinnerung nicht allzu lange in Enzisreute. Sie sind aber verantwortlich für die Erschießung zweier deutscher Offiziere am 12. Mai 45. Der Major Karl Riesch aus Landshut und der Oberzahlmeister Richard Larns aus Gleiwitz hatten in Kümmerazhofen übernachtet und sich am Morgen des 12. auf den Weg Richtung Enzisreute gemacht. Woher sie kamen und wohin sie wollten, weiß ich natürlich nicht. Am Ortsende von Kümmerazhofen, am Waldrand wurden sie von Franzosen, wahrscheinlich von Marokkanern, erschossen. Sie wurden auf dem Friedhof in Reute beerdigt, wo noch heute ein Grabstein an die beiden erinnert.
Im Jahre 1947 oder 48 kamen wieder Franzosen in die Gegend. Sie schlugen im Altdorfer Wald als Kriegsentschädigung Holz, das sie nach Frankreich brachten. Die Männer übernachteten wohl teilweise auch in unserem Gasthof, aber auch in Kümmerazhofen. Einer der Männer, der im Gasthaus „Zur Räuberhöhle" in Kümmerzhofen schlief, erklärte auf die Frage, wo er denn wohnte, immer: „Gasthof Bandit!"

Heirat und Ehe

1955 heirateten mein Mann und ich. Wir kannten uns ja schon von der gemeinsamen Schulzeit her, aber damals gab es weiter nichts. Nach dem Krieg kam Albert dann manchmal als Gast in unsere Wirt-

schaft, aber er brachte auch immer wieder einen Korb voller Eier vorbei. Diese verkauften wir an Fernfahrer, die bei uns einkehrten.
Wir kamen uns näher, heirateten 1955 und ich zog nach Atzenreute auf den Hof meines Mannes. Unserer Ehe entstammen vier Töchter.

Mein Vater übergab die Gastwirtschaft und die Landwirtschaft 1956 oder 57 an meinen Bruder Alois und zusammen mit seiner Frau zog er nach Reute in ein neu gebautes Haus. Seit der Währungsreform 1948 hatte mein Vater zusammen mit seiner Familie auf der Gastwirtschaft so viel verdient, dass er zum einen dieses Haus für etwa 60 000 Mark bauen und zum anderen für uns drei Mädchen jeweils eine ansehnliche Aussteuer bereitstellen konnte. Allerdings war das damit verbunden, dass er uns über Jahre hinweg auch keinen Lohn bezahlt hatte. Meine Schwestern und ich arbeiteten zu Hause weitgehend kostenlos und auch eine Berufsausbildung, wie sie die Mädchen heute machen können, konnten wir nicht absolvieren.

Gasthof „Zum Kreuz" in Enzisreute heute.

Anhang:

Inhalt

Josef Fussenegger

Afrikakorps
www.wikipedia.de

Die Heeresgruppe Afrika wurde am 23. Februar 1943 aus dem Oberkommando der deutsch-italienischen Panzerarmee sowie dem Organisationsstab Tunesien heraus aufgestellt. Sie unterstand dem Oberbefehlshaber Süd und bestand aus Teilen der 1. italienischen Armee (ehemals Panzerarmee Afrika) und der 5. Panzerarmee. Oberbefehlshaber war zunächst noch kurz Generalfeldmarschall Erwin Rommel, der aber dann in die Heimat zurückgerufen und durch Generaloberst Hans-Jürgen von Arnim ersetzt wurde. Der Oberbefehlshaber Süd stand zu diesem Zeitpunkt unter italienischem Oberkommando.
Nach wechselvollen Kämpfen wurde der Vormarsch der Afrika-Armee schließlich in El Alamein kurz vor Alexandria in Ägypten gestoppt. Die deutschen Truppen waren aufgrund der vorangegangenen schweren Schlachten weitgehend erschöpft, die Nachschubverbindungen waren trotz der Einnahme der Hafenstadt Tobruk überdehnt. Später wurden die deutschen Einheiten unter schweren Verlusten zum Rückzug gezwungen. Kurz darauf erfolgte die Landung anglo-amerikanischer Truppen („Operation Torch") in Marokko und Algerien, wodurch es Ende 1942 zu einem Zweifrontenkrieg in Afrika kam. Dadurch wurde ein Verbleib auf dem Kriegsschauplatz endgültig unmöglich.
Trotzdem verlegten Deutschland und Italien noch einmal starke Truppenverbände nach Tunesien, wohin sich die Panzerarmee Afrika zurückzog. Angesichts der aussichtslosen Lage mussten die deutschen und italienischen Truppen bis zum 13. Mai 1943 kapitulieren. Das Versäumnis, diese Streitkräfte rechtzeitig nach Italien zurückzunehmen, ließ nur wenige Monate nach der Niederlage von Stalingrad 120.000 Wehrmachtssoldaten und eine noch größere Zahl Italiener in Kriegsgefangenschaft geraten.
Vom 9. Mai bis zum 13. Mai 1943 kapitulierten die einzelnen Einheiten der Heeresgruppe in Afrika.

I. Flakregiment 18:
www.lexikon-der-wehrmacht.de
(Dies könnte die Einheit von Herrn Fussenegger gewesen sein). Im Januar 1941 wurde die Abteilung nach Sizilien verlegt, im Juli 1941 kam sie nach Nord-Afrika. Am 20. September 1941 unterstand die Abteilung dem Deutschen Afrika-Korps und gliederte sich in zwei leichte Batterien mit jeweils 12 x 2-cm Flak und drei schwere Batterien mit jeweils 4 x 8,8-cm Flak. Die Abteilung wurde der 19. Flak-Division unterstellt und im Mai 1943 in Tunesien vernichtet.

Albert Maucher

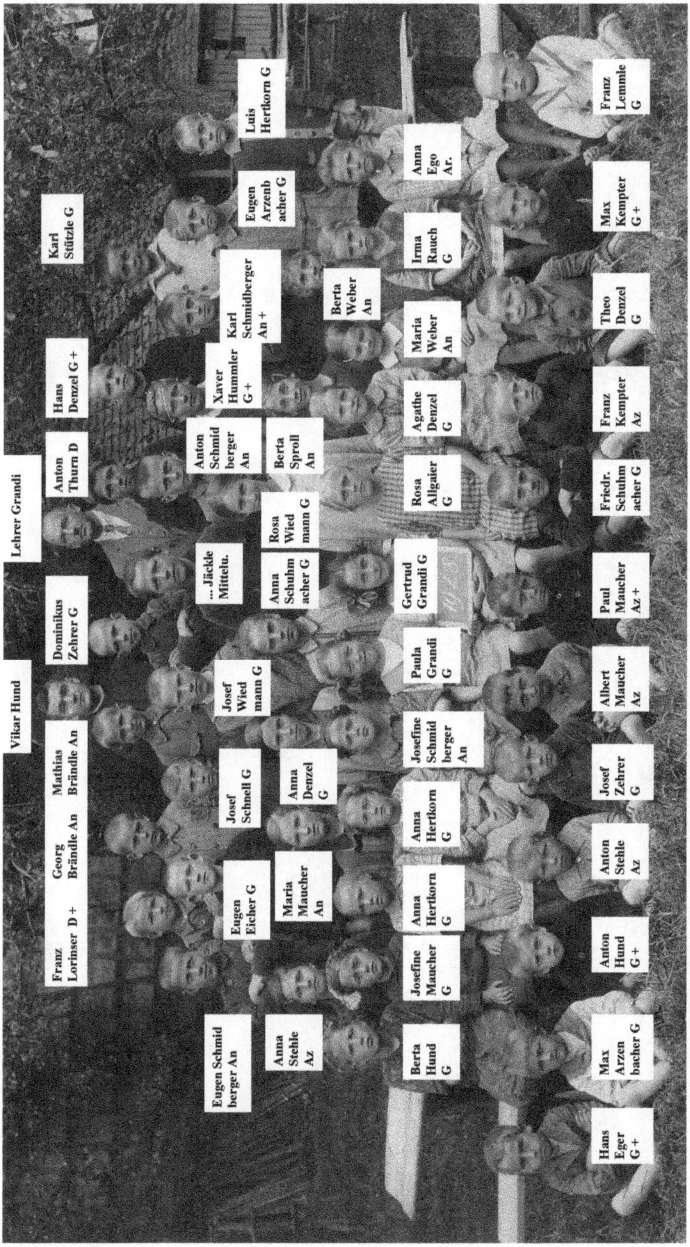

An = Ankenreute; Ar = Arisheim; Az = Atzenreute; G = Gaisbeuren
Die acht mit einem Kreuz markierten Namen stehen auf dem Kriegerdenkmal an der Kirche in Reute

Der katholische Jungmännerbund Reute vor dem neuen Jugendheim ca. 1933

Angriff der 78. Inf.-Div. über den Bug am 22. Juni 1941.

Überschreiten der polnisch-russischen Grenze bei Pryzemysl.

78. Infanterie – Division
(wikipedia)

Die Division wurde als Infanteriedivision der 2. Welle am 26. August 1939 im Wehrkreis V, Ulm, durch den Artilleriekommandeur V aufgestellt. Das erste Truppenverbandsabzeichen stellte daher auch das Ulmer Münster dar. Ein großer Teil der Soldaten waren Reservisten der deutschen Wehrmacht bzw. der Reichswehr. Sie entstammten der 5. (Ulm), 25. (Ludwigsburg) und 35. Infanteriedivision (Karlsruhe) sowie Regimentern aus Ulm, Tübingen/Reutlingen, Heilbronn und Konstanz. Am 27. Dezember 1942 erhielt die Division neben dem neuen Namen 78. Sturm-Division, womit sie zur einzigen Sturm-Division des deutschen Heeres wurde, auch ein neues Truppenzeichen: Die Eiserne Faust.
Nach ihrer Aufstellung verblieb die Division für den Rest des Jahres 1939 im Deutschen Reich. Ursprünglich war geplant, dass sie am Fall Rot teilnehmen sollte. Dazu kam es aufgrund des Ausbruchs der Krankheit Rotlauf und der damit verbundenen Quarantäne jedoch nicht. Erst im Juni 1940 wurde die 78. Infanterie-Division über Luxemburg und Belgien in die Nähe von Reims in Nordfrankreich verlegt. Ein Truppenverband wurde für die Vorbereitung auf das Unternehmen Seelöwe nach Lac sur Mer abgestellt, sowie ein Drittel der Division für die Neuaufstellung der 305. Infanterie-Division im Herbst 1940 abgegeben. Zum Ausgleich wurden der 78. Infanterie-Division 4.000 neu ausgebildete Rekruten zugeführt.
Im Mai 1941 wurde die Division nach Polen verlegt. Nach dem Beginn des deutschen Überfalls auf die Sowjetunion am 22. Juni 1941 wurde die Division bei Kämpfen in Białystok, Mogilew und Roslawl sowie in der Kesselschlacht von Wjasma-Brjansk eingesetzt. Anfang Dezember 1941 gehörte die 78. Division zu jenen Einheiten, die bei der Stadt Rusa bis auf wenige Kilometer an Moskau heranrücken konnten, bevor sie sich aufgrund des sowjetischen Gegenangriffs wieder zurückziehen mussten. Im ersten Halbjahr 1942 nahm die Division bei Gschatsk an mehreren Abwehrschlachten teil, unter anderem auch am Unternehmen Winterreise, der Rückverlegung der Front auf die Linie Juchnow - Gschatsk - Rschew. Nach weiteren heftigen Kämpfen wurde die Division während der im Dezember 1942 stattfindenden sowjetischen Offensive Operation Mars im Frontabschnitt bei Rschew fast aufgerieben. Nur 1.500 Soldaten überlebten und die Division musste zur Reorganisation aus dem Kampf herausgenommen werden.

Unterstreichungen durch den Verfasser. Sie verweisen auf Textstellen bzw. weiteren Anhang

Tagesbefehl der 78. Div.

Abschrift

78. Inf.-Division Div.Gef.Stand, den 19.12.1942
Kommandeur.

Soldaten der 78. Inf. Division !

21 Tage härtesten Einsatzes liegen hinter Euch. In pausenlosen Massenangriffen hat der Gegner mit vielfacher Überlegenheit an Menschen und Material versucht, unsere Front zu durchbrechen. Weder im Abschnitt der Division noch bei den zur Zeit von der Division getrennten Gren. Regt. 795 ist ihm dies gelungen. An Eurer Tapferkeit und Eurem Heldentum sind sämtliche Angriffe zerschellt.

7 Schützen – Divisionen
4 Garde - Schützen - Divisionen
4 Schützen – Brigaden
3 Garde-Kav. Divisionen
10 Panzer – Brigaden

Hat der Gegner uns entgegen geworfen. Es war umsonst!

440 Panzerkampfwagen

wurden von der Division und den ihr unterstellten Einheiten vernichtet.

521 Gefangene wurden eingebracht.

Die blutigen Verluste des Gegners belaufen sich nach vorsichtiger Berechnung auf über

21 000 Tote.

Damit ist die Angriffskraft all seiner Divisionen, mit denen er gegen uns anlief, gebrochen.

In unerhört hartem Ringen wurde Angriffswelle auf Angriffswelle von Euch zerschlagen Ungezählte Einzeltaten überragender Tapferkeit, zähester Abwehrwille Aller war notwendig, um dem feindlichen Ansturm Stand zu halten.

Aber es gelang!

Kein Fussbreit Boden wurde von Euch aufgegeben. Die 78. Schwaben - Division hat wiedereinmal, in eine Krisenlage hineingeworfen, dem Gegner gezeigt, was deutsches Soldatentum, was deutsche Grenadiere zusammen mit ihrer unvergleichlichen Artillerie vermögen.

Der Führer und Oberste Befehlshaber hat die Leistungen der Division, die er Tag für Tag verfolgte, in ganz besonderem Maße gewürdigt. Er weiß, was Ihr für den Daseinskampf des Deutschen Volkes geleistet habt.
Zweimal wurde die Division im Wehrmachtsbericht genannt.

Allen Kämpfern, die die Kämpfe im August und die jetzigen in vorderer Linie mitgemacht haben, wird, soweit sie nicht schon damit ausgezeichnet sind, das E.K.2.Kl. verliehen.

Mir selbst hat der Führer als Anerkennung der Verdienste der Division das Ritterkreuz des Eisernen Kreuzes verliehen.
In Gedanken an Euch alle, an Euer Heldentum trage ich diese hohe Auszeichnung. Ihr alle habt sie mitverdient. Mit Stolz auf meine Division werde ich sie tragen.

Jedem Einzelnen von Euch spreche ich angesichts dieses großartigen Abwehrsieges meine uneingeschränkte Anerkennung und meinen wärmsten Dank aus. Ob in vorderstem Stützpunkt, oder bei den rückwärtigen Diensten eingesetzt, ein Jeder hat in diesen Tagen sein Äußerstes hergegeben.

Mein besonderer Dank und treuestes Gedenken gelten aber auch den vielen gefallenen Kameraden und den Verwundeten. Sie haben getreu ihrem Fahneneid Leben und Gesundheit für ihre Heimat geopfert. Ewiges dankbares Gedenken wollen wir ihnen versprechen!

Wir aber wollen mit neuem Mut an die grossen Aufgaben heran gehen, die unser noch warten.

Der Endsieg muss unser sein.
Er wird unser sein!

Heil Unserem Führer!
(gez. Völckers)

Infanterie-Regiment 238
(Lexikon der Wehrmacht)

Aufgestellt am 26. August 1939 als Regiment der 2. Welle mit Stämmen der 35. Infanterie-Division in Stuttgart und der 78. Infanterie-Division unterstellt. Am 25. November 1940 gab das Regiment das III. Bataillon an das Infanterie-Regiment 576 ab, es wurde sofort ersetzt. Das Regiment wurde am 11. November 1941 aufgelöst und bei der Division durch das Infanterie-Regiment 14 ersetzt.

Die Vernichtung der 78. Infanterie – Division im Juli 1944
Aus: Vetter: Die 78. Infanterie und Sturm – Division, Eggolsheim 1981, S. 140

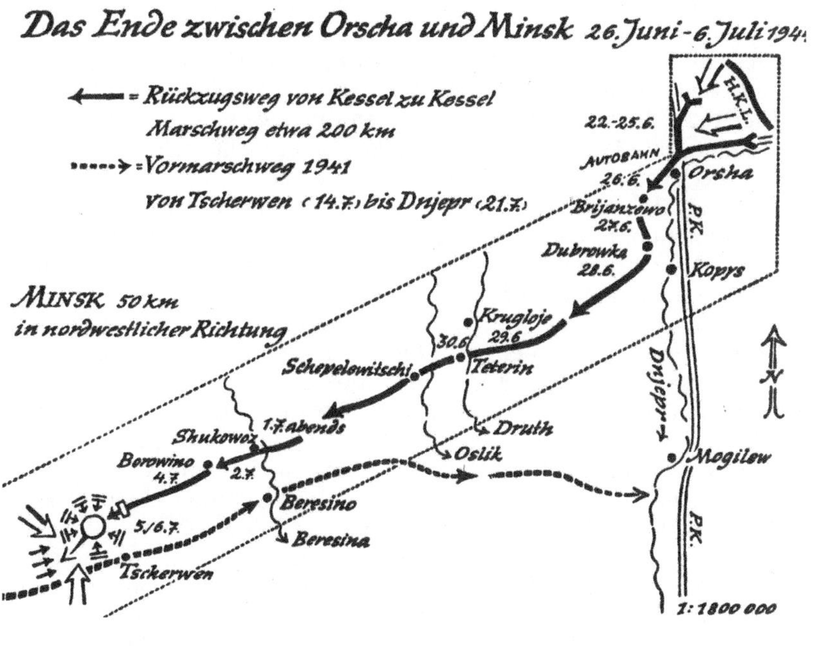

Josef Eisele

Artillerie-Regiment 85
www.lexikon-der-wehrmacht.de

Das Artillerie-Regiment 85 wurde am 10. Dezember 1940 im Protektorat Böhmen und Mähren aufgestellt. Der Regimentsstab des neuen Regiments wurde aus dem Regimentsstab des Artillerie-Regiment 300 gebildet. Die Abteilungen mit Abgaben der Ersatztruppen des Wehrkreis V gebildet, welche zu dieser Zeit im Protektorat lagen. Als Stamm für das neue Regiment wurden dazu noch der Stab der II. Abteilung vom Artillerie-Regiment 300, die I. Abteilung vom Artillerie-Regiment 18, der Stab der III. Abteilung mit der 2., 4. und 8. Batterie vom Artillerie-Regiment 35 und die 3. Batterie vom Artillerie-Regiment 71 herangezogen. Das Regiment wurde zu vier Abteilungen aufgestellt. Die I. bis III. Abteilung waren mit 7,5-cm l.FH und 10-cm Kanonen ausgestattet, die IV. Abteilung war mit 15-cm. s.FH ausgestattet. Das Regiment unterstand der 101. leichten Infanterie-Division.
Bis Ende März 1941 wurde das Regiment auf den Höhen des Brdy-Waldes ausgebildet, dann wurde in den Raum südlich von Graz verlegt. Am 7. April 1941 begann für das Regiment der Balkan-Feldzug. Durch die Untersteiermark und Slowenien marschierte das Regiment über Marburg an der Drau, Pettau und Krapina bis an die Save westlich von Agram. Die 101. leichte Infanterie – Division kam aber nicht mehr zum Einsatz und verlegte ab dem 2. April 1941 wieder zurück in den Raum Prag, im Protektorat Böhmen und Mähren. Nach nur kurzem Aufenthalt wurde das Regiment per Eisenbahn über Kolin - Olmütz und Poprad in die Zips rund um Käsmark verlegt. Von hier aus marschierte das Regiment dann nach Südgalizien in den Raum Neu-Sandez.
Mitte Juni erfolgte die weitere Verlegung in den Raum westlich von Przemysl. Hier stellte sich das Regiment für den Überfall auf Russland bereit. Am 22. Juni 1941 durchstieß das Regiment nördlich von Przemysl die russischen Linien. Am 28. Juni 1941 kam es zu Gefechten bei Rudki, an die sich der Durchstoß durch die Seenkette beiderseits Komarno anschloss. Anfang Juli 1941 kam es zu Verfolgungskämpfen nördlich den Dnjestr bei Chodorom, Halicz, Marjampol, Monasterzyska und Czortkow. Am 7. Juli 1941 wurde der Zburcz überschritten. Bis zum 14. Juli 1941 wurde die Stalin-Linie bei Jaltuszkoff erreicht und hier am 15. und 16. Juli 1941 durchbrochen. Anschließend wurde die Stalinlinie südostwärts Jaltuskoff aufgerollt. Es kam zu Kämpfen bei Myki, Maryanowka und Kopajgrod. Nach weiteren Verfolgungskämpfen wurde am 24. Juli 1941 der Bug bei Ladyshin überquert und der dortige Brückenkopf verstärkt. Ab dem 28. Juli 1941 wurde in Richtung Gaiworon an der Straße nach Uman vorgestoßen, das am 31.

Juli 1941 erreicht wurde. Nach der Schlacht bei Golowanjewsk vom 6. bis zum 8. August 1941 wurde die 101. leichte Infanterie – Division Heeresgruppenreserve und konnte sich eine Woche lang ausruhen. Dann marschierte das Regiment zum Dnjepr und erzwang zwischen dem 2. und 12. September 1941 bei Krementschug den Übergang über den Fluss. Nach der erfolgreichen Überquerung des Flusses schlossen sich Verfolgungskämpfe an, die das Regiment über Poltawa bis zur Worskla führten. Anschließend wurde nach Bogoduchow vorgestoßen. Bei Murafa kam es zwischen dem 13. und 16. Oktober 1941 zu Abwehrkämpfen. Zwischen dem 17. und 27. Oktober 1941 nahm das Regiment mit der Division an den Kämpfen und der Eroberung der Stadt Charkow teil. Bis zum Ende des Monats Oktober wurde der Donez erreicht. Hier verstärkte das Regiment den Brückenkopf von Staryj Ssaltoff. Anfang Dezember 1941 wurde von Charkow nach Gorlowka marschiert. Zwischen Debalzewo und Troizkoje kam es ab dem 6. Januar 1942 zu schweren Abwehrkämpfen. Diese zogen sich in wechselnder Stärke bis in den Mai 1942 hin. Am 16. Mai 1942 stellte sich das Regiment zum Angriff auf Isjum bereit. Zwischen dem 17. und 19. Mai 1942 gelang es dem Regiment, zum Donez durchzubrechen. Dabei kam es zu Kämpfen bei Majaki, Chrestischtsche und Golaja Dolina. Am 19. Mai 1942 kam es zu Gefechten bei Studenok. Zwischen Raigorok und Ssemitschewo im Donez-Becken kam es im Anschluß zu Abwehrkämpfen, die sich bis Mitte Juni 1942 hinzogen. Am 22. Juni 1942 trat das Regiment dann zum Stoß auf den Donez zwischen Oskol und Isjum bis Podwyssokoje an, am 24. Juni 1942 konnte Isjum genommen werden. Anschließend wurde das Regiment in den Raum Ssiawiansk verlegt, um sich für den Durchbruch in das Donez - Becken bereitzustellen. Am 6. Juli 1942 wurde die 101. leichte Infanterie – Division in 101. Jäger – Division umbenannt. Dabei wurden auch die I. und II. Abteilung zur Gebirgs-Abteilung umbewaffnet. Der Angriff nach Südrussland begann am 9. Juli 1942 und führte das Regiment bis zum 7. August 1942 zum Kuban und bis Mitte August in das Gebiet um Maikop. Weiter stieß das Regiment beiderseits der Straße nach Tuapse in den Kaukasus vor. Vom 3. bis zum 14. Oktober 1942 kam es zu Kämpfen um das Becken von Kurinkij, am 15. und 16. Oktober 1942 wurde der Jelisswaetpolskij-Pass gestürmt und im Anschluss der Schaumjan genommen. Ab dem 20. Oktober 1942 hatte sich das Regiment bei Sarja Gora und dem Jelissawetpolsij-Pass zu verteidigen. Bis zum 15. Januar 1943 mussten die erreichten Stellungen im Kaukasus gehalten werden, dann begann der Rückzug aus dem Kaukasus in den Kuban-Brückenkopf. Dabei kam es u.a. zu Gefechten bei Tochtamukai, Schendschij, Krasnodar, Auscheds, Ssadowij, Krimskaja und Noworossisk. Nach den Kämpfen im Kubanbrückenkopf bis zum 15. Juli 1943 übernahm das Regiment einen Küstenabschnitt bei Temrjuk zur Sicherung der Halbinsel Taman. Am 13. September 1943 wurde das Regiment über die Krim hinweg in die Wotan-Stellung südlich von Saporoshje verlegt. Ab dem 19. September 1943 begann die Abwehrschlacht um die Wotanstellung. Im November 1943 folgten Abwehrkämpfe am unteren Dnjepr beiderseits Berislaw. Anfang Januar 1944 wurde das Regiment in den Raum Winniza verlegt. Hier kam es zu schweren Angriffs- und Abwehrkämpfen, u.a. bei den Orten Komarow, Woronowzy, Latanzy, Potoki, Schenderiwka und Rotmistriwka. Die Kämpfe im Raum Winniza dauerten bis zum März 1944. Im Anschluss kam es zu Rückzugs- und Kesselkämpfen im Rahmen der 1. Panzerarmee bei Winniza, Brailoff, Bar, Nowaja-Uschiza, Kamenez-Podolsk und Uszieocko. Am 10. April 1944 begannen die Angriffskämpfe über die Stypa und den Dnjestr bei Wozilow, Snowidow und Isakow, die sich bis zum 20. April 1944 hinzogen. Im Anschluss kam es zu Waldkämpfen nordwestlich von Zukow bei Brotniki, an die sich Kämpfe bei Peczeniyzn anschlossn. Vom 16. bis zum 27. Juli 1944 war das Regiment an der Schlacht um Lemberg beteiligt und anschließend an den Abwehrkämpfen südlich des Dnjestr. Am 8. August 1944 begann das Absetzen über die Karpaten, in deren Anschluss es zu Kämpfen bei Turka kam. Am 20. September 1944 musste die Turka-Stellung aufgegeben werden. Über den Karpatenkamm hinweg zog sich das Regiment in die Abwehrstellung nordwestlich von Ungvar zurück, die am 28. Oktober 1944 erreicht wurde. Über Jeszenö, Szobranc und Michalowec ging es bis zum 10. Dezember 1944 in die Giselastellung bei Kaschau. Vom 27. Dezember 1944 bis zum 12. Januar 1945 verlegte das Regiment in den Raum südlich von Schemnitz ostwärts des Gran-Tales. Hier kam es ab Mitte des Monats zu schweren Abwehrkämpfen, die das Regiment im März nach Altsohl, ins Grantal und nach Neusohl brachten. Im März 1945 und im April 1945 stand das Regiment in Kämpfen in der Großen Tatra im Raum Neusohl. Ende April 1945 wurde das Regiment in den Raum Malacky westlich der kleinen Karpaten verlegt. Am Westufer der March und im Marchfeld kam es zu weiteren Kämpfen, der Rückzug ging weiter über Angern, Prottes und Matzen. Zu Beginn des Mai 1945 stand das Regiment bei Hollabrunn und ging über Horn, Weitra, Deutsch-Beneschau, Kaplitz und Rosenberg auf Nesselbach zurück. Hier kam das Regiment in amerikanische Gefangenschaft.

Von einigen der gefallenen Soldaten aus Enzisreute kann der "Volksbund Deutscher Kriegsgräberfürsorge" die Gräber angeben:

Adolf Fenker, Gefreiter,
geb. 3.1. 1910 Enzisreute
gest. 29.1. 1944 Ratmistriwka
Adolf Fenker ist vermutlich als unbekannter Soldat auf die Kriegsgräberstätte in Kiew - Sammelfriedhof (Ukraine) überführt worden.
Sein Name wird im Gedenkbuch des Friedhofs verzeichnet.

Franz Hauser, Gefreiter
geb. 13.11. 1906 Enzisreute
gest. 18.3. 1945 Feldlazarett 206
Franz Hauser liegt in der Kriegsgräberstätte Momonovo (Russland) begraben.

Auskunft:
Volksbund Deutscher Krigsgräberfürsorge

Anton Nold wurde noch nicht auf einen vom Volksbund errichteten Soldatenfriedhof überführt oder konnte im Rahmen unserer Umbettungsarbeiten nicht geborgen werden. Nach den uns vorliegenden Informationen befindet sich sein Grab derzeit noch an folgendem Ort: Beljajewo / Welish - Rußland"

Anton Kessler
geb. 1926 Enzisreute
gest. 17. Juni 1944 Normandie

Anton Kessler liegt auf dem Soldatenfriedhof in Orglandes Manche in der Normandie begraben (Siehe Bericht von Frau Maucher, geb. Kessler)

Jäger Eugen Miller, Enzisreute, und sein Grab an einem unbekannten Ort in Russland

Über die Gräber von
Josef Brauchle,
Anton Nenning und auch von
Paul Maucher (Atzenreute) konnte der Volksbund keine Auskunft erteilen

Fritz Haag

Im Juli 1942 treffen sich Ludwig Dingler, Fritz Haag und Bruno Eberle zufällig in Ravensburg. (Oben von links.) Es sollte das letzte Mal sein!

Das Ende der 305. Bodensee – Division:
Die Sowjets berichten

Am Sonntag, dem 15. November, meldet das Sowinformbüro über die Ereignisse am Vortage:
Die schweren Kämpfe um Stalingrad halten an. Die faschistische Belagerungsarmee, die, wie bereits gemeldet, durch 60000 Mann frischer Truppen verstärkt worden ist, macht gewaltige Anstrengungen, die Besatzung der Stadt zu überwinden und die Entscheidung zu erzwingen. Der Hauptschauplatz der Kämpfe auch dieser neuen Phase ist noch immer das Fabrikviertel im nördlichen Teil von Stalingrad, wo die deutschen Sturmtruppen neue Durchbruchsversuche unternommen haben. Sie verlagerten den Schwerpunkt ihrer Angriffe auf einen Sektor von nur 250 bis 300 Metern Breite, wo sie längs eines einzigen Straßenzuges geringe Geländegewinne erzielten, die mit außerordentlich schweren Verlusten erkauft werden mussten. Im Oberkommando in Moskau nimmt man an, dass die jetzige Schlacht um Stalingrad auf deutsch-faschistischer Seite vor allem ausgefochten wird, um durch Stabilisierung der Front in diesem Abschnitt es zu ermöglichen, wieder über die Truppen anderweitig verfügen zu können, die jetzt an der Front von Stalingrad gebunden sind.

Aus Piekalkiewicz: Stalingrad, Anatomie einer Schlacht, 5. Auflage, München 1993. S. 358 / 359
(Nach dem 14.11. wird auf deutscher Seite die 305. Div. nicht mehr erwähnt, sie hat weitgehend aufgehört zu existieren! – Reste von ihr gehen Anfang Febr. 43 in russische Gefangenschaft.)

Aus: www.home.scarlet.be
Schlacht im Hürtgenwald – Sturmgeschützbrigade 341

Die Sturmartillerie gehörte in den Jahren 1939 bis 1945 zu den erfolgreichsten Waffengattungen des deutschen Heeres. Diese neu entwickelte Waffe war ursprünglich zur direkten Unterstützung der Infanterie vorgesehen. Aufgrund der durch die besondere Konstruktion der Sturmgeschütze - wie geringe Fahrzeughöhe und starke Frontpanzerung - erzielten Erfolge war diese Waffe besonders gefürchtet. Interessant ist dass die Sturmartillerie bis zum Jahre 1943 ausschließlich aus Freiwilligen bestand.
Bereits im Jahre 1941 wurde nach der Sturmgeschütz – Ersatzabteilung 200 in Schweinfurt als zweite die Sturmgeschütz – Ersatzabteilung 300

in Neisse/Oberschlesien aufgestellt. Die Aufgabe dieser Ersatzabteilungen bestand darin, Sturmartilleristen für Neuaufstellungen und den Frontnachschub auszubilden.
Schon im Mai begann in der Dieskau – Kaserne auf dem Eiskellerberg in Neisse / O.S. die Aufstellung der Sturmgeschützbrigade 341 (Taktisches Zeichen: Greifkopf).
Ein erstes „Kommando Greif" kam zur Ausbildung nach Krenau / O.S.
Dass diese Neuaufteilung etwas besonderes werden sollte, ging schon allein daraus hervor, dass der bisherige Kommandeur der Sturmgeschütz – Ersatz – Abteilung 300, Hauptmann (später Major) Karl-Ernst Bumm (Deutsches Kreuz in Gold) das Kommando übernahm.
Auch die bisherigen Chefs der Stabs – und Ausbildungsbatterien übernahmen Kommandos in der neuen Brigade.
Die personelle Aufstellung der Brigade war im November 1943 abgeschlossen, und es folgte die Verlegung nach Tours (Mittelfrankreich). Nach weiterer intensiver Ausbildung (d'Hilliers – Kaserne) und mehreren Gefechtsübungen (Camp du Ruchard) erhielt die Brigade im März 1944 ihre vollständige Ausrüstung mit Geschützen und Fahrzeugen.
Im Mai 1944 wurde dann die Brigade zur Sicherung der Mittelmeerküste in den Raum Beziers –Narbonne –Lezignan verlegt, da zu diesem Zeitpunkt noch mit einer Invasion der Alliierten in diesem Gebiet gerechnet wurde.
Die Brigade lag abgesehen von einem größeren Partisaneneinsatz (Capestang) in Ruhe vor dem Sturm, der die höchsten Opfer von der Brigade fordern sollte.
Mit Beginn der Invasion am 6.6.1944 rechnete die Brigade schon mit einem Einsatz in der Normandie. Doch erst am 27.7.1944 kam der Befehl. Nach einem abenteuerlichen Blitztransport in den Raum Rennes – Ponterson kam es schon am 31.7.44, unmittelbar nach dem Ausladen, zum ersten Einsatz mit erbitterten Kämpfen gegen die überlegenen Invasionstruppen und starken US-Panzereinheiten.
Bei diesem Einsatz fielen der Chef der 1. Batterie, Hauptmann Gerd Pazur und Leutnant Otto Ebeling. Hier fiel auch Oberwachtmeister Kurt Kirchner (1. Batterie), einer der erfolgreichsten Sturmgeschützführer, dem bereits im März 1942 für den Abschuss von 30 schweren, russischen Panzern das Ritterkreuz verliehen worden war.
Beim zweiten Einsatz, der am nächsten Tag, dem 1.8.1944, gefahren wurde, fiel der Chef der 2. Batterie Oberleutnant Kolb. Mit der Führung dieser Batterie wurde Oberleutnant Thumm beauftragt. Die Brigade, die im Brennpunkt der Kämpfe stand, wurde schwer angeschlagen. Allein

die 1. Batterie verlor 12 ihrer 14 Geschütze. Genauso erging es der 2. und 3 Batterie, die bei diesen Gefechten sämtliche Geschütze verloren. Doch die Brigade hatte auftragsgemäß den Gegner aufgehalten und eine Reihe schwerer Feindpanzer vernichten können. Es dauerte nur wenige Tage, bis neue Geschütze aus Tours und Paris eintrafen. Nach kurzer Unterbrechung ging der Kampf weiter.

Es war nicht nur die zahlenmäßige Überlegenheit der gegnerischen Panzerwaffe, sondern auch die alliierte Luftwaffe, die der Brigade schwere Verluste zufügte.

Im Raum St. Malo – Potorson – Avranches und Domfront stand die Brigade wieder im harten Einsatz. Bei St. Malo geriet der Chef der 3. Batterie, Oberleutnant Diehl, in Gefangenschaft. Danach übernahm Leutnant Willi Schaller die Führung der 3. Batterie. Wenige Tage später wurde der Kommandeur, Hauptmann Bumm, verwundet und Hauptmann Kurt Dreyer wurde vorübergehend mit der Führung der Brigade beauftragt.

Die unvorstellbare Luftüberlegenheit besiegelte auch das Schicksal der Brigade. Sie verlor zum zweiten Mal nahezu alle Geschütze und fast alle Tross – und Versorgungsfahrzeuge. Aber wieder konnte die Brigade nach wenigen Tagen im Raum von St. Germain und Paris neue Geschütze und Fahrzeuge übernehmen, und sofort stand die Brigade wieder im Einsatz und hielt mehrere Tage lang den wiederholt im Wehrmachtsbericht genannten Brückenkopf Fontainebleau.

Am 10.8.1944 fiel der Chef der 2. Batterie, Oberleutnant Thumm, durch einen Partisanenüberfall aus dem Hinterhalt. Das Kommando übernahm Oberleutnant Petzold.

Die nachfolgende Einsätze bei Provins, Sezanne und Epernay (24. – 28.8.44) forderten wiederum große Opfer. Hier befinden sich auf den Soldatenfriedhöfen viele Gräber von Angehörigen der Brigade. Am 24.8.44 fiel auch der inzwischen dritte Chef der 2. Batterie, Oberleutnant Petzold, bei Provins.

Die jetzt nicht mehr kampfstarke Brigade musste sich Anfang September 1944 über Reims – Rethel – Sedan – Lüttich in den Raum Aachen zurückziehen. Über die Zwischenstationen Hohe Eifel (Stadtkyll) und den Raum Düren wurde die Brigade dann vorübergehend in den Westerwald verlegt.

Anfang September 1944 übernahm Hauptmann Kräger das Kommando der 3. Batterie. Unter großen Schwierigkeiten gelang es endlich, Geschütze und Fahrzeuge zu ergänzen bzw. zu überholen. Die nun wieder einsatzbereite Brigade wurde am 19. Sept. 44 in den Raum Düren zurückverlegt.

In der Zeit vom 20.Sept. – 2.Okt.1944 war die Brigade bei den harten Kämpfen im Hürtgenwald eingesetzt. Hier galt es die Hauptkampflinie (HKL) im Tal der Weißen Wehe zu verteidigen. Es gelang auch befehlsgemäß den Vormarsch des Gegners aufzuhalten. Danach kam der Befehl: Verlegung der Brigade 341 in den Raum Bergheim.
Am 3. Oktober 1944 bezogen die Batterien ihre Quartiere. In Niederaussem (Stab und Stabsbatterie), Kaster (1. Batterie), Vanikum (2. Batterie) und Frauweiler (3. Batterie).
Sofort stand die Brigade zunächst im Raum Geilenkirchen – Heinsberg wieder im schweren Einsatz, weil hier die Amerikaner in die Westwallbunkerlinie eingedrungen waren. Bei den anschließenden Einsätzen zur Verteidigung von Aachen waren Teile unserer Brigade unter Führung des Chefs der 1. Batterie, Oberleutnant Wolz, ausschlaggebend beteiligt. Völlig überraschend kam am 16.12.1944 der Einsatzbefehl für einen Teil unserer Brigade zur "Ardennen-Offensive". An diesem Tage erlebten wir zum ersten und überhaupt einzigen Mal den Einsatz von deutschen Jagdgeschwadern der Luftwaffe, die wir seit Anbeginn unserer Einsätze vermisst hatten. Aber auch diese Offensive konnte gegen die Überlegenheit des Gegners keine Wende mehr bringen.
Anfang Januar wurde die Brigade nochmals in die Eifel (Rupperath, Schmidt) verlegt. Von hier aus wurden wieder harte Einsätze im Raume des Hürtgenwaldes gefahren. Doch schon nach 8 Tagen wurde dieser Befehl aufgehoben und es ging zurück in die alten Quartiere im Raum Bergheim.
Ende Februar 1945 musste die Brigade wegen der hohen Verluste wieder über den Rhein zurückverlegt werden. Zunächst ins Bergische Land und wenige Tage später über das Siegerland in den Westerwald. Hier wurde die Brigade Mitte März erneut gegen den mit massiver Überlegenheit vordringenden Amerikaner eingesetzt.
Am 7. März 1945 war es den Amerikanern gelungen, bei Remagen einen Brückenkopf auf dem östlichen Rheinufer zu bilden. Schon einige Tage später, am 12.März 1945, befand sich bereits das gesamte Westufer des Rheins zwischen Nijmwegen und Koblenz in alliierter Hand. Ende März 1945 kämpfte die Brigade noch im Sauerland, in dem nun entstehenden Ruhrkessel.
Die wieder nicht mehr voll einsatzfähige Brigade wurde Anfang April 1945 über Kassel in den Harz zurückverlegt und dort aufgeteilt. Die Reste der Kampfstaffeln bezogen im Raum Magdeburg (Nordharz) ihre Stellungen. Hier geriet der größte Teil später in amerikanische Kriegsgefangenschaft (19. / 20.4.1945). Die restlichen Teile der Brigade, getarnt

als " Jagdkommando ", wurde zum Zweck einer Neuaufstellung in den Raum von Bad Tölz kommandiert. Ihr Weg führte über Halle, Zwickau, Eger, Schwandorf, Illertissen, Schwabmünchen bis in einen großen Forst bei Rott am Inn.
Dem größten Teil der Brigade gelang es, zu Fuß, per Fahrrad, einigen sogar mit Wehrmachtsfahrzeugen, unbehelligt bis nach Hause zu gelangen.

Helmut Schulte

Obiger Text aus dem Internet ist weitgehend folgender Publikation entnommen: E. Fischer: Die Geschichte einer Kameradschaft, 40. Kameradentreffen am 15 u. 16. September 1984
Kameradschaft der ehem. Sturmgeschützbrigade 341

Max Schmidberger

326. Infanterie Division
Wikipedia

Die 326. Infanterie-Division wurde am 9. November 1942 aus den Wehrkreisen VI, XII und V als Sicherungsdivision aufgestellt und als Besatzungstruppe der Heeresgruppe D in Frankreich unterstellt. Am 5. Mai 1943 wurde die Division in eine bodenständige umgegliedert. Die Division nahm an der Besetzung Südfrankreichs 1943 teil und wurde zunächst in Narbonne stationiert. Ihre Panzerjäger-Abteilung verfügte über 14 Jagdpanzer Marder III und zehn Sturmgeschütze III. Außerdem verfügte die Division über elf leichte Flak. Die Batterien 1, 2, 4, 9, 10 und 12 waren mit je vier russischen 12,2 cm Haubitzen ausgerüstet, Die Batterien 5, 6 und 8 verfügten über je vier 10,5-cm-leFH 18.
Die noch im Mai mit 11.819 Mann nahezu vollaufgefüllte Division blieb trotz der Landung der Alliierten in der Normandie noch bis Mitte Juli 1944 im Pas-de-Calais als Armee-Reserve stationiert, verlegte jedoch teilweise am 22. Juli 1944 über die Seine, um eine Aufnahmelinie für die ausweichenden Reste der 2. Panzer-Division zu bilden. Im Zuge der weiteren Gefechte im Raum Caumont (Pas-de-Calais) eingesetzt, muss die Division schwere Verluste (geschätzt 6.000 Mann) erlitten haben und wurde im Kessel von Falaise vernichtet.

Lexikon der Wehrmacht

Die 326. Infanterie-Division wurde am 9. November 1942 als „Kriemhilde"-Einheit in den Wehrkreisen VI, XII und V aus Abgaben der Ersatztruppen für die Besetzung Südfrankreichs aufgestellt. Ende November 1942 folgte die Verlegung der Division nach Frankreich in den Raum Narbonne. Am 10. Mai 1943 wurde die Division in eine bodenständige Infanterie-Division umgewandelt. Dabei wurden die Grenadier-Regimenter zu Festungs-Grenadier-Regimentern, die schnelle Abteilung wurde aufgelöst, ihre Kompanien als 15. (Pz.J.) auf die drei Grenadier-Regimenter verteilt. Mit der Verlegung der Division nach Nordfrankreich im Mai 1944 wurde aus den Festungs-Grenadier-Regimentern wieder Grenadier-Regimenter, die 15. Kompanien fielen weg. Während der Kämpfe in der Normandie im Juni 1944 wurde die Division vernichtet. Sie wurde als 326. Volks-Grenadier-Division neu aufgestellt.

Anton Beck

Die 5. Panzer – Division
(wikipedia)

In den Jahren 1942 bis 1943 war die Division der Heeresgruppe Mitte unterstellt und kämpfte in der Schlacht um Moskau im Winter 1941/42 sowie in der Schlacht um Kursk im Sommer 1943.
Im allgemeinen Rückzug ab dem Herbst 1943 bis zum Sommer 1944 ging die Division über die Orte Brjansk, Prypjat, Babrujsk und Kowel zurück. Während der sowjetischen Sommeroffensive ab dem 22. Juni 1944 war sie der Kern einer hastig zusammengestellten Kampfgruppe unter dem Befehl von Generalleutnant Dietrich von Saucken, mit der bei der Ortschaft Baryssau die Einkesselung der 4. Armee verhindert werden sollte. Aufgrund der Übermacht der Roten Armee konnte diese Aufgabe nicht erfüllt werden.
Die Division zog sich im Juli und August 1944 kämpfend über die polnische Ortschaft Maladsetschna in Richtung Litauen und Kurland nach Deutschland zurück. Die Division kapitulierte zusammen mit anderen Einheiten der 2. Armee im April 1945 bei Danzig vor der Roten Armee und hörte damit auf zu bestehen.

Karl Krenn

Erfahrungsbericht der 225. Infanterie-Division über das „Ofenrohr" vom 14. März 1944

Das Panzer-Zerstörer-Bataillon 477 wurde im Oktober 1943 aufgestellt und

bald danach zu 2/3 mit Ofenrohr ausgerüstet. Erstmalig wurde es mit dieser Waffe in der Winterschlacht im Raume Leningrad Mitte Januar 1944 eingesetzt und zwar mit 2 Kompanien, Kampfstärke etwa je 50 Mann mit je 20 Rohren, während die 3. Kompanie des Bataillon mit schweren Pak zum Einsatz kam.
Die nun folgenden Geschehnisse bestätigen vollauf die Voraussagen, die in Erfahrungsberichten anlässlich der Ausbildung im Herbst 1943 niedergelegt worden waren und zwar:

1) Die Trefferleistung dieser neuen Waffe ist mit der neuen, verbesserten Munition (geliefert Mitte Dezember 1943) bis etwa 100 m befriedigend. Die Durchschlagsleistung und Wirkung im Panzer, auch bei sehr starker Panzerung, ist gut, jedoch nur unter der Voraussetzung, dass die Granate mit einem Auftreffwinkel von nicht unter 45 Grad auf eine Panzerplatte auftrifft, auch wenn diese mit Luftabstand von der eigentlichen Panzerung aufgehängt ist. Beim Auftreffen auf einen anderen herausragenden Teil, wie z.B. Schrauben, Ketten, Laufräder und dergleichen verpufft die Wirkung. Ketten und Laufräder werden durch Treffer nur unwesentlich beschädigt.
2) Das hochempfindliche Geschoss detoniert bereits bei kleinster Berührung, sodass selbst ein Hindurchschießen durch Sträucher und dünnes Geäst nicht möglich ist. Aus diesem Grunde ist das Ofenrohr für Kampf im Waldgelände völlig ungeeignet.
3) Das Ofenrohr eignet sich lediglich für den Abwehrkampf in ständiger Front, wo sich die Infanterie gegebenenfalls vom Panzer überrollen lässt. Im Angriff ist es unter gewissen Umständen im Kampf um Ortschaften zu gebrauchen. Es ist in jeder Hinsicht als zusätzliche Panzernahkampfwaffe der Infanterie anzusprechen.
4) Infolge des Gewichtes der Munition und vor allen Dingen der Empfindlichkeit der Rohre auf geringste Beschädigungen ist die Waffe im Kampf sehr unbeweglich. Um im entscheidenden Augenblick wirklich da zu sein, müssen die Rohre in der HKL sorgfältig geschützt aufbewahrt werden. Der Ausfall an Rohren infolge Artillerie- und vor allem Granatwerferfeuer, aber auch Infanterie-Geschosse war während der Bewegungskämpfe außerordentlich hoch.
5) Die Bewaffnung geschlossener Formationen mit Ofenrohren, und zwar ausschließlich mit diesen, hat sich, wie ebenfalls vorausgesagt, aus folgenden Gründen als durchaus ungünstig erwiesen:Der Einsatz als Kämpfer mit einer Panzernahkampfwaffe verlangt in jedem Fall einen ganzen Kerl, das heißt, es müssen ausgesuchte Leute sein. Es ist klar, dass eine Einheit Leute in der erforderlichen Qualität bestenfalls zu 50% besitzt. Weiter ist es eine unausbleibliche Folge, dass geschlossene Zerstörer-Kompanien truppweise auf fremde Einheiten aufgeteilt zum Einsatz kommen. Ganz abgesehen davon, dass derartige zugeteilte Gruppen meist ziemlich in der Luft schweben, führte diese zersplitterte Zuteilung sehr

bald dazu, dass die nun einmal als Spezialisten ausgebildeten und als solche auch vorgesehenen Leute mit anderen Aufgaben betraut wurden, sodass sie schon nach wenigen Tagen vorwiegend als Gegenstoßreserven bei Spähtrupps und Verbindungs-Aufnahmen aufgebraucht wurden. Die eine Kp. des Btl. hatte anlässlich nur mit Infanterie-Waffen geführter Gegenstöße bei einer Kampfstärke von 50 Mann allein 9 Vermisste. Es wird dieses vermutlich zu vermeiden sein, wenn die Ofenrohrbedienungen durch Auswahl geeigneter eigener Leute aus den Infanterie-Regimentern herausgebildet würden, wo sie heimisch sind und dementsprechend sorgfältig ihrer tatsächlichen Bestimmung gemäß eingesetzt würden.

6) Ein großer Mangel der Waffe ist z. Zt. das Fehlen eines zweckmäßigen Schutzes des Schützen gegen die beim Schuss vorn aus dem Rohr herausfliegenden und dann zurückschlagenden Funken. Der Schutz durch die Gasmaske ist nicht zweckmäßig. Häufig kam es vor, dass die in der Nähe, aber außer Reichweite befindlichen Panzer so plötzlich vorstießen, dass die Leute die Gasmaske nicht rechtzeitig aufsetzen bzw. wiederaufsetzen konnten, wodurch in größerer Zahl recht üble Verbrennungen aufgetreten sind.

Zusammenfassend wäre noch folgendes zu sagen: Die Waffe ist gut und sicher noch entwicklungsfähig. Die Tatsache, dass von 2 Kompanien während der Rückzugskämpfe von Krasnoje-Selo bis Jamburg nur 5 Panzer vernichtet, einer bewegungsunfähig geschossen wurde, ist kein Beweis gegen die Waffe. In den allermeisten Fällen konnten die Rohre bei feindlichen Panzerangriffen deshalb nicht zum Tragen kommen, weil die Feindpanzer entweder durch vorhandene eigene Pak, Sturmgeschütze oder Panzer vor Erreichen der Schussentfernung für Ofenrohre abgeschossen wurden oder die Truppe, der die Ofenrohre beigegeben waren, sich vor Herankommen der feindlichen Panzer absetzte. Ein voll abschließendes Urteil wäre erst dann zu gewinnen, wenn die Rohre in fest gehaltener HKL zum Einsatz kämen. Das wäre in den ersten Tagen des Großangriffs möglich gewesen, wenn die beiden Ofenrohr-Kompanien des Bataillons nicht entgegen dem vorher örtlich festgelegten Einsatz an eine falsche Stelle befohlen worden wären, wo Panzer von vorn herein kaum zu erwarten waren.

Für einen Kampf in der Absetzbewegung ist die Verwendung von Einheiten als Ofenrohreinheiten gegenüber einer Ausstattung mit Pak nicht wirtschaftlich, wie die Abschusszahlen bewiesen haben. Die beiden Ofenrohr-Kompanien vernichteten 5, die mit s. Pak ausgestattete Kompanie des Bataillons im gleichen Zeitraum 11 Panzer.

v.d. Planitz
Hauptmann und Bataillons-Kommandeur

Bilder unter: www.weltkrieg2.de
„Ofenrohr"

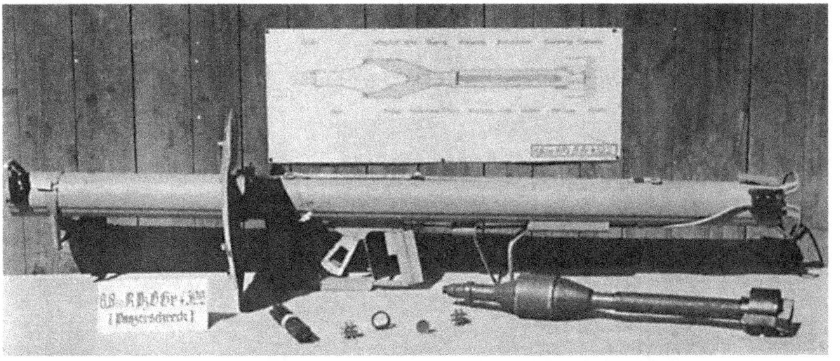

Gebhard Kibler

715. Infanterie-Division
Einsatz und Unterstellung:

Aufgestellt am 8. Mai 1941 als Besatzungs-Division der 15. Welle durch den Wehrkreis V und in Frankreich hauptsächlich zum Küstenschutz eingesetzt. Die Anfang 1944 aus Südfrankreich nach Italien verlegte Division wurde am Brückenkopf von Nettuno und Anzio im Raume Borgo Piave - Littoria eingesetzt und wurde während der Kämpfe stark dezimiert. Die anschließenden Rückzugskämpfe führten die Division über Segni-Cave zur Via Emilia bei Valmontone im Raum Romund. Sie wurde am 27. Juni 1944 bei Genua durch die Schatten-Division Wildflecken aufgefrischt, um anschließend südöstlich Florenz am Arno eingesetzt zu werden.
Es folgten Absetzbewegungen in den Apennin. Etwa Ende September - Anfang Oktober erreichte die Division den Raum Imola - Faenza, wo sie bis Februar 1945 in Abwehr- und Stellungskämpfen eingesetzt wurde.
Im März 1945 verlegte die Division an die Ostfront. Sie bestritt Abwehrkämpfe im Raum Loslau - Kattowitz - Ratibor und geriet im Raum Tabor in russische Gefangenschaft.
Aus: www.lexikon-der-wehrmacht.de/.../Infanteriedivisionen/715ID.htm

Abschrift.

Strafliste Nr. 34

Geheime Staatspolizei
Staatspolizeileitstelle Stuttgart

~~Oberamt~~ Außendienststelle Friedrichshafen

Den 11. März 1937

Polizeiliche Strafverfügung

gegen

Vor- und Zuname Franz Xaver K i b l e r

Beruf verh. Mechanikermeister

Wohnort und Wohnung Waldsee, Wurzacherstraße.

geboren 16.9.1889 zu Ergatweiler, Gde. Mühlhausen Krs. Waldsee

Durch — Ihr Geständnis u. Zeugnis des August V o g t, Karl Fessler, Josef Titscher, Karl Fimpel,

ist erwiesen, daß Sie am 19.2.37 in der Wirtschaft zum "Wilden Mann" in Waldsee in Anwesenheit mehrerer Gäste abfällige Äusserungen über die NSDAP. und deren Mitglieder gemacht haben. Dadurch haben Sie in erheblichem Maße Ärgernis erregt und die öffentliche Ruhe und Ordnung gestört.

~~Nur bei Jugendlichen: Nach Ihrer geistigen und sittlichen Entwicklung waren Sie zur Zeit der Tat fähig, das Ungesetzliche der Tat einzusehen und Ihren Willen dieser Einsicht gemäß zu bestimmen.~~

Gegen Sie wird daher wegen groben Unfugs

auf Grund des § 360 Ziff. 11 StGB.

eine **Geldstrafe** von 50.- RM,

für den Fall, daß sie nicht beigetrieben werden kann,

eine **Haftstrafe** von zehn Tagen festgesetzt.

Außerdem haben Sie die Kosten des Verfahrens mit -. RM 60 Rpf und die Kosten der Strafvollstreckung zu tragen.

Gegen diese Strafverfügung ist der Antrag auf gerichtliche Entscheidung zulässig, der binnen einer Woche nach Eröffnung oder Zustellung der Strafverfügung bei ~~dem Oberamt~~ Geheimen Staatspolizei - Außendienststelle Friedrichshafen schriftlich oder mündlich, oder bei dem Amtsgericht Waldsee schriftlich oder zu Protokoll der Geschäftstelle angebracht werden muß.

Die Geldstrafe nebst den Kosten ist, wenn der Antrag auf gerichtliche Entscheidung nicht rechtzeitig gestellt wird, binnen 2 Wochen vom Tag der Eröffnung oder Zustellung der Strafverfügung an gerechnet, an die ~~Oberamtskasse~~ Kasse der Polizeidirektion Friedrichshafen Postscheckkonto Stuttgart Nr. 34 719

Girokonto Nr. -- bei der Kreissparkasse -- zu bezahlen.

Im Falle der Versäumung der Zahlungsfrist muß das Beitreibungsverfahren und, falls die Geldstrafe uneinbringlich ist, die Vollstreckung der Ersatzhaftstrafe eingeleitet werden.

(gez.) Engelbrecht
(Unterschrift)

Krim. Oberinspektor.

Diese Abschrift beglaubigt

Friedrichshafen,

den 11. März 1937

~~Württ. Oberamt~~
Geheime Staatspolizei
Staatspolizeileitstelle Stuttgart
Außendienststelle Friedrichshafen

i.A. Boger. P.B.

OA. Nr. 247a. Polizeiliche Strafverfügung für Oberämter. (Abschrift.) 0103a

Druck und Verlag von W. Kohlhammer in Stuttgart. — Nachdruck verboten. —

Generalfeldmarschall Schörner

Mit dem 20. Januar 1945 wurde Schörner Oberbefehlshaber der Heeresgruppe A und am 5. April 1945 in dieser Stellung zum Generalfeldmarschall ernannt.
Unter Schörners Führung konnten 1,6 Millionen Flüchtlinge aus Schlesien und dem Sudetenland dem Zugriff der anrückenden sowjetischen Verbände entzogen werden. Gleichzeitig schickte er zahlreiche Soldaten und Volkssturmmänner auf sogenannte Himmelfahrtskommandos.
Regelmäßig riss er zurückweichenden Offizieren Orden und Rangabzeichen herunter und verurteilte versprengte Soldaten zum Tode. Im März 1945 wollte Schörner General Hanns von Rohr hinrichten lassen, weil dieser sich weigerte, Soldaten, die vor sowjetischen Panzern geflüchtet waren, zu erschießen. Das OKH milderte das Todesurteil zu Degradierung und Bewährungseinsatz.
Hitler bestimmte Schörner am 30. April 1945 in seinem politischen Testament zum Oberbefehlshaber des Heeres. Am 8. Mai 1945 überbrachten amerikanische Truppen unter Oberstleutnant Robert Pratt Schörner in seinem Hauptquartier in Bad Welchow die deutsche Kapitulationsurkunde. Am nächsten Tag versuchte Schörner in Zivilkleidung unterzutauchen - er wurde jedoch bald darauf in Österreich von amerikanischen Truppen gefangen genommen und gelangte zunächst am 15. Mai 1945 in amerikanische Kriegsgefangenschaft. Ende des Monats Mai 1945 wurde er an die Sowjetunion ausgeliefert.
Schörner wurde in der Sowjetunion zu 25 Jahren Zwangsarbeit verurteilt und war bis Ende 1954 in verschiedenen Lagern inhaftiert. Am 15. Januar 1955 wurde er aus der Kriegsgefangenschaft entlassen. Seine Rückkehr nach Deutschland (zunächst nach Dresden, dann nach Bayern) fiel in die Zeit der Wiederbewaffnung; die Gründung der Bundeswehr stand bevor.
Im Jahr 1957 wurde gegen Schörner Anklage erhoben. Ihm wurde u. a. vorgeworfen, dass er seine Truppe am Tage nach der Kapitulation unter Umständen verließ, die einer Fahnenflucht glichen. Er habe eine „Krachlederne" angezogen, einen Trachtenhut aufgesetzt und sich mit einem Fieseler Storch nach Tirol bringen lassen.
Das Verfahren führte wegen der von ihm ausgesprochenen Todesurteile bei Kriegsende und wegen verübten und versuchten Totschlags zu viereinhalb Jahren Freiheitsstrafe und der Aberkennung der Pensionsberechtigung. Bereits im Jahr 1960 wurde Schörner aus Gesundheitsgründen vorzeitig aus der Haft in der Justizvollzugsanstalt Landsberg entlassen. 1963 wurde ihm vom Bundespräsidenten Heinrich Lübke ein Teil seiner Pension gewährt.
Der „blutige Ferdinand" galt als „der brutalste von Hitlers Feldmarschällen"[6] und fand seine letzte Ruhestätte in Mittenwald.
(Nach Wikipedia, Ferdinand Schörner)

Nachricht aus der Gefangenschaft

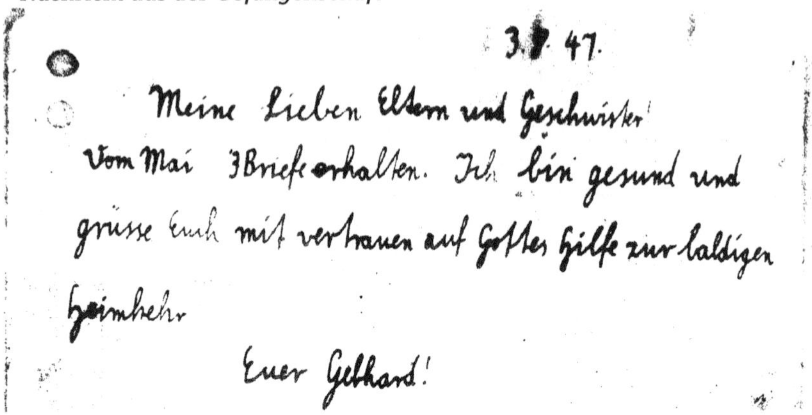

3.[illegible].47.

Meine Lieben Eltern und Geschwister!
Vom Mai 3 Briefe erhalten. Ich bin gesund und
grüsse Euch mit vertrauen auf Gottes Hilfe zur baldigen
Heimkehr

Euer Gebhard!

Hoch- und Deutschmeister:
Wikipedia

Die 44. Infanterie-Division erhielt als eine der wenigen Einheiten der Wehrmacht einen Ehrennamen. Aufgrund ihrer österreichischen Herkunft erhielt sie im Juni 1944 den Zusatz „Hoch- und Deutschmeister" und ein Ärmelstreifen mit jener Aufschrift wurde ausgegeben.
Als die Umbenennung erfolgte, erhielt die Einheit die in der Wehrmacht einmalige Erlaubnis, eine Standarte im Stile der alten österreich-ungarischen zu tragen. Diese zeigte unter anderem den Adler Österreich-Ungarns.

Einsatz der 44. Infanteriedivision 1945

Datum	Armeekorps	Armee	Heeresgruppe	Ort
Januar	LXVIII	2. Panzerarmee	Süd	Fünfkirchen
Februar	FH (IV)	8. Armee	Süd	Gran
März	**z. Vfg.**		**Süd**	**Plattensee**
April (Kgr.)	I. Kav.	2. Panzerarmee	Süd	Radkersburg, Graz
Mai (Kgr.)	XXXXIII	8. Armee	Süd	NW Linz

1945:
Auffrischung der Division und Verlegung nach Ungarn. Angriffs- und Abwehrkämpfe im Gran-Brückenkopf. Kämpfe im Kessel von Stuhlweißenburg. Rückzug auf das Reichsgebiet nach Radkersburg. Verlegung in den Raum Hollabrunn. Teile der Division kommen in russische Gefangenschaft, die Masse in amerikanische Gefangenschaft.

Luftangriffe auf Wien:

Bis Ende 1943 verlegt die 15. USAAF ihre Geschwader auf das italienische Festland in der Gegend um Foggia. Dort entstehen im Laufe der Zeit 16 Flugplätze, von denen die Geschwader der 15.USAAF nun immer öfters Ziele in Österreich angreifen.

Während die Amerikaner ihre Luftwaffe laufend vergrößern, wird auf österreichischem Gebiet die Luftabwehr verstärkt. In Ostösterreich wird die 24.Flakdivision aufgestellt, die bis Ende 1944 einen Mannschaftsstand von mehr als 16.000 Personen erreicht. Die Flakdivision befehligt zu diesem Zeitpunkt mehr als 80 schwere und 30 leichte Flakbatterien, deren Geschütze rund um Wien und Wiener Neustadt postiert sind.

Die Erfolge dieser Anstrengungen bleiben nicht aus, so dass die nächsten Luftangriffe der 15.USAAF auch herbe Verluste für die Amerikaner mit sich bringen. Insgesamt werden durch deutsche Jagdflugzeuge und Flak bis zum Ende des Krieges etwa 650 alliierte Flugzeuge über Österreich abgeschossen.

Am 12.3.1945, genau 7 Jahre nach dem Einmarsch Hitlers in Österreich, führen die Alliierten den größten Luftangriff auf Wien durch. Insgesamt 800 viermotorige Bomber und 200 Begleitjäger laden ihre Bombenlast über der Donaumetropole ab. Die amerikanischen Verluste sind minimal, während auf dem Boden mehr als 500 Wohnhäuser dem Erdboden gleichgemacht werden. Bei diesem Angriff werden auch viele öffentliche Gebäude, wie die Wiener Staatsoper, schwer getroffen.

Quellen: wikipedia, airpower.at; battlefields2.com

Der „Ostwall"

Der Befehlshaber des Ersatzheeres und Reichsführer SS, Heinrich Himmler, verkündete am 21. November 1944: „Wien und die Ostmark werden östlich der Donau und — wenn es sein muss — an der Reichsgrenze verteidigt, und zwar von der deutschen Wehrmacht ebenso fanatisch wie vom Volkssturm Wiens." Dafür vorgesehen: ....

3. „Deutschmeisterstellung" vom Semmering über den Schneeberg–Bad Vöslau–Baden bei Wien–Leitha–Fischamend–westlich Zistersdorf (?).

Am 29. März 1945 durchstießen die Spitzen der sowjetischen Truppen die Reichsschutzstellung bei Kloster Marienberg. Nur wenige rasch wieder in Stellung gegangene Volkssturmmänner und einige Alarmverbände warfen sich ihnen erfolglos in den Weg.

Fast nirgends war es den Truppen der deutschen Heeresgruppe Süd gelungen, mit Kampfeinheiten so rechtzeitig in der Reichsschutzstellung anzulangen, dass man den Kampf mit einer auch nur geringen Erfolgsaussicht hätte aufnehmen können. Stellenweise waren die russischen Soldaten sogar früher da gewesen als die deutschen. Nur in der Brucker Pforte und südlich von Rechnitz gelang es deutschen Verbänden, sich unter Ausnützung der Verteidigungsanlagen ein wenig zu konsolidieren. Das war denn auch alles.

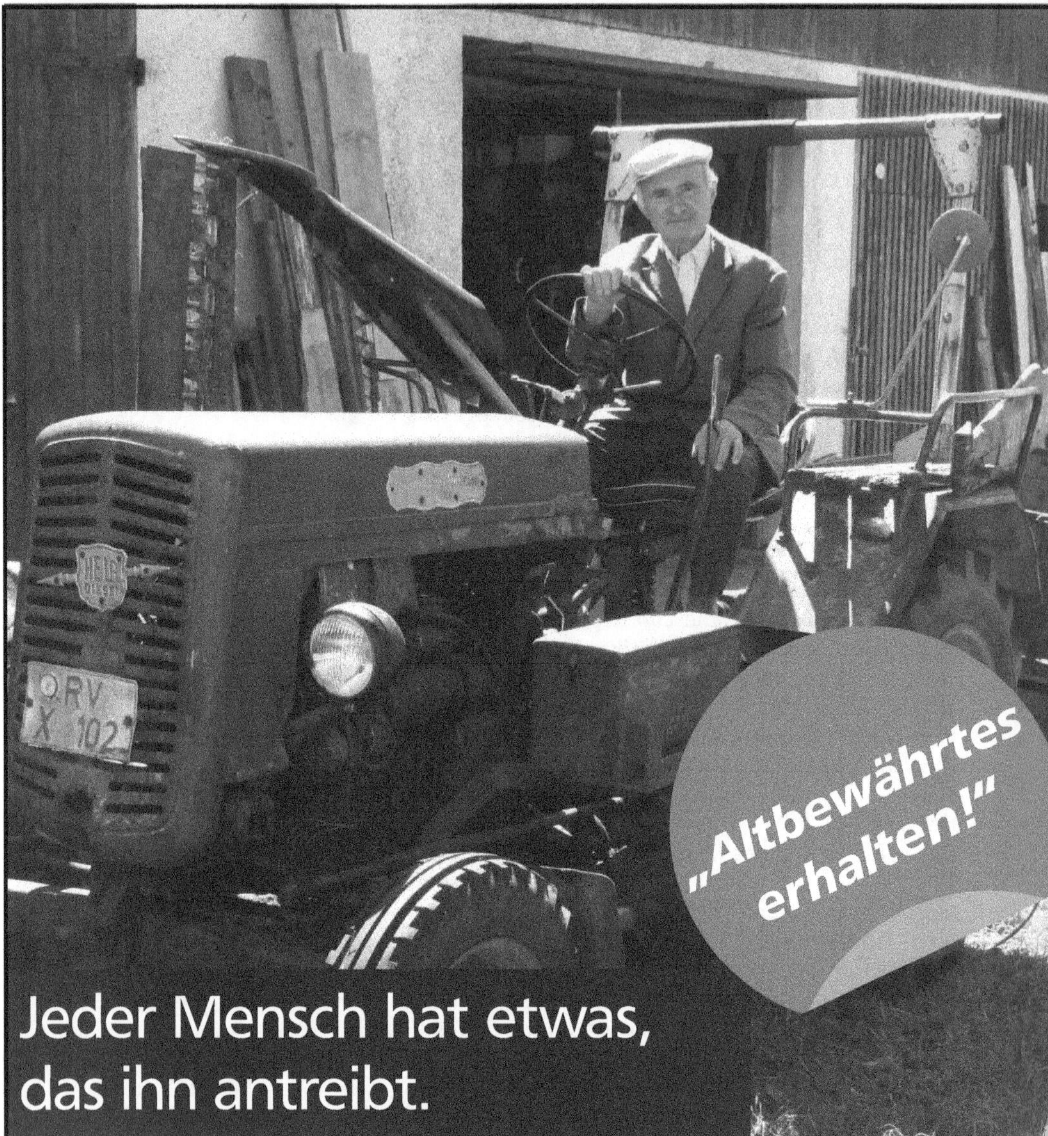
RV
X 102
„Altbewährtes erhalten!"
Jeder Mensch hat etwas,
das ihn antreibt.